古代中國的24小時

秦漢時代的食衣住行與性愛

かきぬま ようへい
柿沼陽平　李瓔祺—譯

古代中国の 24 時間—秦漢時代の衣食住から性愛まで

目次

前言——翻開冒險之書

某王朝的掌權者

一個男人正睡眼惺忪地瀏覽著文件，看著看著，他開始煩躁地想著，「現在都是什麼時間了？都已經是平旦了！」[1]這個時代所說的「平旦」，是指日出之前，大約上午五、六點左右。你可能以為他是通宵達旦熬夜到此時，但並非如此。這個男人的工作就是得要隔三差五地在平旦來臨前起床，閱讀或書寫密密麻麻漢字的文件。不過，他手中的文件不是紙張，而是木簡或竹簡（圖P-1），有時一天需處理的文件可重達三十公斤左右[2]。

他需要處理的不只是文件，在某些日子還有會議要開，會議結束後又有大批的人會一個接一個地前來提出請求。他要開的會議包括：至少在每個月初一、十五召開的大規模會議，與五天召開一

圖 P-1 ｜漢代的木簡（甘肅省文物工作隊、甘肅省博物館編《漢簡研究文集》〔甘肅人民出版社，1984 年〕收錄）

次的例行會議，以及不定時的臨時會議。有時他也會缺席，美其名曰讓屬下們自由討論，但那些議事最終還是得由他來下決定[3]。

這樣看起來，這男人還真是了不起。不過，有些屬下也會趁這個時候，表面上用各式各樣冠冕堂皇的理由包裝，實則為了個人私利提出建言，請求他裁決。「這混帳東西把我當成什麼了？這種芝麻蒜皮的事也要來求我。小心我誅你九族！」睡眠不足的狀態促使他大動肝火。

實際上，他確實擁有這個權限。他就任此工作後，還曾經有過丞相觸怒了他，而在任期未滿時就被撤下。這個起了個大清早的男人，手中握有的是當時世界上的最高權力，也因此必須完成無比繁重的工作。雖然不是每天都非得工作不可，但他休息愈久，對社會造成負面影響的可能性就愈大。這個男人正是統治漢帝國六千萬人口的皇帝，也就是「天子」。同時期，西方大國羅馬的朱利葉斯・凱撒（Julius Caesar），相比之下也不具備超越東方天子的權力（表P-1）。

詩歌中歌頌的「味旦丕顯」[4]（筆者譯：一大清早起床治理國政）恰恰呈現出了皇帝的這一面。向皇帝求見者不計其數，甚至連皇帝正抱起姬妾尋歡時，都會有大臣為政事而來求見。[5]皇帝接見大臣的地方不只有朝廷，還包括私人空間的宮殿，雖然只有極少數的大臣可出入此地，但這樣的求見還是十分繁瑣，因此後來改成了事前預約制[6]。

歐洲和北非	其他
前221年，迦太基以漢尼拔（Hannibal Barca）為將軍	第三次佛教經典結集
前218-201年，第二次布匿戰爭	佛教傳入斯里蘭卡
前212年，塞琉古王朝（Seleucid Empire）的東進戰役	前232年前後，孔雀王朝阿育王卒
前183年，漢尼拔、大西庇阿（Scipio Africanus）卒	前180年前後，印度孔雀王朝滅亡
前149-146年，第三次布匿戰爭	前140年前後，大月氏國建立
前133-121年，格拉古兄弟（Gracchi brothers）的改革	前129年前後，大月氏入侵巴克特里亞（Bactria）
前73-71年，斯巴達克斯起義	前99年，李陵向匈奴投降
前44年，凱撒被暗殺	前54年，匈奴分裂
前27年，羅馬帝政時期開始	印度教成立
14年，奧古斯都（Augustus）卒	犍陀羅藝術（Gandhara art）全盛期
約30年，耶穌受刑而死	百乘王朝（Śātavāhana Empire）全盛期
79年，維蘇威火山噴發	130年前後，迦膩色伽王（King Kanishka）即位
羅馬的天花大流行	安息帝國（Parthian Empire）沒落
211-217年，卡拉卡拉（Caracalla）皇帝在位	226年，薩珊王朝（Sassanid Empire）建立
235-284年，軍營皇帝時代	貴霜帝國（Kushan Empire）滅亡

表 P-1 ｜世界史關係年表，參考《詳說世界史研究》
（山川出版社，2017 年）製作而成。年代考證，眾說紛紜，僅供參考。

年代	北亞和東亞
西元前3世紀	前221年，秦統一六國
	前206年，秦滅亡
	前202年，漢建立
西元前2世紀～前1世紀	前195-180年，呂太后專政
	前154年，七國之亂
	前133年，馬邑之戰、與匈奴關係惡化
	前87年，武帝歿，霍光崛起
	前51年，石渠閣會議
	外戚王氏家族崛起
西元1～2世紀	8年，王莽的「新」建國
	25年，東漢建國
	79年，白虎觀會議
	84年，黃巾之亂
西元3世紀	208年，赤壁之戰
	220年，東漢滅亡

皇帝想對侍從官（郎中）說些什麼，但因剛起床，口乾舌燥而發不出聲。他先是咳了幾聲，接著「咳、呸」地唾了一口痰。就在這個瞬間，另一位隨侍在側的侍從官（侍中）立刻抱起了「唾壺」。侍中原本是負責管理虎子（尿壺）、清器（便器）的隨從，當皇帝有尿意或便意時，他們就必須負責處理。但這名侍中同時也是著名的大學者，因此專門負責持唾壺，其他官吏都對他的待遇羨慕不已[7]。即使貴為大將軍，在兼任侍中時，還是必須負責皇帝的清器，有時皇帝似乎會一邊坐著排便，一邊和他說話。[8]由此便可推測出那名負責唾壺的侍中是多麼享負盛名。

若遊牧民族的首領或顯貴，有時甚至會令美少年隨侍在側，把他們當成人肉唾壺，將痰吐在對方口中，以彰顯自己的權勢[9]。此外，貴族中還有人不使用唾壺，每當口中有痰，就會吐在僕人的衣袖上，吐痰後再給那名僕人休假一天去清洗[10]。漢代皇帝是否做到這般程度，還無法確定，但即使是平日使用的唾壺，也是以黃金打造並有著精緻工藝，相較於大臣們擁有的唾壺，那可是豪華萬千（圖P-2）[11]。從大臣們競相要為皇帝抱唾壺、捧虎子，即可看出皇帝的權力與威勢多麼高高在上。

當皇帝緩緩站起身時，大臣們就會不禁開始緊張起來。皇帝要下詔了。一旦下詔，那幾乎是絕對不可逆了，提出反對可是會賠上性命的。詔書由名為「尚書」的公家機關保管，內容若為對大臣所下的命令，則該大臣家中就會擁有一份副本[12]。部分的詔文會以「律」或「令」的形式不斷累積成

圖 P-2 ｜唾壺（國立故宮博物院〔台北〕收藏）

各種法律。有時大臣在接詔後，必須加以審議並提出報告回覆，但最終決策者仍是皇帝。大臣們接獲命令後，就會急匆匆地以小跑步離開朝廷大堂。

來自未來的男人

此時，一名老臣趕忙來到皇帝身旁。「陛下，天下太平，國泰民安。」先來上一個極盡能事的阿諛奉承。皇帝當然不會這麼輕易就被糊弄，但老臣無論在禮法上，還是在用字遣詞上都進退合宜，口中還飄出一陣口腔清新劑（雞舌香）的香氣[13]，這股清香逐漸令皇帝感到心曠神怡，他問老臣：「你是不是有事要稟報？」

老臣答：「陛下所言甚是。有一名行蹤詭異之人，三更半夜被逮捕後，聲稱他是來自未來的國家，名叫柿沼陽平，他自己也不知道怎麼來到此地的。還說未來漢帝國就不存在了。他的雙眼前方戴著一個奇怪的道具，叫做『眼鏡』；還頂著一頭看得見髮梢的散髮（被髮），身穿長褲（胡服）。那男人一身寒磣，連一根鬍子都沒有，說話也不知所云，此人絕非如他口中所言之人。單憑他妖言惑眾、藐視我千秋萬世的大漢江山，就當以大逆不道之罪，處以腰斬之刑。此事原本應交由司法處置，但情況特殊，特此前來稟報陛下。頓首死罪。」

此處所說的「頓首死罪」是對皇帝說話時的慣用語，意為「妄自向皇上陛下提出愚見，小人真是罪該萬死」。

後面還會再提到，當時官吏的聘任往往是以外貌為錄取標準[14]，要成為美男子，其中一項要素就是鬍子[15]。像筆者這種刮去鬍子、其貌不揚的人，被當宦官（切除陰莖後在宮廷裡侍奉的人）或罪犯看待，也是無可奈何。實際上，當時還有一種刑罰就是剃除罪犯的鬍子（耐刑），這種刑罰是與其他的刑罰一併執行的[16]。當然也有些人天生就長不出鬍子，比方說《三國志》中的英雄劉備即為一例，他為此感到自卑，而殺了一個曾經嘲笑他沒有鬍子的大臣[17]。

這裡所說的「大逆」是指叛國罪，也包括妖言惑眾、愚弄皇帝和政府。[18]更詳細地說，漢代整體上可分為嚴格取締妖言的時期，與不嚴格取締的時期；至於散播妖言會被判處何種刑罰，也是依情況而有所不同，這裡就姑且不深究了。而「腰斬」則是各種死刑中最重的一種，「大逆」者皆會被處以腰斬之刑，非但如此，其父母、妻子、兄弟姊妹都會被處死，無人可倖免[19]。當時雖然有不少平民偽裝成外國人，但確實也有外國人滯留國內[20]，因此這名老臣很有可能將筆者看成這類可疑的外國人。

所幸皇帝的心情好轉，他對這「未來人」好像有點感到興趣，但貴為一國之君，唐突接見來歷不明之人也說不過去。「暫且留他一命，但也用不著讓他來見朕。就准他待在境內，先觀察觀察再說。」於是，自稱「未來人」的男人就這樣開始在漢帝國境內四處遊歷。接下來要說的故事，就是關於這個男人某一天所經歷的二十四小時。

本書採取了一種虛構的角色扮演形式，描繪出古代中國的一天二十四小時。前述的故事是筆者為了引導各位讀者進入情境而撰寫的創作文。但接下來，每篇內容都是根據古代中國的史料寫成。換言之，前述的故事雖然是虛構的，但這一幕確實可能存在於古代中國的日常史中。接下來的故事也是如此。在此邀請各位讀者與筆者一同來體驗這段不可思議的冒險故事。

通往日常史的道路

古代中國的人究竟是如何度過他們的一天二十四小時的？比方說，在城牆圍繞的都市中，或在都市近郊的農村裡，有著什麼樣的生活景象？人們住在哪裡？幾點起床？吃些什麼？一天吃幾餐？如何行走？如何上廁所？人走的道路是否有名字？商店是否掛招牌？物價如何？和什麼樣的對象、以什麼方式戀愛、結婚、做愛、生兒育女？孩童如何遊戲、學習、長大成人？人們多頻繁地飲酒？酒席上有什麼規則？是否體驗過宿醉？是否刷牙？頭髮稀疏的男人被大家如何看待？晚上做著什麼樣的夢？

這類以眾人的生活為焦點的歷史學，一般稱為「日常史」。本書將焦點放在古代中國、特別是秦漢時代日常史的整體概況上，同時也適度將前後時代（戰國時代與三國時代，西元前四世紀中葉～西元後三世紀中葉）的史料也納入參考。因為從戰國時代到三國時代，人們的日常生活其實並沒有太大的變化，很多現象都能一併討論。此外，因為秦漢時代夾在春秋戰國時代和南北朝時代之間，倘若前後兩時代的史料中出現了相同的內容，就表示我們可以藉由這些內容窺知秦漢時代的日常。本書就是利用這些史料抽絲剝繭地探索日常史。各位讀者，假如你穿越到了古代中國，必須像玩角色扮演遊戲般，待在那個時代生活的話，你能平安度過古代中國的一天二十四小時嗎？本書將會是這場冒險的遊戲攻略。

從幾十年前起，以古代中國為主題的作品，就在日本的次文化領域維持著高度的人氣。比方說，漫畫方面有橫山光輝的漫畫《三國志》、王欣太（李學仁原作）的《蒼天航路》、原泰久的《王者天下》等作品；電影方面也有《荊軻刺秦王》（一九九八年）、《赤壁》（二〇〇八、二〇〇九年）等作品。這些作品對於時代背景的描寫究竟有幾分真實？雖然觀賞虛構故事不一定要吹毛求疵，但了解了時代背景，觀賞起來也會更加有趣。再者，對於次文化的創作者而言，應該也需要多加了解時代背景。但意外的是，在日本過去從未出版過任何口袋書大小的「新書」，能為讀者詳盡而又平易地描述中國古代一天二十四小時的日常史。

調查中國古代日常史還有另一項意義。活躍於清末到民國初期的思想家梁啟超，曾引用西洋哲學家的格言說道：「時勢造英雄，英雄亦造時勢。」[21]這精闢傳神的句子流傳至今，成了一句常見的中文俗語。這句話確實有道理，古代中國出現了許多英雄，他們牽動著時代。說到古代中國史，一般立刻浮現在大家腦中的「英雄」，應該是秦始皇、項羽和劉邦、漢武帝、曹操、劉備、孫權、諸葛亮等人的名字吧？但此處所說的「英雄」單純是指「比常人更有能力、更強壯而勇敢的人」

（《現代漢語詞典（第六版）》）。

然而，其實仔細想想就能明白，時代不會只孕育出「英雄」，也不會只有「英雄」在創造時代。「英雄」的背後總是有一群名不見經傳的百姓在支撐著他們的活躍。許多無名的百姓終其一生都不會和「英雄」有任何往來。但這些人其實才是支撐著各個時代、各個區域的社會基石[22]。因此，揭開無名百姓的日常生活，也可說是歷史研究中的一項課題。從這個角度來看，無名百姓的「日常史」其實是歷史學上非常重要的主題。本書也只有開頭寫的是皇帝，接下來筆者都會將焦點放在那些無名百姓的身上。

各種手段能用盡用

理所當然地，雖然筆者一言以蔽之地稱他們為「無名百姓」，但他們的樣態卻是千差萬別，很難賦予他們嚴格的定義。事實上，現代日本也是如此。各位讀者不妨試著這麼做：若讀者是學生，就環顧自己所在的班級；若讀者是公司員工，就環顧自己所在的部門。即使是在如此有限的空間裡，我們也能發現充斥著形形色色的「百姓」。他們恐怕不會名留青史，以此角度來看，他們都是「無名」的，而從他們都被國家統治的角度來看，他們都是這個國家的「平民百姓」。同樣都是「無名百姓」，但他們每個人的生長背景、個性卻又各不相同。古代中國的「無名百姓」也是如此。

日常生活方面，古代中國的「無名百姓」也是千差萬別。要描寫當時的狀況，很難將其一網打盡。過去也有歐美、中國的研究者嘗試研究日常史[23]，但都停留在初步的描寫。正如過去日本民俗學家與民眾史學家，不知該如何為「庶民」和「常民」這兩個詞彙下定義，因為要將千樣百態的民眾全部歸類在一塊兒，可是難中之難。現實中，秦漢帝國的版圖極為遼闊，各地的人又各自有著不同的生活型態。比方說，單看飲食生活或單看興趣，就有男女之別、貧富之差，而且差異甚大。再者，例如當時流傳著「齊舒緩，秦慢易，楚促急，燕戇投」（筆者譯：齊人（山東半島）溫和，秦人（西安方面）從容，楚人（長江流域）性急，燕人（北京方面）憨直）等的說法[24]，民眾的個性又會根據區域而有差別。

但不知是幸還是不幸，中國古代史的史料並不算多，主要文獻頂多只有一千五百萬字，大約是本書字數乘上一百本左右的漢文，研究者只要不偷懶，即使無法逐字精讀，也能在十年內全部讀過一遍。將焦點放在其中描寫日常生活的部分，就能減少討論向外發散的可能性。同時在討論到某個程度時適時煞車，並對平民百姓的日常生活做出概略的歸納說明，這樣的做法在歷史學的研究上，應該是在可容許的範圍內吧？

因此，筆者也每天讀一點漢文，一發現與日常史有關的敘述就加以標注，這樣的工作持續了十年左右的時間。百姓日常生活的相關記載散落在史料的各個角落，而且並非都能以特定詞彙作為查詢線索，因此在史料的資料庫中透過詞彙搜尋的最新研究手法也派不上用場。反而只能從頭開始閱讀史料，網羅所有日常史的相關部分，再加以探討。同時，筆者也盡可能地追蹤最新研究。

除了文獻以外，筆者也盡量使用了相關的文物史料。比方說，在近年中國接連出土的遺跡中，發現了各式各樣的古建物、遺體（骨骸、木乃伊）、石器、陶器、石像等文物。其中也有木簡、竹簡、帛書等的文字資料。而古代墓穴的牆上，除了壁畫，還有石製浮雕（畫像石）、磚製浮雕（畫像磚），這些都能傳達出當時的生活情景。此外，「明器」也十分受到矚目。

所謂「明器」，是指一種陪葬品。據信，古代中國的人相信陰間存在，並認為陰間類似於陽界，死者能將陪葬品帶入陰間。遠古的君主逝世後，甚至有可能殺害活生生的奴隸、馬匹，將其與君主的隨身用品一併置入墳墓中，但一般平民就不可能這麼做了。於是，秦漢時代的人會製作類似森林家族（Sylvanian Families）或樂高玩具般的袖珍模型，做成人類、動植物、房舍、日用品等的外型，當作陪葬品。這就是所謂的明器。我們在重建日常生活的樣貌時，這些明器是非常重要的史料。

過去，這些資料（文物）陳列在博物館中，頂多只能引發業餘愛好者的興趣，如今則像這樣成了研究歷史學的史料，我們稱之為「資料的史料化」。只要在研究時重視這種重建過程，必定能帶來豐碩成果，讓接下來要描述的日常史內容更加豐富精采。

即使做了以上的種種努力，要描寫出平民百姓的日常生活全貌，仍非易事。但在筆者努力不懈的史料蒐集下，最近終於對古代中國一天二十四小時的生活景象有了大致上的了解。筆者希望能透過本書，將其中趣味與各位讀者分享。文中，筆者不是單純將史料一一羅列，而是假想讀者穿越到了秦漢時代，思考會發生什麼事，並儘量以角色扮演遊戲的形式，將當時的日常生活描寫出來。願我說的故事能令現代人感同身受。

序章

漫步在古代中國之前

決定姓氏與名字

在我們踏入古代中國的世界之前，先替主角重新取個名字吧。直接使用「柿沼陽平」的話，恐怕沒有人會有共鳴，也無法融入到秦漢時代的人群之中。在此我們就按照秦漢時代的規矩來取名字。

秦漢時代的人名一般是由姓、名、字所構成。

「姓」是自遠古以來就存在的部落名稱，據說這些名稱至少有一部分是來自部落的居住地名。而在數百年的歷史變遷之中，許多部落的發展愈來愈龐大，為了加以細分，在部落內又產生出新的族名，這些族名就成了「氏」。

西元前十世紀前後，西周王朝滅商，在各地封建諸侯（封賞土地給下屬），給予一定程度的自治權，並重新賦予他們姓，使彼此之間的關係更加團結緊密。受封建者可以選擇自己在政治上偏好的姓。然而，過了一段時間，這段複雜的歷史緣由被遺忘，姓漸漸被視為一群共通祖先的人所擁有的名稱。

另一方面，氏和姓一樣，最初是在封建之下由君主所賜，為統治階層所擁有。比方說，古代周王朝的王族為姬姓，當這些成員分封至各地時，周王便會賜給他們新的氏。實際上，氏可能也有其他生成方式，不過無論是如何形成的，只要擁有不同的氏，就能使他們與其他的姬姓有所區別，從這個角度來看，氏是十分好用的。

但約莫從戰國時代開始，統治階層以外的人也開始擁有氏。而且人們在自報姓名時會說「姓〇」或「姓〇氏」等。氏的由來被遺忘，姓與氏逐漸混淆。

姓氏到了漢代已變得人數不均，其中張、王最多，李、趙也不少。由於戰國是最早出現戶籍制度的時代，所以有人認為全國人民的姓氏都一律是國家給的。另有一說是，許多平民是在兩漢交替時期（也就是西元前後）才開始擁有氏[1]。無論如何，過了一段時間後，姓氏就被籠統地當成單一家族名的指稱。此外，姓氏也是可以變更的，比方說，在西漢初期擔任倉庫管理員的人，就會改姓倉氏或庫氏，並由後代繼承此姓氏[2]。不過，奴隸通常沒有姓氏，只有立下功績而得到皇帝或君王的賜姓，奴隸才被准許擁有自己的姓氏及戶籍（戶）。

在姓氏之外，人們還擁有「名」，如劉邦的邦、劉備的備。亡故者之名又稱「諱」。當時的風俗是父母對子女、君主對下屬可直呼其名，但平民之間直呼其名是不禮貌的。舉例來說，像是三國時代的英雄劉備，就只有當時的皇帝和其雙親可以直接叫他「劉備」或「備」。

請問你的「字」？

那麼，一般人是如何相稱的呢？這時，「字」就變得十分重要。字一般是在成人後所取的，但有些人也會在未成年時取字。女性也有字，如三國時代的張夫人（鍾會之母），字昌蒲；而步夫人的大女兒魯班，字大虎，小女兒魯育，字小虎，兩人擁有十分驍勇的字。朋友之間就是以字或「姓＋字」相稱。

舉例來說，陳勝（字涉）於秦末稱王後，與年輕時一起工作過的人重逢，當時對方是以「涉」稱呼陳勝[3]。此外，東漢末年，曹操招攬名將文聘時，刻意用有親近感的「字」稱呼文聘。[4]曹操原諒抗命的脂習時，也刻意以「字」稱之，以表現親密感。

古人取名和取字的方式十分多樣。名大多是由雙親所取，字則是由雙親、親屬、近親之人或自己所取。出身卑微者，也會根據當事人的特徵，互相給對方稱呼，例如將騎白馬者稱作張白騎，將行動敏捷者稱作張飛燕，將大嗓門者稱作張雷公，將眼大者稱作李大目等等[5]，這種稱呼的性質與字十分相近。和現代一樣，命名者最好能具備一定程度的品味和教養。

舉例來說，三國時代的天才軍師諸葛亮孔明，姓氏為諸葛，名亮，字孔明。「亮」是「明亮」

之意，「孔明」則是「非常明亮」之意，這是含意十分正面而極盡璀璨的名字。孔明的君主劉備玄德，姓氏為劉，名備，字玄德，「備」是準備周延之意，「玄德」是德性深厚之意。從他的名字也可看出命名者的教養之高。反之，劉邦（西漢第一代皇帝）出身於缺乏學識涵養的農村，他的父母似乎沒有什麼學問，將他的字取為「季」（老么之意），毫無特色可言。雖說如此，如果名或字的漢字含意太好，反而會因名實不相符而被取笑，所以命名上還是得要拿捏得宜[6]。

名和字所傾向使用的漢字，也會隨時代而變化，以《三國志》為例，其中出現的字約有一千例，字中出現最多的漢字是「子」，多半是出現在字的首字。其次的文、伯、公、元，仲、叔、季、德也不在少數，這些同樣常出現在首字，因此首字的漢字大多有固定模式。至於字的第二個則有更多變化。也有些人彼此「撞字」，例如子遠、子正、子明等都是十分常見的字。

與三國時代形成對比的是春秋戰國時代，有人名為蟣蝨（蝨子）、犬子、狗子等等，當時的人對此見怪不怪，但後世的人卻驚訝於他們的命名品味[7]。不知是不是當時的人有「刻意取不好的字可以避邪」的想法？這不禁令人聯想到日本的豐臣秀吉，他也曾將自己好不容易盼來的兒子取名為「棄」。

已經取好的名和字，之後也可以變更。例如，鄧艾十二歲時，讀了某個碑文，受其影響，自行決定以範為名，以士則為字，後來發現同族中有人也取名為範，他便又自行將名改回艾。再者，東漢末年的英雄關羽，原本字長生，但他在犯罪逃亡後，便改字為雲長。諸葛喬原本字仲慎（仲為次男之意），為諸葛瑾的次男，當他被過繼給叔叔諸葛亮，成為其長子後，便改字為伯松（伯為長男之意）。

古代中國的人會像這樣隨意改名、改字，這點對現代人來說可能很難想像。不過，既然他們隨時都能改名字的話，那就表示本書主角也能自由地變換名字。至於主角要取什麼名字，就交由各位讀者自行決定了。

稱呼他人「字」時的注意事項

回到古代中國時，請主動向周圍的人攀談並召集探險夥伴。因為不知道在陌生的古代世界會遭遇到什麼危險，所以至少帶上兩三個夥伴一同出發，比較保險。

此時，當我們要稱呼對方時也有必須注意的事項。如前所述，雖說古代中國的人大多都有名和字，但他人的名是不能直呼的。除了皇帝稱呼大臣、雙親稱呼孩子之外，似乎也有關係親密的官吏會以名相稱，但原則上這是不被允許的[8]。尤其是皇帝的實名，只要一說出口，就大事不妙了，哪怕是使用漢字書寫皇帝之名也是大忌，這樣的規矩被稱為「避諱」。事實上，不只是皇帝的名，將皇帝的字說出口，很有可能也是禁忌之一。

比方說，西漢的宣帝名「病已」，因此所有的公文書上都禁止使用「病」、「已」二字。宣帝認為這樣太過不便，而刻意改名為「詢」，透過此舉來允許臣下使用「病」、「已」二字[9]。三國時代的皇帝曹奐，原本的名和字似乎也都是當時的常用字，即位後，他以臣下難以避諱為由，變更了自己的名和字。如果大臣的名或字，與皇帝的名或字重複的話，大臣最好主動改掉自己的名或字。例如，孫吳的孟仁，原名孟宗，在孫皓（字皓宗，後改元宗）即位為帝後，他便改名為仁，以避開孫皓的字。

正因有這樣的忌諱，所以西漢的劉邦在打敗政敵項羽（姓項，字羽，名籍）後，要求項羽的遺臣唸出「籍」的音[10]，這就像是日本過去的「踏繪*」，用來測試遺臣們是否還對項羽忠心耿耿。這

*譯注：江戶幕府曾禁止基督教，並發表了「踏繪」命令，命令所有的基督徒每年踐踏基督教聖像以示背棄基督教，拒絕者則被當作基督徒逮捕處罰。

些皇帝名字的相關觀念，對現代人而言應該是十分難以理解的。

那麼，只要是皇帝以外的人，是否不稱呼其名，而是稱呼其字就沒有問題了？這倒也不盡然。朋友之間還好，若是稱呼上位者時，最好避免使用字。即使稱呼下位者時，雙方關係若是來自工作，則或多或少還是必須表達敬意。尤其是在皇上面前，大臣之間即使地位相當，也不該以字相稱[11]。

舉例來說，馬超歸順劉備後，以劉備的字「玄德」來稱呼劉備，周圍的人聽到後便勃然大怒。到了南北朝的時代，連皇帝幼時的名稱（小名）都不能輕易說出口，據傳因梁武帝的小名為「阿練」[12]，當後代要稱呼「練」（絲織品）時，都會用「絹」字代替[13]。

禮貌的稱呼方式

名和字都不能用的話，那麼我們究竟該如何稱呼上位者呢？

先說結論，若對方是皇帝就必須稱「陛下」，若是同事或下屬則必須稱「君」或「卿」等。嚴格來說，該稱「君」還是「卿」會根據官吏的職位而有所不同[14]，在此就不深入討論了。大致上的規則是，在稱呼官員時可以使用「姓＋官位名稱」，或者「姓＋閣下」、「姓＋執事」。[15]這跟現代日本學生會稱呼我為「柿沼老師」或「柿沼教授」是同樣的道理（雖然也有學生叫我「柿柿」……）。面對高位者也可以稱呼對方「足下」[16]。

其他像是在漢代，也有人會稱祖父為「家公」，稱父親為「家父」，稱母親為「家母」。親屬之間的稱呼則有些繁雜，例如，出嫁的女性仍是以娘家的氏來稱呼。也就是現在所謂的夫婦不同姓。對哥哥則稱「大兄」即可。

此外，還存在帶有辱罵之意的稱呼方式，也有懷抱愛意的稱呼方式。例如，奴隸在漢代被喚作「畜產」，在南北朝時代則被喚作「豚」、「犢」等等[17]，這就類似於叫人「豬崽子」、「牛崽子」。在辱罵對方時，會叫對方「死小鬼」（孺子）、「禿老頭」（禿翁）、「貉崽子」（貉奴）等。情侶之間可稱呼對方的名，但在江南地方也可稱「歡」[18]。「歡」就類似於現代英語的「Sweetie」、「My sweet heart」。順帶一提，也有妻子稱丈夫為「卿」的例子，但「卿」就稍微見外一些，語感類似於「老公」[19]。

對話時，第一人稱代名詞的使用也需要留意。皇帝自稱「朕」，王侯則是根據時代自稱「孤」、「寡」、「寡人」、「不穀」[20]。在皇帝面前，男性要以「臣＋名」自稱，女性要以「妾十名」自稱。舉個例子，三國時代諸葛亮上陳皇帝的名文〈出師表〉（收錄於《文選》），就是以「臣亮言」為開頭。平民之間有時也會以「僕」自稱。[21]

這些規則看似無聊，卻是日常生活中重要的生存法則。即使在現代日本，也不會有被當的學生來筆者面前說：「欸陽平，人家想要你的學分啦。」只要是以日語為母語者，都應該能看出這樣說話方式有很多不對勁的地方。因此，在日常生活的應對中，必須時時留意說話方式，古今皆然（不過就算修正說話方式，我也不會給過就是了）。總而言之，根據以上規則，各位就能安心與他人展開對話了。召集夥伴的工作就交由各位自行處理。

辨識地圖——郡縣鄉里的構造

踏上冒險旅程之前，我們還需要有地圖。接著就來攤開地圖，確認大致上的目的地。當時的地圖多半繪製成北在下、南在上[22]，而現在的地圖恰好上下顛倒，請不要弄錯。現存最古老的是戰國時代關中地區的地圖[23]，但畫得不太清楚。這裡我們就拿西漢初期長江中游流域的詳細地圖來當作參考（圖0-1）[24]。地圖上有一些零零星星的「里」，就是漢字被圈起來之處。里是一種行政區劃。

當時人們生活的居所，在行政管理上會屬於某個里。有些里有土牆圍繞，另外一些則沒有。在一個較大的城（後面敘述的郡城或縣城）中，會包含好幾個里，這些里排列整齊，彼此相鄰，里與里之間有土牆（院）相隔[25]。這些土牆以及官署的圍牆（牆垣）由官吏負責看管，因此若在建造後的一年之內遭到破壞，負責官吏就會受到懲處[26]。里設有大門，並由守門人「監門」看守，只要自願即可擔任此職，並可得到最低限度的供餐[27]。工作內容很簡單，因此多半是由身障人士擔任此職[28]。

另一方面，鄉下散布著零零星星的村落，村落不一定等同於里。有可能是兩個村落形成一個里，也有可能是兩個里同在一個村落中。參考圖0-1的話，會發現在概念上「里」是以零星散布的形式存在，但人們實際生活的地方，並無法規規矩矩地劃分在一個個的里之中。里是一種行政劃分，它不一定會等同於自然形成的村落[29]。

一般認為，農民實際的生活也有可能是農閒期住在村落裡，農忙期住在田地附近搭建的小屋，而戶籍又是另外登記於「〇〇里」。農村地區還有一種案例是，一棟房子孤零零地搭建在一片田地附近，裡面居住著十人左右，在戶籍上他們也會歸屬在某個里（圖0-2）[30]。

村落沒有一定的大小，人口規模約為數十人到數百人。多個里可組成一個鄉，多個鄉可組成一個縣，多個縣可組成一個郡；一個鄉裡往往只有一處集市[31]。關於此點後面會再詳述。

郡、縣的官署會設置於其中的某個里，類似於現代日本將東京都新宿區的區公所設置在新宿區歌舞伎町，將東京都廳設置在新宿區西新宿。設有縣官署的鄉稱為「都鄉」，其他的鄉皆稱為「離鄉」。都鄉一帶大多都會以較高的城牆圍住，這就稱為縣城。若當地還同時設有郡官署的話，就稱作郡城。縣城內有多個里，城外也會散布著多個里。你若是漢帝國的居民，那你戶籍上的住址就會是「漢帝國〇〇郡〇〇縣〇〇鄉〇〇里」。

郡城與縣城

郡縣鄉里的人口規模根據時代、區域而有所不同。尤其從西漢到東漢這段時間，郡縣鄉里的數量減少，「亭」（警察局）[32]也大幅減少。關於減少的原因眾說紛紜，此處就暫時先不討論。[33]此外，都市的分布在中國的北方和南方有顯著的落差，北方屬於人口密集地帶，南方則人口稀疏（圖0-3）。若要取一個大約的平均值，則一個里為一百戶以下，一個鄉平均約一千五百至兩千戶，一個縣平均約七千至一萬戶[34]。

關於郡城的大小，以黃河中下游為例，最大的幾個郡城為臨淄（兩千兩百萬平方公尺）、洛陽

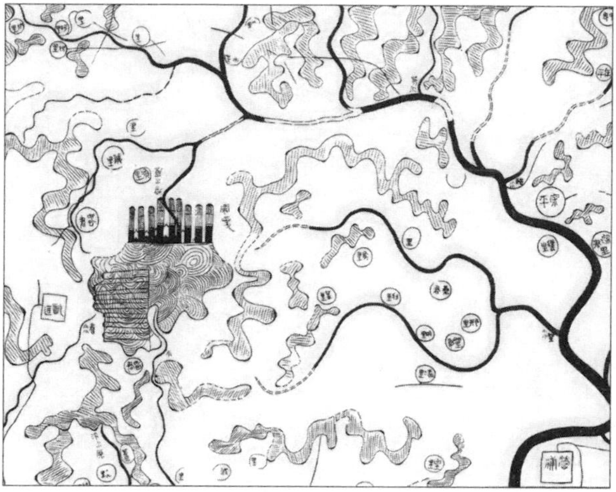

圖 0-1 ｜出土自湖南省馬王堆漢墓的帛繪地圖〈駐軍圖〉
（湖南省博物館收藏，摹本）

（一千三百五十萬平方公尺）、即墨（一千兩百五十萬平方公尺）、邯鄲（一千一百七十八萬平方公尺）、商丘（一千零二十萬平方公尺）；五百萬平方公尺左右的中型郡城零星散布；其餘多為三百萬平方公尺左右。至於縣城的大小，除了約八百萬平方公尺的曲沃等地以外，絕大多數都在一百萬平方公尺以下。當然，也有些縣城是大過郡城的[35]。郡原本是指掌管多個縣的單位，但郊區的郡和都心的縣，在人口的規模上是顛倒的。以現代日本而言，這就像是東京都世田谷區的人口高於鳥取縣的人口。

從郡城和縣城來看，長官與其下級官僚辦公處的區劃，與平民居住區的區劃是分開的，

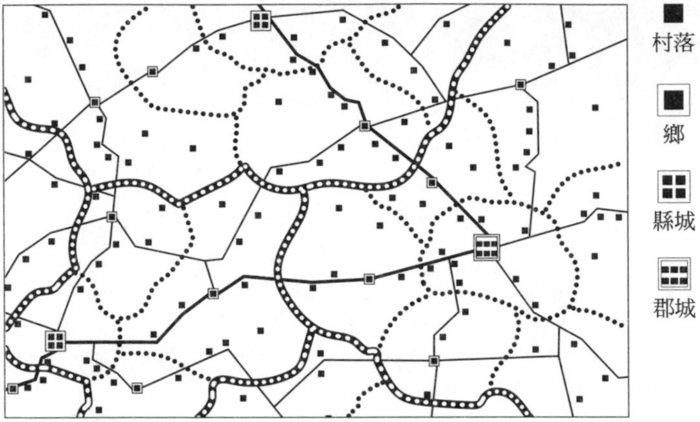

圖 0-2 ｜秦漢時代的郡縣鄉里模型
■為村落，虛線為鄉界，中有白色圓點的粗線為縣界，細線為幹道，粗線為主幹道，內含村落的□為鄉的政府機關所在地，內含多個村落的□為縣城，內含多個村落的回為郡城。

有時會以土牆將兩者加以區隔。土牆包圍的區域稱為「城」，土牆以外的平民區域稱為「郭」，兩者合稱城郭。

縣城的大門會在入夜後關閉，隨意翻越城牆者會受到處罰[36]，白天也是如此。人民不得擅自破壞里、官署和集市的圍牆[37]。

讓我們來看看西漢時期的首都長安。西漢末年的長安縣，居住著八萬零八百戶，人口為二十四萬六千兩百人[38]。這是整個長安縣的人口，並非所有人都居住在長安城內。實際上，這些人口只有其中的一部分居住在城郭內，大部分都是散居在城郭外。城郭內約有一百六十個里，若一里等於一百戶，那麼算起來城郭內大約有一萬六千戶。城郭內，除了皇帝的居住區域外，還建

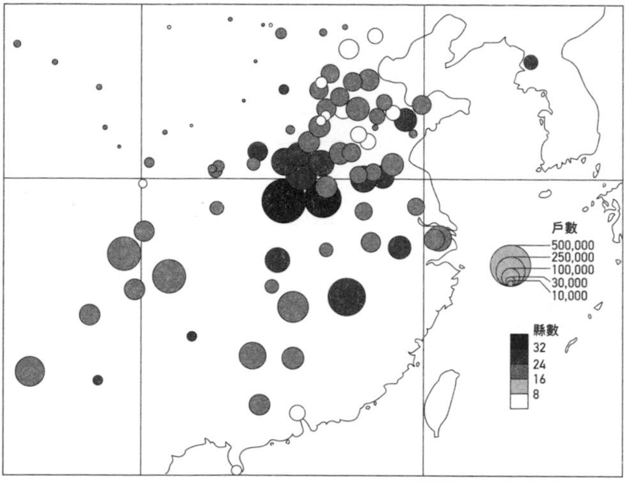

圖 0-3 ｜西漢時代的人口分布圖

立著規模龐大的行政機關、宿舍，約一萬六千戶人家（包括平民）居住在此。

方言問題

了解上述內容後，我們就已做好冒險前該做的準備了。最後，再來提一下語言的問題。當時並沒有普通話或共通語的概念，因此每個村落所使用的口語都大相逕庭。不僅是口語，其實文字的使用方式也不同。秦始皇統一天下（西元前二二一年）後，語言的統一一直沒有太大的進展，漢代甚至還為此編撰了《方言》一書來介紹各地方言。

秦始皇還曾試圖統一字體，但這項工作一直

到漢代都進行得十分不順。日本早期也有語言不通的狀況，比如筆者是東京出身，到了某些地方就可能完全無法與當地人溝通。中國的面積是日本的好幾倍，當然存在著各式各樣的方言（差異大到令人懷疑是否能歸類成同一種語言），即使是在現代中國，前往農村進行田野調查時，還是經常會有語言溝通上的障礙。因此，接下來我們會假設各位讀者都已吃了《哆啦A夢》的道具「翻譯蒟蒻」（可讓人跨越語言障礙的食物），無視語言障礙的展開論述。

第一章

拂曉的景象——上午四點至五點前後

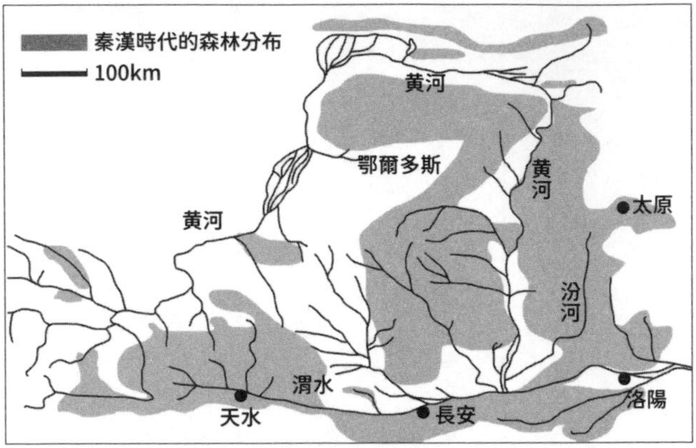

圖 1-1 ｜秦漢時代黃河中游流域的森林分布（包括現存的森林地帶。根據史念海《史念海全集》第三卷〔人民出版社，2013 年〕製作）

曙光初亮

東方漸白，某個平凡的一天正要展開。內陸的大都市雒陽（以下作洛陽[1]）一帶，自古有「中原」之稱。周邊地形平坦，少有遮蔽陽光之物。但帝國的版圖極為遼闊，因此有些地方即使到了這個時段，陽光仍未抵達。縱觀整個中國版圖，北有黃河，中有較短的淮水，南有長江，三條河川皆自西向東流。這是因為整片大陸呈現西高東低的走勢，而漢代人也已察覺此事[2]。

黃河流域是一片荒涼的黃色台地，其間零星散布著一些森林和草原[3]。黃河之水原本是清澄的，因此古代僅以一個「河」字稱呼黃河，而黃河流域遍布著廣袤的森林。但到了秦漢時代，周園的沙土混入黃河，黃河之水變得十分黃濁；而且流經都市附近的河川受到生活廢水的汙染，比起鄉村附近的河川更為汙濁[4]。即使如此，整個華北放眼望去依然保留著許多森林和草原（圖1-1）。華北景觀的歷史變化，我們很難判斷究竟是自然變遷，還是人為導致[5]；若太強調過去與現代的自然景觀之差異也有失公允，但可以確定的是，動植物的生態系多少會隨著時代而有所不同。

各式各樣的森林植被

朝鮮半島和黃河中下游流域間零星散布著落葉樹林。落葉樹林又稱夏綠林，會在夏季生長出青蔥茂密的樹葉。這些樹林多半為蒙古櫟（Quercus mongolica）、遼東櫟（Quercus liaotungensis Koidz.），其樹葉會在入秋轉紅。入冬落葉後，陽光便能通行無阻地照入林間。不過，冬季只剩樹幹的景象則略顯蕭瑟。這種落葉樹林帶除了能讓人欣賞四季變化外，另一項好處則是，它們所結的栗子可作為食物。雖然有些樹木含有皂苷（saponin）、單寧（tannin）等毒素，但將栗子用灰汁*水煮

*譯注：植物灰浸泡過濾後所得之汁。

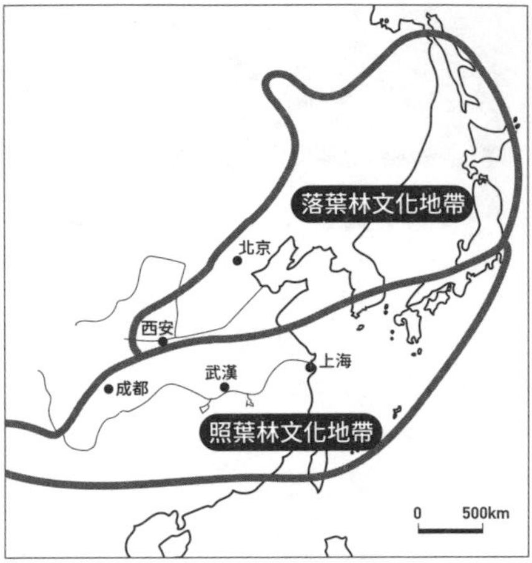

圖 1-2 ｜落葉林帶與照葉林帶（根據佐佐木高明《什麼是照葉林文化？》〔中央公論新社，2007 年〕製作）

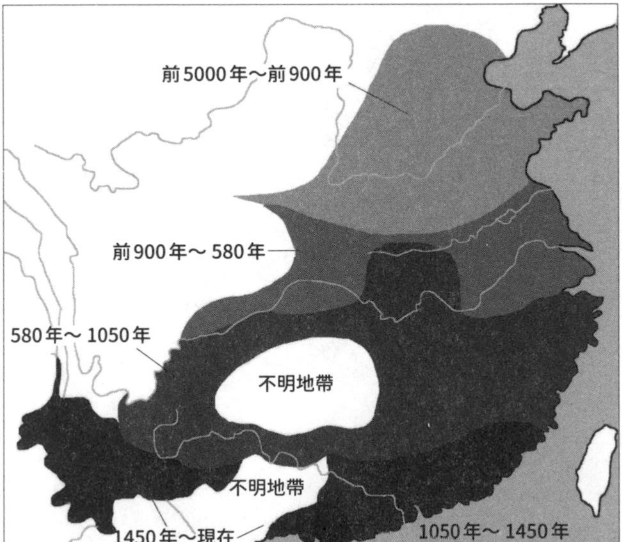

圖 1-3 ｜象的南遷（根據馬克・埃爾文〔Mark Elvin〕《象群的遷徙：一部中國環境史》〔耶魯大學出版社，2004 年〕製作）

過後，便可食用。自古以來，落葉樹林帶一直都是能享受四季之美，又便於採集食物的森林。不過正如前述，落葉林只零星散布於華北地區，其他地方不是草原，就是荒涼的黃土台地。

另一方面，長江流域則是被更蔥綠茂密的森林覆蓋。樹木大多為橡、樟、栲、山茶等照葉林（laurel forest）樹種（圖1-2）[6]。它們屬於常綠闊葉樹，特徵為葉子具有光澤。這種森林彷彿吉卜力工作室的動畫《魔法公主》中呈現出的景色[7]。因為常綠，所以無論哪個季節，太陽都難以照射進森林地帶，因此自古以來，照葉林帶被人們認為是非人之物棲息的場所，也留下了許多傳說，述說旅人在森林中碰上神靈、妖怪的遭遇，就好像《魔法公主》中出現的山獸神，比如狼神莫娜和山豬神乙事主一般。

長江流域直到漢代，仍有大象棲息其間，當時的生態環境與現代中國差異頗大（圖1-3）[8]。再者，一旦犯罪者或受地方政府壓迫的人民逃入森林中，要抓到他們就難如登天了。他們有「山越」、「夷」等稱呼，其中還有些人是長期與平地人毫無交集。生於四世紀末到五世紀初的詩人陶淵明，曾寫下〈桃花源記〉，該文描述主角在澗溪間迷了路，結果闖入了一處桃花盛開的仙境。這也是根據當時平地人和山地人互無往來的真實背景下所產生的文學作品[9]。

居住在鬱鬱蔥蔥的森林地帶或深山中的人，有些還擁有獨特的觀念或宗教。例如，四川省的某個深山被視為聖王大禹的宗教神聖領域，而不得拘捕逃入該處的人[10]，正如同西洋史中的庇護所（asylum）。這簡直就像是《魔法公主》中「山獸神森林」給人的感覺。

東西時差

如上所述，黃河流域和長江流域在拂曉時的景象差異甚大。當然，東部和西部的景致也不同，而這是時差造成的。東海岸迎來曙光時，像是洛陽西部的大都市長安、位於更西北方的敦煌等都市，都還籠罩在黑夜之中。過去漢王朝支配絲綢之路時，整體版圖的東西距離更長，因此東西時差隨之增加，多達三小時。

比方說，同樣是上午四點前後，東海岸的人和敦煌的人當下所看到的景致，在印象上是十分不同的。實際上，當時已有人察覺到風景會因時差而改變[11]。漢王朝的西部位於中亞區域，最西端的塔里木盆地（塔克拉瑪干沙漠）也有士兵駐屯。除了站夜哨的士兵外，其他人都還處在熟睡狀態。在盛夏，整個帝國會完全被夜暮籠罩的時間就只有短短幾小時，其餘時間東部或西部一定有某處能看到太陽。此外，太陽西沉後，並不是所有人都會靜靜睡去。從這個角度來看，秦漢帝國可說是「不眠帝國」。

古代人的季節感

當時沒有格林威治標準時間，人們的生活不像現在這樣嚴格依照時鐘進行。萬里長城以北甚至到了西元一千年前後，仍缺乏月份和日期的概念[12]。生活在帝國一隅的人們，究竟對月份、日期和時刻講究到什麼程度，仍是未知數，但幾乎沒有人會以秒和分為單位看待時間。接著就要來向各位讀者說明此點。

首先，我們可以觀察古代人使用的漢字，以理解他們當時的季節感。與時間有關的這幾個字，本身就是象形字，「日」是太陽，「月」和「夕」是月亮，「朝」是代表月光下太陽從草叢間升起的樣子，「年」是代表穀物結果實的樣子。再者，一般認為「春」是表示草木發芽的象形字，「秋」是蟋蟀的象形字*。換言之，遠古的人們是透過天文、穀物、生物的樣貌，粗略地感受時刻與

*譯注：此處所說的象形字是商代以前使用的甲骨文，該字到了戰國後被棄用，改使用會意字，並演變成現今的「秋」字。

季節的變遷。

務農者與經商者擁有特別敏銳的季節感，若非如此，就會對自己的生計產生不良影響，因此曆法對他們而言十分重要。歷代君主為了保障這些民眾的生活，更為了遂行掌握天意的祭天重任，而對觀測天象、制定曆法相當重視。這被稱為觀象授時。

在觀象授時的過程中，也讓人們發展出將一年分成四季的觀念。「夏」字與「冬」字在商代（亡於西元前十一世紀）尚未存在。然而，人們對於冬至、春分、夏至、秋分的認知，以及日出日落的觀測系統，早於商代之前就已發展得十分完善了[13]。對古代中國人而言，掌握季節與曆法是一件相當重要的事。

職掌時間

秦漢時代的君主與官吏，不只試圖掌握季節，還試圖對時間有一定程度的掌握。他們發展出「百漏刻制」，也就是利用水鐘（漏刻）將一天切分成一百等分（圖1-4）。水鐘的刻度原本是晝夜共一百刻，每刻的時間均等。他們一律以日出為準，計算隨著季節變化的晝夜長度。

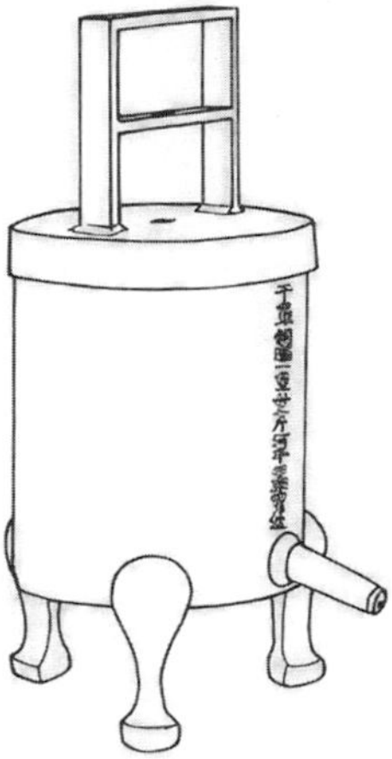

圖 1-4 ｜漢代的銅製漏刻（出土自內蒙古自治區伊克昭盟。摹本）

舉例來說，西漢時代計算時刻的機制是，冬至時晝漏四十刻、夜漏六十刻，夏至時晝漏六十刻、夜漏四十刻，每九天晝夜的長度改變一刻。此外，水鐘還進行過微調，途中從一百刻變更為一百二十刻[14]。水鐘是利用當時最高端技術製作出的精密機器[15]，不可能家家戶戶都擁有一台，頂多一個都市或一個村落有一台，就算了不起了。地方行政機關的縣和鄉裡，設有負責檢查水鐘的官員，他們會在日出時擊鼓報曉，在日落時敲鐘告知夜晚來臨[16]。《周禮》中可以看到「挈壺氏」、「雞人」等官職，前者是軍隊中負責掌管水鐘的隨行者，後者是在早晨進行國家祭祀的典禮上的大聲報時者。《周禮》是一部西漢末期開始廣受矚目的文獻，從中可看出在這以前的時代，就已設有職掌時間的官吏。此外，南北朝時代（四三九～五八九年）的詩歌裡有「曉鐘」（黎明時的鐘）一詞，看來黎明不全都是擊鼓，有些地方可能是敲鐘。

由此可知，秦漢時代的官吏曾試圖仔細地掌握季節、日月，乃至一天的時間。如此看來，秦漢帝國裡，對月、日、時刻徹底研究的人並非不存在。但正如前述，過著平凡生活的老百姓可就沒有時間都如此講究了。多數老百姓反倒是不在意水鐘的時間刻度，而是用另一種方式粗略地將一天劃分成幾個時刻，並在這樣的劃分中過著豁達大度的生活（後述）。

「時辰」的名稱

現代的我們將一天分成二十四小時，這種做法在古代中國並不存在。然而，中國史上曾有過「十二時辰制」，大約以現今的下午十一點至上午一點為「子時」，以上午一點至上午三點為「午時」，以上午三點至上午五點為「寅時」，依此類推，根據子、丑、寅、卯、辰、巳、午、未、申、酉、戌、亥的順序，將一天劃分成十二等分。但這個制度的起源沒有那麼古老，是到南北朝時期才形成，並於唐宋時代以後普及。換言之，一般認為，漢代別說是十二小時制了，就連把一天精準地切分成十二等分的制度都尚未建立[17]。關於這一點雖然仍有爭議，但這裡並不打算對十二時辰制的確立時間進行更深入的討論。

這裡筆者想著墨的是，區分出各時刻，並加以命名的權宜作法。時刻名的版本不一，有的史料是將一天切分十六等分，有的史料甚至將一天切分成二十八等分。我們至今仍無法判斷哪一種才是正式的制度，另外也可能是隨地方、時代而有所不同，這些也還需要進一步研究。

此處我們就來確認一下文獻和簡牘上可以找到的時刻名。其中，戰國時代的《睡虎地秦簡》有十二個，《放馬灘秦簡》有十六個，秦帝國時期的《周家台秦簡》有二十八個，西漢前期的《孔家坡漢簡》有十個，《淮南子》有十三個，西漢後期至東漢前期的《懸泉漢簡》有三十二個，《居延舊簡》有二十七個，東漢時代的《論衡》有十二個（表1-1）。

此外，這些簡牘的名稱其實是現代研究者所命名，並非過去以來的稱呼。命名的規則十分簡單。大多都是「出土地名＋時代＋簡」，例如「簡牘出土於湖北省雲夢縣睡虎地，其為戰國時代秦國遺跡」，就命名為《睡虎地秦簡》。不過，居延地方多次有簡牘出土，因此是一個例外，一般將一九三〇年代出土的簡牘稱為《居延舊簡》，一九七〇年代出土的稱為《居延新簡》，以區分兩者（最近又再次發現了新的簡牘，因此光是「新和舊」已不足以區分，如何命名成了研究者的一項煩

懸泉漢簡	居延舊簡	論衡	淮南子
平旦	平旦	平旦	旦明
日出	日出	日出	
二干			
蚤食	蚤食		蚤食
食時	食時	食時	
食坐	食坐		
	禺中、東中、日東中	隅中	
日未中			
日中	日中	日中	正中
	日西中、西中、昳中		
	日過中		
日失		日昳	
蚤餔			小還
餔食	餔食	餔食	餔食
餔坐			大還
下餔	下餔		高舂
夕食			下舂
日未入			懸車
日入	日入	日入	
昏時	黃昏	黃昏	黃昏
	夜昏		
定昏	昏時		定昏
夜食	夜食		
人定	人定	人定	
幾少半			
夜少半			
夜過少半			
夜幾半			
夜半	夜半	夜半	
夜過半	夜過半		
夜大半			
大晨			
雞前鳴	雞前鳴		
中鳴	雞鳴、雞中鳴	雞鳴	
後鳴	雞後鳴		晨明
幾旦			朏明

表 1-1 ｜出現在各史料上的秦漢時代的時刻名

時刻	放馬灘秦簡	睡虎地秦簡	周家台秦簡	孔家坡漢簡
上午六點前後	平旦	平旦	平旦	平旦
	日出	日出	日出	日出
			日出時	
	夙食		蚤食	蚤食
上午九點前後		食時	食時	
	莫食	莫時	食坐	莫食
			廷食	
			日未中	
正午前後	日中	日中	日中	
	日西中			
			日過中	
		日失	日失	日失
	昏則	下市		□市（□為缺字）
		舂日	餔食	暮市
		牛羊入		
下午三點前後			下餔	
	日下則		夕食	
	日未入		日毚入	
	日入		日入	
下午六點前後		黃昏	黃昏	黃昏
	昏		定昏	
			夕食	
下午九點前後		人定	人鄭	人鄭
	夜莫		夜三分之一	
	夜未中		夜未半	
午夜十二點前後	夜中		夜半	
	夜過中		夜過半	
上午三點前後			雞未鳴	
			前鳴	
	雞鳴			雞鳴
			雞後鳴	
			毚旦	

惱）。還有一個例外是，研究機關「嶽麓書院」在骨董市場所購得的秦代簡牘，則是被稱為《嶽麓書院藏秦簡》。

總而言之，如表1-1所示，各史料中的時刻名都十分相似，但又並非完全一致。看起來，在這些時刻名中應該也包括了相對籠統的時段劃分，像是日文中的「黎明」、「黃昏」等等。

這些一天之中的時刻名，估計最多也不過三十多種，順序也大致清楚。而其中有些名稱是從字面即能明顯看出時間關係，例如「平旦」（「旦」為太陽從地平面升起的象形字）、「日出」即指日出，「日中」為正午，「日入」、「黃昏」（天空昏暗而呈黃色之意）為日落，「夜中」為深夜，循著這些線索就能找出與現代二十四小時制的對應關係。

比方說，洛陽的日出時間大約是在上午五點到七點的時段中，這麼一來，便可將「平旦」、「日出」視為此段時間。以此為基準，「雞鳴」則為包含上午四點前後的時段，「食時」為包含上午九點前後的時段。當然，如前所述，漢代與現代的時刻是無法完美對應的，但我們可以推測漢代的各個時刻名，大約相當於現代的幾點。各時刻名如表1-1所示，這些史料也能讓我們一窺當時人們在各時段中會做哪些事。

拂曉前的片刻

現在是上午四點到五點左右，大約是「雞鳴」的時刻。就在此時，後宮裡有女性閒來無事，悶悶不樂，又無法熟睡，就這樣迎來了早晨。其中還有人聽膩了報時的敲鐘聲，甚至對水鐘浮箭*緩慢移動的聲音感到厭煩[18]。一名因生不出孩子而被休妻的女性，到了「雞鳴」的時刻，她仍睡不著，一邊嘆息，一邊在庭院中徘徊[19]。

自古有云：「志士惜日短，愁人知夜長[20]。」每個人對於時間流逝的感受各不相同。比方說，對囚禁在牢獄中的人來說，一天的感覺應該很長。反之，對當日要被行刑的人來說，一天的感覺可能很短[21]。如此千樣百態的一天，就此展開。

距離日出還有段時間，許多人還在靜悄悄的夢鄉中。但再過一會兒就要進入「平旦」的時刻，那也是朝廷會議開始（聽朝）的時間。因此，在召開會議的日子，此時宮城的大門前已是官吏雲

*譯注：指漏刻裝置中浮在水面上的箭桿。漏刻是在有漏水孔的壺中盛水，水面上浮著一塊竹片或木塊，竹片或木塊上又托著一根箭桿，箭桿像插入紙杯杯蓋的吸管般，從壺蓋中央的孔中穿出，箭桿上有時刻的標記，因箭桿會隨著水位浮沉，而能藉此辨識時間。

集，等待著大門的開放[22]。事實上，像是西漢武帝就會在平旦下詔，而官吏則是根據此詔，在「食時」（早上九點前後）報告回覆[23]。前述「未來人」之事，也是在這個時段傳入皇帝耳中的。

皇帝必須參與的會議不見得天天都有，皇帝只要五天親身處理政務一次，就算得上是認真治國了[24]。每月的初一、十五，還會召開政策決定會議（公卿議），不只部分政府高官，連皇帝也要起個大早出席[25]。三世紀末，有詩云：「終朝理文案，薄暮不遑眠」（筆者譯：從天剛亮就開始處理文案，到了日落西山仍無暇就寢）。繁忙時期的官吏正如詩中所言，即使在沒有會議的日子，也得從這個時段就開始繃緊神經了[26]。在朝廷工作的人之所以能這麼早起，可能是因為入夜後他們也會早早入睡。

黎明的聲景

除了部分的政府相關者外，大部分的人此時此刻仍在夢鄉之中。公雞宏亮的叫聲響起，彷彿在嘲笑這些熟睡之人。

公雞是根據體內的生理時鐘行動，一般約在旭日升起的兩小時前就會開始啼叫[27]。以現今的洛陽為例，每年四月太陽會在上午五點十五分左右開始升起，因此公雞應該是從上午三點十五分左右便開始啼叫。但滯留在揚州（上海附近）的佛僧圓仁，曾在開成三年（八三八年）七月十九日的卯時（上午六點前後），聽見公雞打鳴[28]。這麼一來，公雞打鳴的時間就變得相當不確定，大致上應該可以看作上午三點前後至六點前後。從漢代的時刻名來看，這個時段恰恰有「雞未鳴」、「雞鳴」、「雞後鳴」等的稱呼。再者，公雞是會「和鳴」的鳥類。「和鳴」是指當一隻領頭的公雞開始啼叫後，附近的公雞會跟著一同啼叫的現象，這會打破夜間的寧靜。

許多人隨著雞啼聲醒來。尤其是為了務農而住在田邊小屋中的老百姓，由於聽不到敲鐘、擊鼓的聲音，因此只能仰賴旭日和雞啼起床[29]。

每家每戶中，第一個開始活動的人會是誰呢？對當時的人而言，儒學是重要的行事指南之一。眾所周知，儒學是孔子建立於春秋時代，由其門徒繼承並發揚光大的學問。到了西漢後期，儒學思想成為官學的核心思想[30]，並逐漸變成上流階層的生活指南。

根據儒學的指導，子女必須對父母、祖父母盡孝道。保有男性子孫，讓祭祀祖先的香火代代傳承下去，就是行孝道。不僅如此，尊敬、聽從、體恤父母和祖父母，隨雞鳴起床，侍奉父母和祖父母的生活起居，也是行孝道。這麼說來，在「咕咕咕」叫聲響起的時刻，應該會有部分孝順的人迅速起床，開始進行早晨的準備。

然而，儒家經典中還有另外一句話：「禮不下庶人[31]」（筆者譯：庶民無須遵守儒學的禮節）。換言之，現實中多數平民百姓並不會受禮儀作法束縛。再說，也不是所有的孩子都會孝順長輩。甚至有某戶人家出了個敗家子，父親最終因無法忍受而向官署提告，希望能將兒子處死[32]。家家有本難念的經，實際上最早起床打點的人，似乎多數為家奴或負責做早餐的母親。

現在，太陽終於照亮了洛陽城東側的整片城牆。籠罩著近郊村落的朝霧也逐漸散去。陽光射進了村落周圍的森林裡，野獸們漸漸從睡夢中甦醒。宮殿內已有宮女和宦官正在忙進忙出。

若在鄉下的村落裡豎起耳朵，就會發現早晨出奇安靜。村落和集市的大門都還深鎖，無法搬運商品出入。只要側耳傾聽，就能隱約聽到馬的嘶叫聲，還能聽到豬隻、牛隻的叫聲。邊疆地帶也十分寧靜，若在早晨發出巨大聲響，恐怕會被烽火台上站夜哨的士兵盯上吧。此時就算聽到排水溝裡傳來的潺潺流水聲[33]，也不會特別引人注意。

再更側耳傾聽，則能聽到飛蛾和蒼蠅的振翅聲[34]。依季節和地域的不同，有時出現的是蚊子或牛虻，還會吵得人整夜無法安眠，因此最好能裝設蚊帳[35]。部分的住家也會傳來幼兒的啼哭聲。從生物學的角度來看，幼兒應該有白天睡太多，晚上就會睡不著的傾向，並且會因此在夜裡啼哭[36]。古代中國的幼兒當然也是如此。此外，這個時段應該也有尿在尿布裡而開始放聲大哭的幼兒。幼兒用的尿布，在古代被稱為「襁褓」，這同時是幼兒的代名詞[37]。關於兒童，後面的章節還會有更詳細的描述。

除了幼兒的哭聲外，還能聽到說夢話的聲音。比方說，戰國時代的韓昭公就是一個會把夢話說得清晰可辨的人，甚至有可能在睡夢中向妻妾洩漏國家機密。據說，他為此總是自己一個人獨睡[38]。

巷弄裡的醉漢

讓我們再把目光拉回到都市，此時有一名男子在巷弄裡喃喃自語，搖搖晃晃地倚靠在民家的牆上。即使到了這個時段，仍有行走在馬路上的人、無法入眠的人[39]，巷弄間出現醉漢並非什麼新鮮事。

漢代的法律將三人以上一起喝酒稱為「群飲」，並明令禁止[40]。這是因為怕那些喝醉酒的人發現彼此志同道合，又或一群人假借喝酒之名聚集，而開始計畫謀反。但我們並不清楚這項法規何時生效、是否伴隨著什麼樣的條件限制，因為官員們聚眾群飲的例子，在史料中比比皆是[41]。

不僅如此，酒館也經常是高朋滿座。比方說，漢高祖劉邦經常光顧的酒館有兩間，每當劉邦上門時，店內總是座無虛席[42]。到了傍晚，集市關閉，都市的大馬路上也會實施交通管制[43]，因此無法在集市內的酒館喝通宵，也無法睡在大馬路上，但在集市外偷偷經營的酒館裡，就能通宵飲酒到天明（後述）。醉倒在眼前的這名男子，恐怕也是因此而落得這副德性。

醉漢不只他一人，隔壁的巷弄中也有。不幸的是，那人遭夜賊搶劫，全身衣物都被扒個精光。幾小時後，那名醉漢應該會愕然驚覺自己手邊的零錢都不翼而飛了。若能找到自己遭竊的證據倒還好，但看這樣子恐怕是難了。這個時代既沒有監視器，也沒有指紋解析技術，在沒有目擊者的情況下，要掌握犯罪證據談何容易。大概也只有社交關係可以當作線索。對附近的地痞流氓展開地毯式的搜索調查，或許可以找到一些線索。

秦代曾有過一個實例，某個里發生搶劫事件後，官吏便開始對集市的地痞流氓展開搜查[44]。這類搜查是由稱為「令史」或「獄史」的政府官員負責。如果他們鎖定了嫌疑人，就會由相當於警官的「尉」、「士吏」、「街卒」等政府官員進行拘捕[45]。他們頭上會裹著紅布條（赤幘）[46]，因此應該相當醒目。總之，這名醉漢沒有被殺害已是不幸中的大幸。因為那是一個在路邊看到骷髏頭也不足為奇的時代[47]，有時還能看到屍體堆疊的場面[48]，在城外則更加危險。

第二章

漱口、整理頭髮——上午六點前後

起床

朝陽穿過窗框（牖）照入屋內。上流階層的宅院大門被門閂牢牢扣上。官府的府院大門也上了鎖具（鑰）[1]。「牖」是木製的窗框，有些在框中附有木製的窗扉。夜裡窗扉會關上，但因建造得不是那麼密合，所以朝陽會從縫隙照入屋內。有時外頭吹起風來，木窗就會嘎嘎作響。

駐紮在邊疆地帶的士兵們，有些住在茅草屋的兵營裡，從茅草縫隙照進屋內的陽光，令他們顰眉遮眼。夏夜濕熱，有些人睡覺不蓋被，有些人只蓋一條夏季用的單層薄被（夏衾）。至於在寒冷的冬季，任誰都會想蓋上一條內層絮有棉花的厚被子（重纊），但窮人頂多只有麻製被子可蓋[2]。至於夫婦之間，姑且不論是因為恩愛有加，還是因為買不起兩條被子，有時會兩人同裹一條被子[3]。

上一章稍微提過，縣和鄉有檢查時鐘的官員，他們會在日出時擊鼓或敲鐘報曉。當報曉的信號傳來，關口的大門、都市的城門彷彿迫不及待似地一一敞開，大都市變得喧囂嘈雜[4]。南北朝時代也是如此，詩歌有云：「詰旦閶闔開，馳道聞鳳吠」（筆者譯：清晨裡宮殿大門開啟，皇帝專用的道路上傳來鳳凰的鳴叫聲）[5]。

早晨匆忙的郵務

通往首都的大道上，傳送快遞的快馬來來往往。其中還有手舉木棒、騎馬奔馳的使者。木棒是狀似球棒的多面體，稱為「檄」，主要是用來書寫政令（圖2-1）。使者騎著馬、舉著檄，乍看之下，彷彿在各地巡迴，向路人展示檄上所寫的內容。但實際上，木棒上的文字隨著快馬奔馳，路人根本看不清楚，所以這種「公告周知」只是做做樣子。據說檄的真正運作機制，其實是使者在行經好幾個官署後，最終將其送達終點站的官署，而使者會在途中向各官署的相關者公布、宣傳檄的內容，並在終點站的官署用繩子將檄吊起來，讓更多人可以閱覽其內容[6]。看來，這次的檄是在通知大眾：西域有外族造反了。

許多行政公文都是書寫於木簡或竹簡，以繩子捆住，透過郵務機關運送。街道上每隔數公里就有一間郵務機關，機關裡有人、馬待命。行政公文可利用分布在街道上的郵務機關，以接力的形式運送郵寄。除此之外，行政公文還有另外一種縣與縣之間直接連通的運送制度[7]。兩種方式都是透過不斷換馬、換郵差的方式，速度不減地將信件送達遠方。

我們來偷看一下郵差寄送的文件中究竟寫了些什麼。在一份文件上，似乎記錄著關於郵差寄送時間的確認，從記錄中可以看出人定（下午九點前後）、夜大半（上午兩點前後）、雞鳴（上午四點前後）的時刻都分別換過郵差[8]。換言之，這份文件是徹夜運送的。郵差也有送信而不騎馬的時候，若不騎馬，郵差就必須拚命奔跑。當時在多個發送站替換運送者的做法，跟現代的郵務系統幾乎沒兩樣。

重要文件會以繩子捆綁，讓他人無從看見其內容。繩子的打結處會塗抹上泥，並在泥上蓋章。雖然是蓋章，但這種蓋章不需要朱肉印泥，而是將印章押入塗抹好的泥中，使泥上出現印章文字的浮雕。放置一會兒，泥就會乾燥凝固，留下清晰的印章文字。只要看蓋章的印記，就能知道文件是誰寄出的。而且要將文件開封，就必須破壞泥印，而且無法復原。這就是當時封緘的方式，被稱為「封泥」（圖2-1、圖2-2）。

早起與晚起

在無人敲鐘擊鼓的地方，人們隨雞鳴聲起床，此時大家都開始整理起儀容。農家從春到秋都得在城郭外的農田裡耕作，所以正值壯年的男女，幾乎每天都住在田邊的小屋裡。

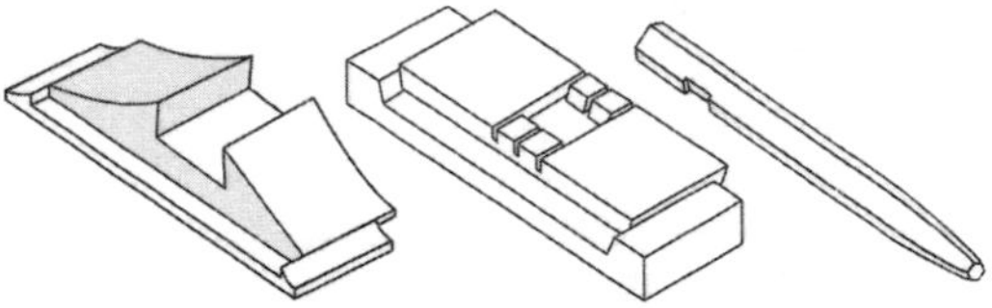

圖 2-1 ｜木簡的形狀（左和中間是封緘用，右是檄）

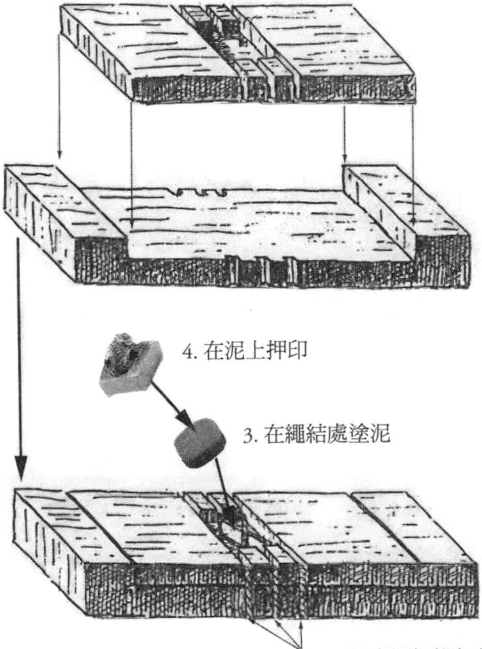
1. 木板從上往下封緘
2. 以麻繩綑綁打結

圖 2-2 ｜封泥的構造

父母在城外耕作的期間，老人和孩童會一同住在城內的老家。「〇〇（孫子的小名），天亮囉，該起床了。」「奶奶，讓我再多睡一下子嘛。」這是現代社會中很可能出現的場景。

根據儒學的禮儀作法，即使年紀尚小，也該在聽到雞鳴聲後起床，並照顧祖父母的起居，實際上也真的有這樣的人，例如，東漢時代的薛包孟，因為父親與繼母不喜歡他，他就在老家旁搭建了一間小屋，住在小屋裡，並在平旦（上午五至六點前後）洒掃（打掃老家門口），即使如此他還是遭到父親嫌棄[9]。此外，西晉時代的夏統，則是從鼓四（上午一點至三點前後）就開始在老家門口打掃[10]。

然而，這些其實都是極為罕見的例子，正因罕見才被寫入史書中表揚。再說，古今東西的老人都傾向於早起[11]。而且根據基因，所有人都可以被分類成「晨型人」或「夜貓子」[12]。換言之，一個孩子就算每天早起，也不代表他一定是個認真勤奮的人；一個孩子每天晚起，並不代表他一定好吃懶做。漢代一定也有早上就是爬不起來的孩子。不僅如此，正如現代，還有些孩子很可能是因為熬夜而晚起[13]。另外如同前述，老百姓也沒有義務遵循儒學的禮儀規範。從這些角度來推測，當時應該有不少早上晚起的孩子。

水井與河川

在官吏和貴族的家中，僕人們已經開始工作。他們正在井邊打水。有些地方，家家戶戶的庭院裡都會備有一口井[14]，有些地方則是整個村落共享一口井[15]。沒有井的話，人們就到河邊取水[16]。水井的結構不一，有些單純只是在地上挖個洞，有些還會在洞口建井圈，有些加裝了滑輪，有些添加了鳥獸外型的裝飾。

順帶一提，當時諺語有云「千里不唾井」，意為一個人即使將離開當地，去往千里之外，也不會向他喝過水的那口井吐口水，類似於日文所說的「立鳥不濁跡」。從這句諺語可以看出，水井對一個村落而言，扮演著十分重要的核心角色。姑且不論水井是否皆地處村落的核心，總之，人們總是會聚集在水井邊，互相聊天，交換資訊。日文有「井戶端會議」一詞，形容婦女們到井邊取水、洗衣，順便聚在一起聊天、聊八卦，恰恰也可形容中國古代的井邊風光。

多數村落面向河川。雖然河川有可能氾濫成災，但其優點則是，平時可當作運輸通道、廢水排水設施和海鮮產地。比方說，長沙郡的臨湘縣城面向湘江，是一座四邊總長數百公尺的城市，城中發現了一百七十餘座水井的遺跡[17]。商代的村落傾向設置在丘陵地帶，避開氾濫平原（河川產生洪水時可能會被淹沒的低窪地帶）；但秦漢時代水利技術較為發達，因此村落逐漸開始設置於平地[18]。換言之，村落會聚集在更靠近河川之處，這樣有方便取得水源之優勢。

雖說如此，要取水，最好當然莫過於附近設有水井，當各家各戶的家奴去取水時，彼此就會在井邊碰面。這些家奴身上帶有烙印[19]，一個家奴若是知道分寸，就不會參加婦人之間的交談，而會匆匆打水，迅速將水提回去給主人。

古代人也護牙如命——口腔衛生與蛀牙

主人與其家人會用水井打來的水洗臉、洗手，但不會用來刷牙。他們只會在起床後和飯後漱漱口而已[20]。最早的牙刷出現於唐代，在那之前並沒有發現牙刷的存在。幾乎同一時期的古印度人，則會從早上開始反覆咀嚼木片，以此代替牙刷[21]。這種木片被稱為「齒木」或「楊枝」，但古代中國並不存在這樣的東西。用細小的錐狀物挑去牙縫殘渣的做法，在當時雖然不是完全沒有，但絕對稱不上普遍。但光用清水漱口，真的能讓當時的人保持口腔清潔嗎？

漢代的人們在日常生活中最害怕的事，說不定正是蛀牙。即使不是賣藝為生者，也會視牙如命。人們一旦蛀牙，就不會痊癒，牙齒只會逐步被侵蝕。不幸的話，恐怕連周圍的牙齒也難逃魔掌。於是，每天都得忍受牙痛，這種牙痛最終會超越當事人所能忍耐的極限。現代人有各種緩解牙痛的方式，像是服用暫時的止痛藥，磨除牙齒組織、或拔牙等等。

但當時沒有磨牙技術，也沒有現代的強效麻醉藥。例外的是，東漢末年的神醫華佗，傳說中他能為人施行全身麻醉[22]，當時可能也存在利用大麻施行麻醉的技術[23]。吸食大麻的起源甚早，在西元前一千年以前位於吐魯番的「洋海」與「加依」墓地群中，發現了大麻種子和葉子的粉末，一般認為是用於儀式或醫療[24]。那樣的技術若在漢代就已傳入中原，也毫不令人感到意外。但相關史料甚少，我們並不知道實際的民間醫療中，大麻麻醉的技術究竟落實到了何種程度。

另外，漢代醫書《神農本草經》中介紹了幾項可緩解牙痛的藥材。在前現代的中國醫學書中，則記載了漱口液、按摩、藥草、針灸等治療牙痛的方式。姑且不論有效與否，這恰恰證明了當時的人將牙痛視為一個不容忽視的問題。因此，平日也必須好好照顧牙齒。

然而如前所述，當時的人不刷牙，只有在起床後和每餐飯後漱口而已。東漢時代雖有「楊枝」[25]一詞，但前面也有提到，這很可能是指古印度的齒木，而非現代日本人會想到的「牙籤」，而且這也不是中國境內日常使用的物品。如此一來，一定程度的蛀牙就變得無可避免。事實上，齲齒的

「齲」字，起源可追溯至商代[26]，蛀牙自古就是人們生活中的一大煩惱。

比方說，西漢時代的元帝似乎不到四十歲就已脫牙掉髮[27]。近年發現的漢末曹操墓中，有六十歲前後的男性顱骨出土，在這顱骨上也發現了嚴重的蛀牙。根據文獻記載，曹操似乎長年苦於頭痛，有人指出其原因說不定就是來自蛀牙。此外，在近年出土的隋煬帝墓中也找到了兩顆牙齒，這兩顆都有蛀牙。唐代的白居易和韓愈等文人，甚至還特別作過關於牙痛的詩[28]。

一旦失去牙齒，可以進食的食物就會變得有限。還曾有失去牙齒的老人，雇用女性作為乳母，飲用其母乳[29]。再不然，無牙的老人還可透過含糖的方式充飢[30]。

由此可知古代中國的人多麼受到蛀牙所苦。若更進一步蒐集、計算骨骸遺體和木乃伊上的牙齒，會發現蛀牙的牙齒數雖然比現代日本多，但差距也說不上懸殊。

舉例來說，馬王堆漢墓出土的木乃伊女屍，是諸侯王國長沙國的丞相之妻，身高一百五十四公分，重量三十四點三公斤。五十歲前後的她罹患了冠狀動脈心臟病、動脈粥狀硬化症、多發性膽石症，染上血吸蟲病，又被蟯蟲與鞭蟲寄生，最終在這些疾病的折磨中死去。打開她的嘴巴來看，會發現她的恆齒（不算智齒的話共二十八顆）剩下十六顆[31]。現代日本六十至六十九歲的女性，平均約有二十一顆左右，相較之下，古代中國確實剩下較少，但也不是所有的牙齒都被蛀光。

從牙醫學的角度來看，蛀牙的其中一個原因就是來自澱粉質。現代日本人透過稻米的粒食（直接食用顆粒）和小麥的粉食（也就是麵類、餅類等），攝取到的往往是黏性的澱粉，而這正是造成蛀牙的因素之一（關於粒食與粉食後面會再敘述）。但唐代以前的飲食生活並非如此。漢代人是以小米的粒食為主，其黏性不那麼高，關於此點後面會再提到。而小麥的粉食也還不多見。或許這就是讓他們的蛀牙得到抑制的原因之一。

迫切的口臭問題

既然沒有好好刷牙，當然就可能發生口臭。口臭嚴重的話，會令男人、女人都不敢靠近，恐怕也會在戀愛、結婚和工作上造成影響。正因如此，戰國時代秦國的占卜書《日書》[32]就屢次提到口臭問題，像是「〇〇日出生的孩子會有口臭」、「在〇〇日結婚，妻子會有口臭」等等。這些占卜結果可能是寫給產期將近的父母，或婚期將近的男性，由這些內容可看出，在當時口臭是十分迫切的問題。

倘若是皇帝的親信，那就最好使用一下口腔清新劑（杜若、雞舌香），以避免壞口氣令皇帝感到不愉快[33]。雞舌香尤為其中的珍品，大名鼎鼎的曹操就曾將雞舌香餽贈給天才軍師諸葛亮，贈送這份禮物背後的潛台詞應該是「孔明啊，來我耳邊低語吧（別想歪了，他是想要孔明的建言）。」[34]

不過，要弄到雞舌香似乎沒那麼簡單。例如，相傳一名老臣接獲皇帝給他的雞舌香，當他含進口中時，發現味道極苦。他誤以為皇帝賜毒藥給他，回到家後便將此事告知家人，引起一陣騷亂，大家以為他犯了什麼錯。後來，他的口中飄出香味時，大家才哄堂大笑，那名老臣也終於明白這是怎麼回事[35]。也就是說，是因為這名老臣有口臭，所以皇帝才將雞舌香賜給他。由此看來，這名老臣過去應該從來不曾服用過雞舌香。

順帶一提，當時有美女被描述成「氣若蘭」（吐出的口氣有蘭花的香味），可見美女也會使用口腔清新劑。可能是因為古代中國情侶之間會接吻，所以需要這樣的社交禮節，關於這部分後面還會再提到。

髮型與禿頭

接著來整理整理頭髮。古代中國無論男女都會結髮。雖然結髮後的髮型不一，但都會有一個相同的習慣，那就是將髮梢藏起來。這個習慣可追溯至西元前一千年以前的商代，人們相信靈魂會從髮梢溜走，若不隱藏髮梢就會死掉[36]。

到了春秋時代，人們會戴上符合身分地位的「冠」，讓別人知道自己的身分。此一舉動使人與人之間的上下關係可視化，進而穩定社會秩序。名聞遐邇的孔子就十分重視此事。再者，冠禮是男孩子人生中的一項重大儀式，當男孩子長大成人後，就會戴上冠，並接受父親的教導訓誡。結果，戴冠成了知識分子和官吏的義務。但在君主面前敬禮時，若沒有髮髻，便無法將冠固定住，冠很容易滑落，於是髮髻變得愈來愈重要。周邊各民族的人多半是「被髮」。「被髮」是指散髮，在現代日本普遍能看到的髮型（包包頭除外）都是被髮。過去，被髮在中國南方尤為常見，民風不同於中原。

結髮時會使用竹製或玳瑁製的密齒梳（批）或疏齒梳（梳）。將頭髮整理成束後，用薄絲綢包覆，纏繞在「笄」（髮簪）上，固定成「髻」（髮髻），髮根處用精練的絲綢（總）束好，多出來的絲綢則垂掛於腦後。有些笄是男女共用的，有些笄則是男性專用的。髻有各式各樣的形狀（圖2-3）。此外，許多文官會把筆當成笄插在髻中，或插在耳上，或放在紫色袋中。

對官吏而言，頭髮和冠都十分重要，而非留長髮不可。因此，他們不會頻繁理髮，也就沒有專

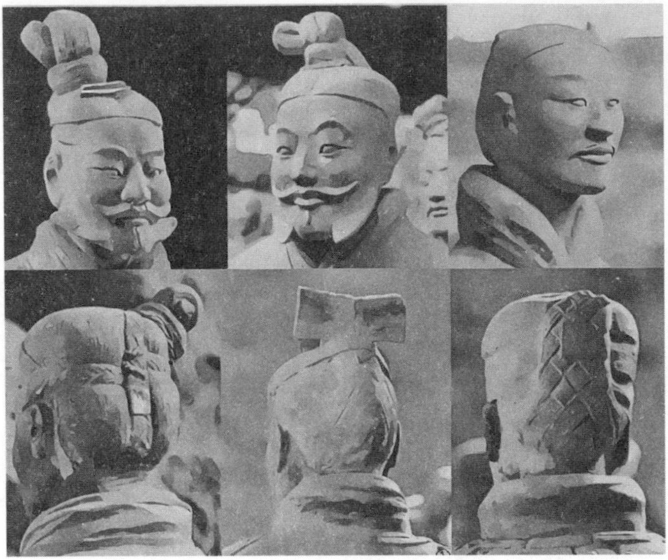

圖 2-3 ｜秦始皇陵兵馬俑的髮型（收錄於陝西省始皇陵秦俑坑考古發掘隊、秦始皇兵馬俑博物館合編的《秦始皇陵兵馬俑》〔平凡社，1983 年〕）

圖 2-4 ｜禿頭的官吏們
（出土自河南省洛陽八里台漢墓。收藏於波士頓美術博物館）

門的理髮廳。理髮是朋友之間互相幫忙。上了年紀而頭髮稀疏的男性，則會戴假髮（髢）。漢代有以官吏之間的交誼為主題的壁畫，畫中可見許多禿頭而沒戴假髮的官吏，可以想像他們為了穩住頭頂的冠，背後所付出的心力（圖2-4）。無論對古代中國的男性而言，還是對現代男性而言，脫髮都是一大煩惱。戰國時代，甚至還有諺語說「沐髮苦髮落，不沐更落髮」。

戴上祭冠時

梳理好髮型，就可以戴上冠了。冠不僅僅是作為美觀的裝飾，也是可以明確顯示出戴冠者身分貴賤的指標。冠可分成祭祀用的「祭冠」，以及上朝用的「朝冠」，有名的祭冠包括「冕冠」、「長冠」、「委貌冠」、「皮弁冠」、「爵弁」、「建華冠」、「方山冠」、「巧士冠」[37]。

舉例來說，冕冠並非日用品，而是最重要的祭冠，只有皇帝和大臣在祭祀時可以戴[38]。西元五九年，冕冠才確立起明確的規格及戴冠規則。冕冠是自爵弁獨立發展而成的一種帽冠，而爵弁後來則是發展成音樂相關的官吏（樂人）的祭冠。爵弁和冕冠是在表面光滑的絲綢上塗上「漆」，以此為「殼」（套入頭髮的部分），並在殼上方安放一片黑中帶紅的板子。

爵弁的後方垂掛著碎布（收），並與笄相連接。冕冠和爵弁形狀類似，冕冠的特徵是前後都垂掛著珠簾（旒）（圖2-5）。皇帝有十二條旒，長度及肩；大臣只有前側有旒。旒的顏色也會隨身分而異，天子為白玉十二旒（每一旒十二顆），三公和諸侯為青玉七旒（每一旒九顆），卿大夫為黑玉五旒。冕冠左右有長長的繫繩，並在近耳處串有玉。古代日本的「冠位十二階制」是以冠的顏色顯示身分，但漢代則是著重於旒的數量。不過，串著珠玉的旒繩，顏色必須與「綬」相同，「綬」是從脖子垂掛下來的帶子，用來將「印信」繫於身上。因此其顏色並非與身分毫無關係。再者，戴上冕冠祭祀時，須穿著黑色的上衣和淺紅色的長褲裙，衣服的樣式也會進一步顯示身分高低（後述）。

除了冕冠以外，另外還有幾種不同的祭冠，但那些與平民百姓的日常生活無關。該注意的反倒是朝冠。朝冠是皇帝和官吏在朝廷處理政務時所戴的冠。官吏辦公時會戴著朝冠，因此平民百姓也有機會見到朝冠。其中包括皇帝的「通天冠」[39]、諸侯王的「遠遊冠」，還有高官的「高山冠」、文官的「進賢冠」、法官的「法冠」、武官的「武冠」、宮殿護衛官的「卻非冠」、衛兵的「卻敵冠」和「樊噲冠」、職掌天文的官吏的「術氏冠」[40]。

舉例來說，其中的進賢冠是三公、諸侯乃至三老等文官所戴的冠，使用者廣泛（圖2-6）[41]。冠的

圖 2-5 ｜戴著冕冠的東漢光武帝

（〔傳〕閻本立《歷代帝王圖卷》。收藏於波士頓美術博物館）

圖 2-6 ｜ 進賢冠示意圖（Upa 氏繪製）

樣式會根據身分高低而有區別，例如，進賢冠是以綴在冠上的直條紋、又稱為「梁」的條數，皮冠是以玉的色彩數和縫合的不同來顯示身分，但當時還沒有以冠的顏色來顯示身分高低的習慣[42]。有時冠上也會有裝飾，有些高官會在冠上加上設計成蟬的意象的黃金製徽識（蟬文金璫），因為蟬象徵高潔；又或者裝上貂的尾巴（珥貂）。冠的繫繩有長有短，還曾經流行過長繫繩的裝扮[43]。繫繩若是皺巴巴或過長，是會出糗的。

由此可知，對當時的官吏而言，冠與其繫繩也是裝扮上的重點。因此，劉邦擔任警察局長（亭長）時，就特地向薛縣的冠匠訂製了一頂竹皮製的冠回來[44]。這就像是現代打扮入時的人，向海外訂購名牌商品一樣。我們行走在古代中國的村落中，至少也要找個合適的設計師，替我們製作一頂冠。否則，若是有機會拜見皇帝時，可是會大出洋相的。

除了祭冠和朝冠外，男性平時經常會戴「幘」。幘類似於從額頭向後戴的一字巾或頭巾，它跟注重形式的冠不同，原本是身分低賤者所戴之物。綠色和藍色的幘是身分低賤者的專屬用品，因此「蒼頭」一詞是指稱奴隸。

然而，西漢元帝有自然捲，結髮時瀏海總是會垂下來，所以他經常用幘遮住瀏海，從此幘就變成不分身分貴賤，人人都可以戴的物品了。另外，王莽禿頭，他將幘改良成能覆蓋住頭頂的樣式，藉此掩飾禿頭[45]。換言之，東漢時代的幘幾乎就如同帽子，而過去無法覆蓋頭頂的幘，成了專門給未成年人使用的物品[46]。後來還有人是先戴一層幘，上面再戴一頂冠。另外，「巾」又不同於幘，是指用來包覆髮髻的布。此處我們暫不深究幘和巾在使用上有什麼分別，總之就先戴上幘吧。

第三章

整理儀容——上午七點前後

服睡覺？

庶民的服裝

該打理一下服裝了。當時的人是否會在起床後，把睡衣換成白天穿的便服，還是會直接穿著便服睡覺？

罪犯和奴隸多半只有一套衣服，因為可用在衣物的零花錢十分微薄。但奴隸臭氣熏天的話，主人當然也會受不了。雖說難得，不過仍有一些主人對奴隸宅心仁厚[1]，奴隸若是在這種主人手下做事，就有可能擁有幾套衣服可更換。但官有奴隸和受刑人，頂多是夏季發配一件輕薄的麻製長衫，冬季發配一件棉襖和長褲裙而已[2]。這些人就不可能有睡衣可穿。

平民百姓也不見得都有多套衣服可以換穿（圖3-1）。在收入少的地方，兒子的衣服傳給孫子穿是理所當然的事[3]。換言之，親子兩代間會傳承「舊衣」，這也會發生在兄弟姊妹之間。衣服對平民百姓而言是貴重物品，穿破了也不會立刻丟棄，主要是由家中的女性縫補。即使衣物有些許脫線，也沒有多餘的錢添購新衣。

另一方面，若是小康之家，就如當時詩中所云的「羅襦曉長襞」（筆者譯：總在天亮時分，將薄絲綢的貼身衣物摺疊起來）[4]，晚上穿的睡衣和白天穿的衣服是分開的，一起床就會馬上更衣。

圖 3-1 ｜ 東漢的農民（收藏於四川博物院的明器。摹本）

庶民平時穿的衣服，至少會有夏裝和冬裝之分，冬裝主要是「袍」和「袴」。袍是下襬長達足部、內層絮棉的長衣；袴是長裙樣的褲子。成年男女則會再另外穿上一件袴。這就像是在一件式的洋裝裡面再加穿一件長褲裙。夏裝稱為「襌」，是單層的衣物，近似於現代日本的男用浴衣[5]。

冬裝和夏裝都是麻製，而且少不了腰帶。受刑人、窮人也是相同的裝扮，但每天就只有那一千零一套，還得縫縫補補湊合著穿。即使入冬之後，還是有些人穿襌[6]，或穿一種在廉價麻布中夾入少量棉花的衣物（褐[7]）[8]，但冬季嚴寒之時，當然還是穿上厚厚的絮棉衣物最好[9]。「秋風發微涼，寒蟬鳴我側」（筆者譯：秋風讓天氣涼了起來，寒蟬在我旁邊鳴叫）[10]的九月天，正如詩歌所云「凜凜涼風升，始覺夏衾單」（筆者譯：寒徹骨的涼風吹起，才開始覺得夏衾如此單薄），當寒意逐漸增加時，衣服最好也能跟著增加[11]。

當時人們沒有穿著內衣、也幾乎沒有穿「半臂」（短袖）的習慣[12]。衣服都會有某種顏色，反之，白衣為「喪服」，試圖穿白衣服進入宮殿的人則會遭到逮捕[13]。

曾有一段時期流行的穿著是，上述的麻製衣物加上毛織物的頭巾、腰帶、袴，但也有些人認為毛織物不吉利，因為是胡人的產物[14]，可見毛織物並非那麼普遍。不過，有些人會在長衣外，披上狗或羊的皮草，這是冬季常見的打扮。

兜襠布、囚衣、老人的拐杖

肉販、廚師、酒館老闆、音樂人等職業的服裝則是別具特色，多半是穿兜襠布（犢鼻褌）[15]。他們都是幹體力活的人，會頻繁活動身體，因此容易感到燥熱，而經常打赤膊。穿著袍或襌的時候，若脫去袖子，赤裸上半身的話，胯下恐怕也會春光外露。為了能行動自如，還是只穿一條兜襠布比較方便。

圖 3-2 ｜ 拄鳩杖的老人（出土自四川省成都曾家包漢墓的畫像石。收藏於成都博物館）

再者，被科以重度勞役的受刑人（城旦舂），規定必須穿紅色囚衣，背上寫著罪名，頭戴紅頭巾等等，跟一般人做出區別[16]。

另外，老人經常會拄拐杖。從禮儀作法來看，五十歲以上可在家拄拐杖，六十歲以上可在鄉里拄拐杖，七十歲以上可在都市等地拄拐杖，八十歲以上可在朝廷內拄拐杖。除此之外，根據年齡還會賦予各式各樣優待，像是五十歲可免做力氣活兒，六十歲可免除兵役，七十歲在朝廷工作者可以不等退朝時間而先行離去等等[17]。七十歲以上的人有時會受到政府表揚，表揚時會被賜與特別的拐杖。這種拐杖的手持部分有鳩狀的裝飾，稱為「鳩杖」（圖3-2）。至於為何是鳩狀，連當時的底層公務員似乎都不太清楚[18]。老人一旦獲

圖 3-3 ｜官吏的服裝
（出土自湖南省馬王堆漢墓。收藏於湖南省博物館）

賜鳩杖，就能享有和高級官吏一樣的優惠待遇，像是在官署裡也可以緩慢行走，若是打他們的話會被視為叛國罪等等。

這裡就讓我們看看西漢後期人口統計的例子。在山東半島附近的東海郡，男性為七十萬六千零六十四人，女性為六十八萬八千一百三十二人，其中六歲以下為二十六萬兩千五百八十八人，八十歲以上為三萬三千八百七十一人，九十歲以上為一萬零六百七十人；而七十歲以上獲賜鳩杖的人數為兩千八百二十三人。換言之，獲賜鳩杖的也只不過是所有老人中的鳳毛麟角[19]。

祭服和朝服

接下來讓我們看看官吏的服裝（圖3-3）。要上朝開會的日子裡，這個時間高級官吏已經上朝了。認真的官吏會望著清晨的啟明星出門上班，望著黃昏的長庚星*下班回家[20]，上班時間其實不短。即使在不用上朝開會的日子，認真的官吏在這時候也已整理好服裝儀容，坐在室內一邊打盹，一邊等待馬車或牛車準備就緒[21]。

關於官吏的衣服布料，夏季有些人也會穿麻製的衣物。麻的透氣性確實較高，但因百姓也穿麻製衣物，所以稍稍有些廉價之感。因此，比麻更受到重視的是絲綢。絲綢是蠶所製造出的纖維（關於養蠶業後面會敘述），很少平民百姓會穿，即使是有錢人，例如商人，他們也會因身分而被禁止穿著絲綢。換言之，只有經濟能力好的高級官吏，才有穿絲綢的特權。

品質最高級的絲綢稱為「錦」，它是將較粗的緯絲穿過細密的經絲，以經絲描繪出圖樣，利用這樣的技術所生產出的布匹[22]。這並非外行人一學就會、隨隨便便就能製造出的東西。在漢代，

＊譯注：古代中國稱清晨時出現於東方天空的金星為「啟明星」，傍晚出現於西方天空的金星則為「長庚星」。

圖 3-4 ｜漢代樂浪郡相關遺跡出土的腰帶扣
（出土自朝鮮民主主義人民共和國平壤。收藏於《樂浪彩篋塚》〔朝鮮古蹟研究會，1934 年〕）

「襄邑錦」（河南產）特別享負盛名，後來「蜀錦」（四川產）也十分受到青睞。當時有一句諺語是「富貴不歸故鄉，如錦衣夜行」[23]，在當時錦是華麗衣裳的代名詞。另外，有著罕見圖樣的絲綢稱為「綾」，以山東地方產的特別有名。根據織法與圖樣的不同，還分成其他許多種類，像是「綺」、「羅」、「縠」、「紗」等等。

官吏的衣服大致可分為三種：「祭服」（祭祀用的服裝）、「朝服」（上朝晉謁的服裝）和平日的便服。其中，便服又有各式各樣的種類，只要是擔任了官吏，對便服也需要有一定程度的注重。比方說，繫腰帶時，多出來的帶子一般是垂掛於前方，位置弄錯了就會顯得邋遢[24]。

此外，也有些官吏對衣服的顏色和圖樣十分

講究，因此當時出現了各式各樣的刺繡圖樣，像是「離雲爵」、「乘風」、「豹首」、「落莫」、「兔雙鶴」等等[25]，但這些具體而言是什麼樣的圖案，現在並不清楚。人們對衣服的喜好會因區域而有所不同，比方說，戰國時代的秦人不喜歡花俏的衣服，他們除了甜甜圈狀的玉石（玉璧）、從腰間垂掛下來的玉石（玉佩）以外，頂多只會穿戴腰帶。腰帶有分寬腰帶（紳）和皮革腰帶。前者是絲綢製，打結於腰的前方；後者源自北方遊牧民族，以腰帶扣（帶鉤、鉸具）固定（圖3-4）。

祭服不單只是美觀，同時也成了顯示穿衣者身分貴賤的指標，對此還有詳細的規定。比方說，舉行重要的國家祭祀時，皇帝及其朝臣全都是穿黑色的上衣（玄衣）和淺紅色的長褲裙（纁裳）。玄衣上的圖樣（章）數量會根據身分而有變化。比方說，皇帝為十二章，三公、諸侯為九章，九卿為七章。皇帝的十二章是指日、月（太陽和月亮中繪有精靈）、星辰、山、龍、華蟲（多種動物結合成的鳥獸）、藻（類似海藻的曲線）、火、粉、米、黼（三角形）、黻（雲雷紋風格的圖案），但這是與平民百姓無關的服裝。

朝服是入朝拜謁的官吏所穿的服裝，平民百姓可能會在他們上班的途中見到。朝服也根據身分而分成各式各樣的種類。高官是穿深紅的袴（長褲裙）和鞋子以及黑色的袍，樣式與皇帝的朝服沒有太大不同。比方說，西漢文帝也曾身穿無圖樣的厚絲綢黑衣，佩帶包覆在鞣製皮革中的木刀[26]。

文官的話，手中還會拿著「笏」。「笏」是一種扁平狹長的木板，原本是當作書寫材料，可當場將君主的命令記下來，但後來變成一種形式，讓文官們拿在手中。此外，他們會將筆插在耳上[27]，需要時便把筆和笏當作筆記工具和書寫材料使用[28]。

部分官吏會將有顏色的特別的帶子（綬）從脖子垂掛下來，帶子末端綁著官印，並將官印放在繫於腰帶上的袋子中[29]。這就是所謂的印綬。並非所有官吏都有印綬，有些人是脖子上只有垂掛著綬，有些人則只擁有官印，也有些人兩者都沒有。

官吏中也存在著儒者。他們多半是只會空談理論的書呆子，對於禮儀作法格外講究，在鄉下的村落裡，人們往往覺得他們既頑固又難搞，但同時又不得不敬佩他們。他們身穿腋下有著寬大垂袖的衣裳（逢掖、縫掖），頭戴圓形的冠（章甫冠），手持笏，腳穿鞋頭有繩狀飾物的四方形鞋子（絇屨、絇履），腰間帶著佩玦，繫著腰帶（紳），不佩劍地行走在外[30]。

多數官吏會在受到規範的服飾中，努力追求時尚，跟現代日本女高中生幾乎沒有兩樣。不過，其中也有令其他人都望塵莫及的華麗衣裳，例如皮草（裘）就是高級品。祭祀時，皇帝會穿黑色的羔羊皮草（大裘），諸侯會穿黑羊和白狐皮縫接成的皮草（黼裘），衛士則會穿虎皮或狼皮。最高級品是「狐白裘」，其中有的是用西伯利亞產的銀狐皮製成，有的是蒐集狐狸腋窩處的毛製成的稀有品。嚴冬中，有些平民百姓也會穿著皮草，但頂多只能穿到犬裘或羊裘[31]。無論如何，對於那些身穿狐狸皮草，坐於熊皮地墊，在室內生火的人而言，老百姓衣服鞋子破了不換、還繼續穿的這種生活，是他們絕對無法理解的[32]。

女性的容貌與身體

關於女性的容姿，一般的農婦是沒有條件可以化妝的。在農忙期，無論是忙播種，還是忙收成，都得在豔陽下揮汗如雨地工作。即使難得遇見走街串巷行商的貨郎，把好不容易攢下來的一點點儲蓄都拿來買白粉（粉餅）等化妝品，也會因為曬傷，化妝品變得不親膚而難以上妝。雖然憧憬著都市的時尚，但今天還是不得不下田，這種光景一路延續到了二十世紀，魯迅的小說《阿Q正傳》中也曾描繪過主角帶著都市的物品回到農村時，農婦們蜂擁而上的場面。

當然也存在例外，相傳美女羅敷就是身穿綠色帶有花紋的綾羅裙子（裾）、紫色帶有花紋的綾羅短上衣（襦），打扮得漂漂亮亮地去採桑[33]。對於這是不是一般農婦的裝扮，大家恐怕是意見分歧。另外，也有君王喜歡穿著男裝的貴婦[34]，青菜蘿蔔各有所好。

會化妝的女性都是上流階層的千金小姐。鄭、魏、燕、趙等地方出產的美女特別有名，以都市為單位來看的話，潁川、新市、河間、觀津的美女也是家喻戶曉[35]。簡言之，黃河中下游流域的美女特別多。姑且不論實際情形如何，這應該就像是現代日本所說的「秋田美人」，因為在眾人的印象中那些地區的女性都是美女，而將這樣的說法流傳了下來。

她們講究流行時尚，對於髮型、化妝方式和體型的維持都十分敏感。此處就參考《琱玉集》、《列女傳》、《玉臺新詠》等史料，看看當時的人是以何種標準判斷美女和醜女。尤其《琱玉集》中還特別對「美人」和「醜人」做出了明確的區別，先申明一下，此處所說的「美女」和「醜女」只是對古文的翻譯，並沒有褒貶之意。

形容美女是澄澈的雙眼（明眸）、潔白的牙齒（皓齒）、白皙的手臂（皓腕）、纖細的腰圍（柳腰、纖腰、楚腰）、光滑的皮膚（玉體）、彎而細長的眉毛（蛾眉）、紅紅的嘴唇（朱唇、丹唇）、纖細的手指（細指）等等，最好能兼具以上條件且比例勻稱[36]。這樣的美被評為「華容若桃李」、「朱顏」、「美女妖且閑」等等。簡而言之，以「纖瘦、白皙且臉頰泛紅的美人」為佳。

另一方面，形容醜女則是「木槌頭」、「愁眉苦臉」、「皮膚粗糙」、「黝黑」、「O形腿」、「細頸」、「額頭突出」、「沒下巴」、「雞胸」、「溜肩」、「皮膚乾巴巴」、「蛀牙」、「鼻子太高」、「髮量少」等等。這麼看來，筆直的雙腿、豐盈的黑髮等相反特質，應該也可以加入前述的美女條件中。另外，並沒有記錄提及美女要有雙眼皮，雖然此點不同於現代，但翻開漢代的文字工具書《說文解字》，會發現形容「大眼」的字多達五個，其他還有許多相關字，所以對於眼睛的形狀不可能不重視。至少眼睛有神（精）為佳。

千金小姐必須為自己的容貌而努力。正如當時有「女為說（悅）己者容」[37]的說法，為了滿足男友或丈夫的期待，她們可是十分拚命。雖說如此，當對方無動於衷時，她們還是會忍不住抱怨：「膏沐為誰施？」（筆者譯：我又是在頭髮上抹膏油，又是仔細洗頭髮，都是為了你啊）[38]戰國時代，還有女性為了討好喜歡纖瘦女子的君王而拚命節食，最後因而喪命[39]。女人的價值當然不是只靠容貌來判斷[40]，但那時還是有男性大放厥詞道：「婦人當以色為主。」（筆者譯：女人要視容貌如命）這也是不爭的事實[41]。

女性的氣味與髮型

此外，最好也注意一下體味。雖然有些女性會散發芳香，但部分女性也會有狐臭。當時，後

圖 3-5 ｜假髮（出土自湖南省馬王堆漢墓。收藏於湖南省博物館）

者被稱為「慍羝」、「腋氣」、「胡臭」、「狐臭」等等。雖說青菜蘿蔔各有所好，也有人就愛狐臭這一味[42]，但這種例子畢竟少之又少，所以我們還是搽上蘭花、杜若的油代替香水吧。也可以使用「申菽」、「杜茝」等香草類植物，不過它們究竟是指現存的哪些植物，目前尚未究明[43]。讓衣服通過蘭花的薰煙，就能把香味沾在衣服上。夜晚，在室內點亮油燈時，只要摻入蘭花油，便會滿室馨香。

接著看看女性的頭髮。據說，女性十五歲開始插笄（髮簪）[44]，她們留著又黑又長的秀髮。雖然當時的人不至於一輩子不理髮，但他們並沒有理髮店和美容院。在宮廷，是由宮女替顯貴之人理髮[45]。一般家庭中，則是由家人或傭人幫忙理髮。

女性會額外使用髮叉或髮夾固定長髮。每個時代各有各流行的髮型。東漢時代的長安，流行高達數十公分的髮髻[46]。西晉時代，宮中流行將頭髮綁成環形，再用絲綢束起來，後來流行至民間[47]。還有一些獨特的髮型，例如西漢的上元夫人愛挽「三角髻」[48]，東漢的明德皇后愛挽四角隆起的「大髻」[49]等等。

都市的髮型常被視為走在時尚的尖端，有時也會流行到地方上後被誇張化。比方說，東漢的長安城開始流行起高聳的髮髻（高髻）後，周邊區域就出現了高達一尺的髮型；長安開始流行起粗眉毛（廣眉）後，周邊就出現了粗到占額頭一半的眉毛[50]。因為豐盈的頭髮是美的象徵，所以也有很多女性用整頂式假髮或非整頂式假髮（髲、髢、義髻）增加髮量。

馬王堆漢墓的女屍頭髮雖然沒有染色或脫色，但是在真頭髮上加了假髮，也就是類似接髮片的東西（圖3-5）[51]。反之，貧窮的女性則是會販賣自己的頭髮，貼補家用，這些頭髮是拿來製作假髮的材料[52]。當時偏好漆黑的頭髮。壓力是白髮生成的因子[53]，所以可以的話，最好能放鬆心情，不要活得太緊繃。

化妝的女性

由此可見，對於居住在都市的千金小姐們而言，美是必須徹底追求的事物，因此化妝也非常重要。當時，一般都是一早起床就立刻化妝，所以化妝又被稱為「朝粧」。正如戰國時代的諺語有云：「善毛嬙、西施之美，無益吾面，用脂澤粉黛則倍其初。」（筆者譯：稱讚毛嬙、西施等人的美麗，也不會讓自己變美，但只要有了口紅、粉餅、眉筆，就能變得加倍美麗）化妝是女性提升美貌的捷徑[54]。

關於如何扮成一個美女，在漢代只需要一個彷彿啼哭過的眼妝，鎖眉作憂鬱貌，挽個斜傾的髮髻，走路扭腰擺臀（折腰步），作出苦於牙痛般的笑容，任何夫子都會一見傾心[55]。美女還得刻意皺眉，也是很逗趣。傳說中的美女西施，因心病常捧胸皺眉，據說她的這副模樣美得如畫一般。然而卻有鄉下的醜女模仿西施，結果那樣子醜得令富人把大門關上，令窮人一溜煙地逃走[56]。這就是成語「東施效顰」的典故。要表現出嫵媚的姿態，還真不容易。

接著，讓我們進一步談談具體的妝容。

首先，眉毛偏好蠶蛾觸鬚般的形狀（蛾眉）[57]。先拔除多餘的眉毛修整眉型，再以專門的顏料

圖 3-6 ｜漆器的化妝盒和梳子
（出土自安徽省天長市祝澗村漢墓。收藏於湖南省博物館）

（黛）畫眉[58]。「南都石黛」是當時的知名品牌[59]。眉型也會隨流行而改變，正如前述，某個時代甚至風行過寬達半個額頭高的眉型（半額）[60]。當然不見得每個人都會化相同的妝。

粉餅有分鉛製、水銀製、米粉製，其中鉛製者稱為「胡粉」[61]。塗上胡粉後，似乎不會變得像歌舞伎演員一樣滿面蒼白，反而是均勻透亮的白[62]。現在就趕緊用絲綢製的粉撲塗抹看看。即使皮膚因化妝而出狀況，也不能去擠痘痘，因為擠了，狀況反而有可能惡化，這點過去的人也會留意[63]。

從化妝盒（奩）中拿出小小的隨身鏡，用布擦拭掉髒汙，透過鏡面照出自己的面容（圖3-6）。也有刻意畫出酒窩的妝容[64]。有些丈夫還會在一旁幫忙妻子化妝，曾有獨自赴他地工作的丈夫寫詩寄給妻子，詩中有云「余還自畫眉」（筆者譯：我回家後，再親自幫妳畫眉毛）。不過，秀恩愛秀得太超過的話，恐怕會被周圍的人說閒話，這點還是要小心[65]。

漆器的化妝盒中塞著滿滿的香料花椒，化妝用具放置其中，因此每件化妝用具都散發著香味。出土自戰國時代貴族陵墓（荊州市的包山二號墓）的化妝盒中，與花椒一起收藏的物品包括：方形銅鏡（邊十一公分）和圓形銅鏡（直徑十五公分），以及骨製的髮簪兩件、雙殼貝一對、粉底用的絲綢製粉撲，看樣子當時的男性貴族也會化妝。雙殼貝中裝有潤唇膏和唇彩口紅[66]。口紅是以茜草（紅藍花）為原料製成的胭脂，代表性的名牌產品為北地郡（甘肅省東部）所產之物[67]。

戴上首飾後，照鏡子確認

最後是戴首飾。當時的男女會穿耳洞，戴耳環（珥），據說這種珥發祥於中國南方[68]。四川省的深山中還有戴鼻環的人[69]。男性的耳飾稱為「充耳」，起源可追溯至春秋時代[70]。但另一方面，戰國時代的君王側室既不剪指甲，也不穿耳洞[71]。看起來，似乎有分可以穿耳洞的女性和不可以穿耳洞

圖 3-7 ｜手持鏡子的女性（出土自四川省成都市郫縣宋家林東漢磚墓的陶持鏡俑。收藏於四川博物院）

的女性。宛如現代的高中女生中，會根據每個人的校規，而分成可以穿耳洞的人和禁止穿耳洞的人。

另外，有人指出，漢代的人不太會為了好看而戴戒指[72]，但其實許多女性明器（放在墓中的陶土人偶）的手上都有戴戒指，所以並非沒有戴戒指的例子（圖 3-7）。不過，他們沒有戴訂婚戒指或結婚戒指的習慣。

再來瞧瞧化妝盒裡的物品，裡頭還有刻有圖樣的玻璃球（蜻蛉玉），重視打扮的人好像都會把這個東西戴在身上。玻璃的主成分是矽酸，從頭開始製作需要約一千兩百至一千五百度的高溫，但重新加工只需要約八百度，戰國時代以前光是要將西方傳入的玻璃重新加工，就已是相當高難度了[73]。漢代還出現了半透明的玻璃窗、琉璃杯，但這些都是稀有珍品。

其他女性首飾多半都是可愛的物件。四世紀前後，流行用金、銀、象牙、角、鱉甲等材料製成武器造型的髮簪或首飾[74]，除此之外，造型可愛的物件則是長久受到青睞。

到此為止，儀容大致整理完畢。現在，我們就一邊照著鏡子一邊做最終確認吧[75]。漢代以前，人們會在金屬的大盆子裝滿水，把水面當成鏡子（鑑），漢代則逐漸開始以銅鏡為主流，有鏡台也有隨身鏡。四世紀的下級官吏墳墓中，出土了銅鏡和木梳，這讓我們知道，男性老人也會使用銅鏡與木梳。此外，化妝用的鏡子有分隨身鏡，以及豎立在支架上的鏡子。不僅如此，西漢陵墓中還出土了如梳妝台般能照出全身的鏡子。

女性的化妝鏡上鑄刻著銘文，其中有的是在表達女性的戀愛心聲。特別是西漢時代，因為現實生活中仍保留著自由戀愛的風氣（後述），所以那段時期的銅鏡上鑄刻著「毋棄故而娶新」（筆者譯：不可拋棄長久交往的女友，娶新的年輕女友）等的勸世警句。另一方面，東漢時代的銘文則是更加強調一夫一妻的和諧。直徑十三公分的隨身鏡大約值三百錢，這是下級官吏也有能力購買的物品。最後，我們就照照鏡子，確認好自己的打扮，接著便可以外出了（圖3-7）。

第四章

吃早餐——上午八點前後

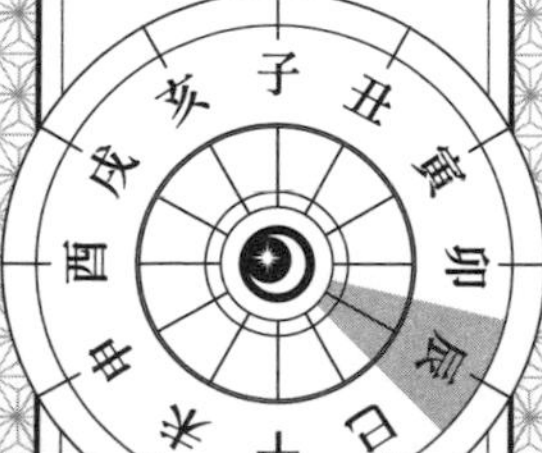

該是準備早餐的時間了。上午九點前後稱為「食時」[1]，但因為當時也有「終朝未餐，則囂然思食」（筆者譯：若到終朝〔食時〕還沒吃早餐，就會滿腦子想著吃飯的事，靜不下心來）的說法[2]，所以一般都是在「食時」之前吃完早餐，早一點用餐也無妨。再說，要等豔陽高照才到戶外工作，那就太折騰人了，最好的耕作時間是早晨，這一點當時的農民不可能不知道，九點前後是比較輕鬆的工作時間，此時他們不太可能還慢條斯理地吃著早餐。所以，目標在上午八點前後吃早餐。

用餐次數

順帶一提，春秋時代的晉平公每天會吃「朝食」和「暮食」[3]；漢高祖劉邦也會在朝、夕用餐[4]。不過，漢朝穩定下來後，皇室相關成員愈來愈多時候一天吃三至四餐。比方說，淮南王劉長殷策畫謀反而被貶官，但特別允許他可以一天三餐[5]，因此可以解讀為其他的王侯也是一天三餐或者更多餐。再者，若依照東漢時代的書籍來看，君王是一天四餐，諸侯是一天三餐，而卿大夫是一天兩餐[6]。

如此看來，平民百姓頂多是一天兩餐，因為他們的飲食應該更簡樸。束晳（二六四～三〇三年前後）也曾作詩云：「馨爾夕膳，絜爾晨飡」（筆者譯：晚餐香氣撲鼻，早餐清淡爽口）[7]。畢竟只有兩餐，早餐若太早吃，傍晚前就會肚子餓了。然而，也有貧窮到二十天僅吃九餐的人[8]，但這想必是最低限度了。此外，西漢武帝在位時發生政變，導致社會動盪不安，漢武帝為此感到愧疚，而主動減少為一天一餐，不過這只能說是一個例外[9]。

誰來煮飯？

走進廚房（廚）會發現，職業的廚師主要都是男性[10]。漢代陵墓的浮雕（畫像石）上可以見到的廚師也多半是男性。我們再進一步看看《周禮》一書。《周禮》是漢代的人蒐集了周朝王室、戰國時代的制度，並加以潤飾，將其撰寫成儒家政治的理想樣貌。書中可見下列官吏名稱：配膳人員（膳夫）、切肉師（庖人）、烹煮師（烹人）、肉類調理師（獸師）、營養師（食醫）、侍酒師（酒正）、調味師（鹽人）等等，當時的職業廚師有著詳細的分類，就像現代日本料理的廚師也可分成花板、立板、煮方、燒方*等等。姑且不論書中所說的制度是否真實存在過，但我們應該可以

*譯注：「花板」是指料理長；「立板」負責分切生魚片；「煮方」負責烹調燉煮菜品；「燒方」負責燒烤類菜品。

圖 4-1 ｜烹飪的女性（出土自嘉峪關新城魏晉 5 號墓的畫像磚。收藏於甘肅省博物館。收錄於俄軍、鄭炳林、高國祥主編《甘肅出土魏晉唐墓壁畫》〔蘭州大學出版社，2009 年〕）

說：職業廚師以男性居多，漢代的高級廚師有著詳細分工，各司其職。

廚師們需要忍受廚房中蒸騰的熱氣，有時他們也會到外頭納涼[11]。天氣炎熱時，應該也有人會吃冰[12]。村落裡設有「冰室」（冰窖），人們會趁冬季，取河川或池子裡的冰放入冰室，他們也會用這些冰來保存食物[13]。

另一方面，在一般家庭的廚房中忙進忙出的則是女性（圖 4-1）[14]。到了南北朝時代，北朝是熱愛走出戶外的女性增加，南朝是偏好待在家中的女性增加，雖然女性不見得成天都待在家裡，忙著大小家事，但當時有「女性負責張羅衣食」的觀念，在這之後也沒有改變[15]。總而言之，縱觀整個古代，在家為妻子下廚的丈夫十分罕見[16]。妻子

圖 4-2｜山西省的小米（2017 年 9 月筆者拍攝）

使用井水，將「藁」（禾稈）和「薪」（薪柴）添入灶中，並使用凹透鏡（陽燧）藉太陽光生火，或以打火石生火。

讓我們來看看餐桌。因為那是個貧富差距極大的時代，光靠想像很難描繪出「一般家庭的餐桌」是什麼樣子，但不少餐桌上都會擺放著穀物、蔬菜和鹽巴。

張羅主食

來看看當時具體的食譜為何，我們先從穀物看起。「說到主食就是穀物，說到穀物就是稻米，說到稻米就是水田栽培，稻米以外都算是雜糧。」這種觀點至少在古代的華北是說不通的。

當時，黃河流域的主食以小米（圖4-2）居多，較上等的主食則是黃米，也有人吃大麥。哪種穀物好吃，因每個人的味覺而異，比方說，東漢時代的王充認為，黃米最優，稻米次之，麥子和豆子則是差強人意[17]。

稻米、小米、黃米、大麥是以粒食為主[18]，先煮再蒸，食用時仍保留顆粒狀。這種吃法在現代中國稱為「撈飯」，因為維生素和蛋白質會隨著煮汁被倒掉，所以養分並不豐富。平民百姓只能吃這樣的主食，加上蔥葉[19]。小米等穀物也會以粉食的方式食用。粉食是指將穀物碾成粉，再加水揉製成餅或麵的吃法。麵條（煮餅）、麵疙瘩（水溲餅）就是廣為人知的粉食例子。

在青海省民和縣的喇家遺跡中，的確也發現了西元前兩千年前的小米麵[20]。無論是西周文王、秦始皇、項羽和劉邦，還是三國時代的劉備、諸葛亮、曹操，如果他們平時吃麵的話，也一點都不奇怪。

另一方面，小麥的食用有多頻繁還是個疑問。小麥保留顆粒狀，雖然不是不能吃，但其外皮堅硬，胚乳柔軟，而且一部分的外皮還嵌入胚乳中，所以很難只有褪去外皮，而保留下胚乳形狀。因此，最好的食用方式是，用棒子敲打脫穀後，再用畜力或水力推動的石磨（碾磑），將外皮和胚乳一併研磨成粉，才拿來食用。碾磑並非垂直運動的「臼」（搗米臼）和「碓」（碓臼），它們是

圖 4-3 ｜漢代的石臼
（出土自居延地方 K710 的碾磑。2006 年 9 月筆者拍攝）

用來脫穀和精米。碾磑是屬於水平運動的「礱」（石礱）和「磨」（石碾）的類型。一般認為，碾磑的普及與小麥的粉食是到唐代才開始盛行[21]，但也有人提出不同看法，認為小麥的粉食可追溯至漢代[22]。

漢代遺跡中確實也發現了水平運動的石磨遺物（圖 4-3）。東漢時代的童謠曰：「小麥青青大麥枯，誰當穫者婦與姑，丈人何在西擊胡」（筆者譯：小麥長得綠油油，大麥卻枯了。收成時，只有媳婦和婆婆們在田裡，因為男人去西方打仗了）[23]。因此，漢代不太可能完全沒有人食用小麥。不過，應該還不是那麼普及。

順帶一提，三世紀前後，流行吃圓形扁平的餅（胡餅），當時已有添加酵母菌發酵的技術，七世紀的吐魯番地方還可以吃到餃子。簡言之，比較妥當的解讀應該是，小麥的粉食從漢代到唐代是緩緩增加的。

長江以南，人們會食用稻米。稻米大致可分為秈米和粳米*（粳米又分為熱帶粳米和溫帶粳米）兩種。這裡所說的粳米，據說原產於長江中下游流域，漢代長江流域的人們也食用粳米。秈米是一種細長且黏性弱的稻米，在現代日本，這是經常出現在印度咖哩餐廳中的米。嚴格來說，也有「黏性強的秈米」和「黏性弱的粳米」[24]，但對東亞的人來說，自古以來很少有機會吃到那樣的稻米。長江流域的粳米尤其富含直鏈澱粉，很接近日本高黏性的稻米。

要吃米飯，就必須用水煮飯，此時使用的是青銅器或陶器的「甑」。甑是一種獨特的壺狀器物，使用時必須置放在「釜」（鍋子）上。首先，把水加入下方壺形的釜中，將水煮沸。再將甑置於釜上。甑的底部會有稀稀落落的數個孔洞，在底部鋪上一塊布，再將穀物放入其中。此時，水蒸氣就會自下而上，慢慢將穀物蒸熟。用甑煮熟的穀物稱為「饙」，看起來就像粒粒分明的蒸糯米飯。含有更多水分的穀物則稱為「餾」。有時人們會將煮好的穀物曬乾，當客人來訪時，就能直接加熱水變成粥，供客人享用。這就類似於現代的即食沖泡飯。

圖 4-4 ｜灶的明器（出土自湖北省荊州市謝家橋 1 號漢墓。照片為荊州市博物館副館長楊開勇提供）

廚房

走進廚房，可以看到灶（圖 4-4）。當時，灶寫作「竈」。一般來說，漢代的料理台上會有大大的洞口，用來放置釜和甑[25]。這種灶被稱為「釜甑形式」，在三國時代以前是主流。行軍中的軍隊也會使用釜和甑煮飯[26]，這說明了釜甑煮出來的飯，是當時不可或缺的主食。

因為灶是烹調所需的設備，且許多家庭中都備有灶，所以灶只要三日不生火，就證明了這個家庭十分貧窮[27]。這雖然說明了斷食一兩天，在當

＊譯注：秈米即在來米，粳米即蓬萊米。傳統上，華南、華中、台灣、印度及中南半島種植的是秈米；而中國淮河以北、西南高海拔地區及日本、朝鮮等地所種植的多為粳米。

時有可能是見怪不怪的事，但除此之外，我們也可以看出到了吃飯時間，家家戶戶的灶中就會升起冉冉炊煙。反之，據說部分地區會在寒冬中禁止用火一個月，人們此時既無法吃到溫熱的飯菜，也無法將灶當成暖爐使用，而造成許多人凍死[28]。因此家庭的煙囪是否有煙升起，可以顯示家中的人是生是死。煙囪從房屋的屋頂突出，經常會有燕子或麻雀在此築巢[29]。

料理台有幾種不同類型，例如，有一種類型是，整體呈四方形，烹飪者所站的地方和添薪柴的洞口位在同一側；另一種類型是，烹飪者站在四方形的一邊，在其左側或右側設有焚口和煙囪。漢代所使用的料理台，正在從前者轉換成後者[30]。

前者是烹飪者可以自行調整火力，在這一點上十分方便，但相反地，火就在自己腳邊而有些危險。後者是烹飪者每次要調整火力時，都必須左右移動，又或者，烹飪時需要兩個人，一個負責烹飪，一個負責火力，因此有些麻煩，但相對地，較好操作烹飪器具。

庶民的菜餚

醣類和蛋白質是飲食中不可或缺的養分。醣類是維持生命所需的熱量來源，除了可從水果、蜂蜜中攝取外，穀物中也含有澱粉形態的醣類。澱粉可長期保存，這項優勢變得彌足珍貴。另一方面，蛋白質的保存就十分困難了。不過，其中也有像大豆這樣易於保存的蛋白質來源，在漢代，中國北方的人經常食用大豆[31]。

但其他高蛋白質的食物都不易保存，必須透過乾燥、脫水、發酵、加熱、冷藏、冷凍、薰蒸、密閉等技術來維持其鮮度。另外，人還需要其他各式各樣的營養才能活下去，所以餐桌上少不了搭配主食的菜餚。

菜餚的主角非蔬菜莫屬。便宜的蔬菜，包括蔥、韭菜（包括細香蔥和薤白，以下稱韭菜）、「黃卷」（豆芽菜）[32]。正如漢代詩歌有云：「莫以豪賢故，棄捐素所愛。莫以魚肉賤，棄捐蔥與薤。莫以麻枲賤，棄捐菅與蒯」（筆者譯：別為了加官晉爵，就拋棄原有的妻子。別因為魚和肉便宜了，就屏棄蔥和韭菜。別因為麻便宜了，就丟棄簑草與茅草），多數貧民都是身穿簑草和茅草，吃著蔥和韭菜。一般的做法是將韭菜和雞蛋做成韭菜蛋。

除了韭菜、蔥、豆芽菜，比方說在長安，由秦的貴族召平開始種植的東陵瓜十分受人歡迎[33]。瓜類是在農曆八月前後剝皮，做成醃菜來吃[34]。其他如赤藜葉（藜）、大豆葉（藿）則是眾所皆知的便宜食材[35]。此外，饑荒時，桑葚、蒲（植物的一種）、野生大豆、蝸牛、田螺等等，都會成為餐桌上的菜餚[36]。

蔬菜在平民百姓間博得人氣，而牛肉則是庶民幾乎無法吃到的佳餚。不是因為牛肉不合胃口，而是因為牛隻十分珍貴，又能幫助農夫耕田。戰國和秦漢時代，還曾有過禁殺耕牛的政策，甚至流傳著擅自吃牛肉的人會遭到天懲的說法[37]。因此，牛肉頂多只有在祭祀時能夠上餐桌，再不然則是將就以狗肉代替牛肉。

羊肉串在現代中國十分便宜，但在漢代也是不一定能隨時入手的食材[38]。就連下級官吏都是每天吃乾飯和蔬菜[39]；出公差時，在下榻的驛館裡也只能吃到穀物、調味料和蔬菜湯（韭菜、蔥）而已[40]，因此可以推測肉類是相當高價的食物。

若是沿海地區或河川流域，則不分貧富貴賤，大家都經常吃魚，有些地方還會吃生魚片[41]。內陸地區也有愛吃魚類的人，例如戰國時代的魯國大臣公儀休就是出了名的愛吃魚。為了滿足這樣的需求，當時也有人在做魚類養殖[42]。但魚類依舊是有區域性限制的食物。所以我們就以最多人在吃的蔬菜來做菜餚吧。

蔬菜的烹調法中，最常見的就是羹湯（羹）。羹湯是典型的家庭料理，因為料多，所以接近於法式濃湯。羹湯在平民百姓的家裡也吃得到。有人即使長大成人後，仍忘不了母親所煮的羹湯的滋味[43]，羹湯的地位就好比現代日本的味噌湯，經常被說「有媽媽的味道」。除此之外還有各種不同的菜色，但平民百姓和上流階層不同，後者使用的是青銅製的烹調器具，而前者是用陶器或瓦器烹調，無法如上流階層般能進行炒、炸等需要油和火力的烹調法[44]，平民百姓在烹調的方式上存在顯著的限制。

上流階層的菜餚

相對於以上平民百姓的料理，上流階層的人在家畜方面，會吃牛、羊、豬、馬、鹿、狗、兔；在鳥禽方面，會吃雉、鴨、鶴鶉、麻雀、雁、天鵝、鶴；在魚類方面，會吃鯉魚、鯽魚、桂魚等等。牛犢、羔羊、雛鳥等嫩肉尤其受到喜愛。春天吃繁殖期的鵝，秋天吃雛雞，冬天吃溫室栽培的錦葵和韭菜等，餐桌上隨著季節變化極盡豪華豐盛之能事[45]。戰國時代的君王中，還有人愛吃熊掌和雞爪。另外還有生鯉魚片、帶湯汁的抱卵蝦、烤鱉等等選擇[46]。

富人之中，也存在著講究食材的饕客。其中，有人會吃用人乳飼養的豬肉，這也難怪會遭來非議[47]。不過在現代，有人以大量橡實餵食伊比利亞豬，再將其豬肉製作成美味的生火腿，這種做法也是透過飼料提升食材的美味程度，其邏輯與前者有異曲同工之處。所謂因好吃而欲罷不能。實不相瞞，筆者也是伊比利亞豬製成的生火腿的忠實粉絲之一。

無論如何，太過奢華的飲食會遭來貧民的忌妒，當時的人也會期待政治家應當過著質樸簡單的生活。再者，攝取過量的珍饈美饌，可能會帶來肥胖、痛風和糖尿病，也有人已對此提出警告，他們清楚明白烈酒和富含油花的肉類是有害健康的飲食[48]。

上流階層的人也會盡情吃肉。肉類的烹調方法包括：調味乾肉（熬）、肉羹湯（羹）、蔬菜肉羹湯（濯）、生魚片或生肉片（膾）、烤肉（炙）、燉煮料理（濡）等等。羹湯是以麴、鹽、酒等調味料為基底，並根據加入羹湯中的食材，取不同的菜色名稱，其中以醢羹（剁碎的乾肉）、白羹（米粉和肉）、巾羹（芹菜和肉）、葑羹（蕪菁葉和肉）、苦羹（苦菜和肉）五種羹湯為主流。其他也有人會將穀物與肉類一起烹調，例如將牛、羊或豬的肉切成小塊的等分，再以「糯米二比肉類一」的比例拌勻後燒烤，烹調出的料理稱為「糝」。

肉類串燒也經常出現在富人的餐桌上，廚師用木籤串肉，並使用桑炭（上等煤炭）燒烤[49]。對於肉的部位，他們也做出了詳細的識別，比方說，在馬王堆一號漢墓的陪葬品清單（遺策）中，對肉類有各式各樣的區分，正如同現代，包括里脊肉、五花肉、板腱肉、肝臟、瘤胃、皺胃、舌、心臟等等，而且這些肉都是分類後陪葬，十分有趣。

上流階層使用的調味料種類也相當豐富。比方說，甘蔗汁（拓漿）就被當成重要的調味料，東漢時代還被當作飲品。在古代，甘蔗本身一般也是用啃的，但拓漿被視為一種精緻的調味料與飲品[50]。當時尚未出現砂糖，所以甘蔗是最重要的甜調味料。除此之外，像在吃熊掌時，則會使用摻有芍藥塊根的「醬」。

醬是當時最受歡迎的調味料之一。醬是由豆子、肉類或魚類，加上鹽、麴、香辛料調製而成。此外，碎乾肉加上鹽、小米麴、酒之後，密封於甕中靜置百日，就能製成另一種調味料（醢）。當時也經常會將醬與醢混合攪拌後使用。豆子加鹽靜置於暗室中所製成的調味料（豉），也十分受到青睞[51]。香辛料則有薑、花椒（椒）[52]、肉桂（桂）、蘘荷、韭菜（薤）、辛夷（木蘭），在西漢中期以後，大蒜也自西域傳入，大蒜與中國固有品種的小蒜，一起被使用於肉類的調理上[53]。有一種棗類（羊棗）一般家庭也會食用，可用來爽口解膩。當時沒有辣椒，豆腐也未發明，因此麻婆豆腐還不存在。中國古代料理與今日的中國菜可看作完全不同的兩種東西。無論如何，當時的人也知道重口味、濃厚的香辛料和烈酒對身體不好[54]，所以此處我們還是以口味清淡的料理果腹就好。

上流階層的餐桌上還存在其他的珍饈美饌。比方說，東漢末年，丞相曹操取得了北方產的優格

（酪），便將其也分給手下的大臣[55]。東晉時代，丞相王導以酪招待來客，酪也傳入了南方[56]。北魏時代的書籍《齊民要術》中，甚至記載了乾燥起司（乾酪）、奶油（酥）等乳製品的製造方式[57]。當時，北方遊牧民族大量湧入華北，北方的飲食文化可能就是隨之傳入中國的。由於乳製品對遊牧民族而言，是最重要的食品[58]，因此有可能在此影響下傳入。而南方長江流域的醃魚（鮓）、菱角和菖蒲的涼拌菜，也可能在傳入北方後被視為珍味[59]。只不過，這些珍饈美饌都只有上流階層才吃得到，平民百姓與之無緣。

餐具的種類與用法

在開飯的時刻，我們擁有什麼樣的餐具，又該如何使用呢[60]？上流階層是使用青銅器或木胎漆器，平民百姓是使用木器、竹器和瓦器。用餐時會使用筷子（箸）、湯匙（匕）和叉子（畢）。使用刀子或湯匙時，原本也會並用叉子，但秦漢時代以後，使用叉子的習慣逐漸式微。叉子是使用於肉類，但使用機會少，且用筷子較為方便，所以叉子就漸漸被淘汰。

漢代經常使用筷子。筷子多為青銅製或竹製，可於市場中購得[61]。看看先秦時代的遺跡，會發現有許多骨製、青銅製和象牙製的筷子出土，多半是圓柱狀，長二十五公分左右，直徑二至三公釐，可用於夾取羹湯中的蔬菜。也有工藝精緻的筷子，還有漆筷和鏤空雕的筷子[62]。吃飯時是使用湯匙。碗杯（甌）是捧在手中進食[63]。

最好不要使用太豪華的餐具。因為一旦使用了象牙筷子，就一定會覺得素色的平底盤不搭，而開始使用犀牛角或玉製的高腳盤，高腳盤中盛著旄牛肉、象肉、豹內臟，接著又會想要住在豪華的宅邸，身穿絲綢的衣服[64]。人類的欲望就是如此無窮無盡，所以使用的餐具也最好有所節制。

坐姿和席次禮儀

用餐時，要坐在座位上。古代中國的坐姿包括：跪坐（坐）、長跪（跪），以及臀部與腳底著地，膝蓋彎曲向上呈山形的坐姿（蹲踞），還有兩腳微開並向前舒展的坐姿（箕踞）[65]。跪坐是一般的坐姿，用餐時更是如此。在現代日本提到蹲踞的話，是指膝蓋彎曲打開，用腳尖立於地的姿勢，對學習劍道的人而言，這是經常會使用的坐姿，但古代中國的蹲踞更接近常出現在現代日本體育課中抱膝而坐的「體育坐」。但是，「體育坐」在古代中國被視為一種粗魯的坐姿，因此必須特別

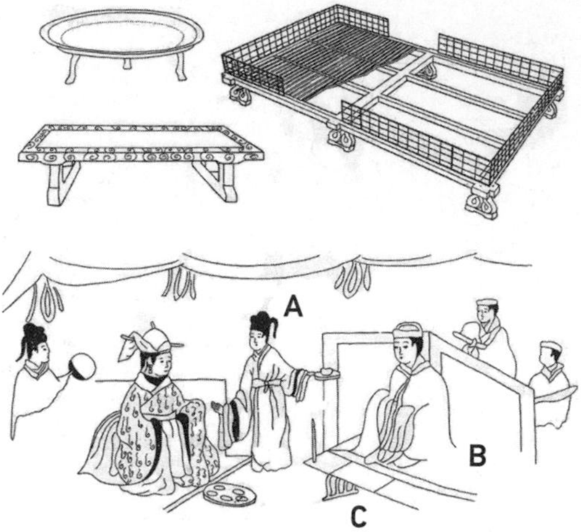

圖 4-5｜銅案（出土自廣東省廣州，左上）。
漆案（出土自河南省信陽，左）。木牀（出土自河南省信陽。右上）。
屏風（A）、榻（B）、案（C）（出自遼寧省遼陽漢墓壁畫，下）。
以上皆為摹本

留意。在場有上位者時，古代中國跟現代日本一樣，都不能放鬆坐在地上，最好能一直保持跪坐姿勢，所以很容易有腳麻的問題[66]。

不過東漢末年，不但有椅子（胡床）自西域傳入，人們也開始學會盤腿坐。在這之前，也是有人總是要坐在某個有高低差的東西上，例如高祖劉邦與酈食其、英布見面時，就會坐在「牀」上[67]。牀是一種形狀如長方形的低矮台座，也有人會在就寢時將其當成床鋪使用（圖4-5）。

但坐在牀邊不太禮貌，即使在椅子傳入後，仍繼續被視為粗鄙的行為[68]。跪坐時，若只有自己一人，就會坐在被稱為「枰」（板獨坐）的台座上。兩人以上，則會坐在寬約八十公分的「榻」，或更大的台座上。牀和榻都是以木製居多，平常不用的時候，會立起來靠在牆邊[69]。

人們會將坐墊（席）放在榻或牀上，再入座。有時也會將好幾張席疊成一個座位。東漢時代，有名學者在皇帝面前進行辯論之際，每每說出優秀的意見時，皇帝就會賜給他一張席，最後他的座位下疊了八、九張席[70]。這像極了日本的電視節目「笑點」＊。窮困的家庭連席都沒有，會直接坐在榻上，但冬天太過寒冷，因此有時會鋪上一層羊皮[71]。相傳在寒冬中，孝子羅威不得不用自己的身體暖席後，再讓年邁的母親坐在席上[72]。反之，富裕的家庭則會根據季節使用各式各樣不同的墊子。順帶一提，當皇帝的敕書送達時，即使用餐中，也必須從坐墊上站起來，拜領敕書[73]。

入座後，膳食就會被端至眼前的几上。几，又稱「案」，除了當作桌子外，還有另外一種類型的几，它是坐著時可供趴伏，或者置於左右當作扶手，這被稱為「伏几」（唐代的夾膝）[74]。

此時，我們也要先確認一下坐席位置。若是在豪華的宅邸中用餐，則坐席後方會有屏風。漢代可分成：眾人圍著一張桌子用餐（共案）和每個人在個別的桌子前用餐（分餐）；正式場合多半為

＊譯注：指日本傳統的說唱綜藝節目中，集合多名落語家，由一名師傅出題，落語家們回答，師傅覺得誰的回答夠機智風趣，就給予他一枚或兩枚以上的坐墊。

圖 4-6 ｜共案（出土自四川省成都市新都區馬家鎮的畫像石之拓本。收藏於四川博物院）

圖 4-7 ｜分餐（出土自四川省中江縣的塔梁子壁畫。收錄於四川省文物考古研究所、德陽市文物考古研究所、中江縣文物保護管理所編著《中江塔梁子崖墓》〔文物出版社，2008 年〕。摹本）

分餐，村落祭祀中的共同飲食或非正式宴會則多半為共案（圖4-6、圖4-7）[75]。

關於席次，當時有著繁瑣的規則。首先，與高位者面對面用餐時，桌子的北方是上座，南方是下座。根據家人之禮（對內的非正式禮儀作法）圍著餐桌時，身分低者、年少者、弟子、宴會主辦者坐在東邊，身分高者、年長者、老師、賓客坐在西邊。在四人的宴席中，上座到下座的順序是西、北、南、東[76]。排成一排喝酒時，則以右側為上座[77]。

小心暴飲暴食

早餐張羅好了。正如前述，平民基本是一天兩餐。吃完早餐後，就得忍耐到下午三點左右。若是奴隸，上下午的兩餐分量基本是相同的，但若是重度勞動的受刑人，上午的分量會多一些[78]。

貴族的飲食從早上就十分豐盛。曾有一個暴發戶從早上就要吃到十分飽，然後拍著肚皮「鼓腹而遊」，這種行為古今皆然[79]。不過，大臣在皇上面前用餐時，最好只吃八分飽。西漢的中山孝王在父親成帝面前用餐時，吃到胃凸肚肥，結果起身時足套的綁繩鬆脫了，因此被成帝認定無能[80]。在上位者的面前還是不要狼吞虎嚥，保持好的儀容與行為舉止才是上策。

寄人籬下時，還需要好好察言觀色。如果一早醒來沒看到早餐的話，就代表主人叫你「趕緊滾蛋」的意思[81]。如果主人發出摩擦釜底的聲音，就代表「飯都被吃光了，快點離開」的意思[82]。這些都是十分委婉的表達方式，但作為一個成熟大人就應該主動察覺。在現代日本，京都人似乎對這類的溝通方式比較在行。

此外，家裡若有老人和小孩一起吃飯，最好對他們多加留心。因為老人很可能對孫子疼愛有加，而一有食物就會拿給小孩吃[83]。總而言之，對窮人而言，伙食費可是不容輕忽的，一定要避免浪費。幾十年前的中國，大家也都還處在饑饉中，於是「吃飯了嗎」成了日常生活中的寒暄用語。在古代也是如此，當時也把「努力加餐飯」（請多多保重身體）當作一種寒暄[84]。

在室內是否要脫鞋？

環顧室內看看。在現代日本，一般來說進入和室前都會脫鞋，但在歐美和中國，很多地方進入室內不用脫鞋。那麼，古代中國是屬於哪一種呢？

戰國時代，據說某人前往列子家拜訪，但在屋門外已經擺滿了訪客的鞋子，於是他繼續面朝北方思索了一會兒後，決定離開。其中一名訪客將此事告訴列子後，列子拎著鞋，光腳飛奔出去，並在庭院大門邊追上對方[85]。從這段描述來看，列子家的南側是庭院大門，中間夾著中庭，北側是房屋。而訪客會在屋門前脫下鞋子，光腳在室內活動。

此外，戰國時代，老子下榻於客棧時，訪客楊朱、陽子居在屋門外脫鞋，進門後，跪著走到老子跟前，向他請益[86]。無論是在自家還是客棧，一般都會在屋門口脫鞋。還有詩歌描述夜裡感到孤寂難耐的女性「躧履起出戶」（筆者譯：半穿半脫地套上鞋子，起身走出屋門外）[87]、「攬衣曳長帶，屣履下高堂」（筆者譯：提著衣服拖著長腰帶，半穿半脫地套著鞋子走下高堂）[88]，大家都是穿了鞋才外出[89]。據說，有一次秦的公子胡亥與兄弟們謁見秦始皇，獲賜餐食，胡亥正欲離去之際，看到排放台階下的鞋子，他便挑看起來特別高貴的好鞋踐踏蹂躪一番[90]。先不論這段故事是否為史實，如此看來，在宮殿內也有分需要脫鞋和無須脫鞋的地方。

預期之外的訪客來臨時，光著腳奪門而出的例子，也散見於後世的文獻中，現在一般認為，「室內＝光腳」是一種「歷時性」（diachronic）*的習慣[91]。正因如此，漢代的其中一項禮儀作法

---

*譯注：「歷時性」指會隨著歷史而演變，而非有一種固定的系統構造，與此相對的是「共時性」（synchronic）的概念。

是，當屋外有兩隻鞋時，若有聽到屋中傳來的應答聲，就可以入室，若沒有應答聲，則不可入室[92]。因為當下屋中至少應該有兩個人，沒有人回應，就代表屋內的人很有可能正有事在忙，入內的話恐怕會打擾到對方。

穿上鞋子外出

總之，出門前先穿上鞋子吧。我們都還沒踏出自己的家中一步。漢代雖然也有如草鞋般的麻製綁腳鞋，但一般是穿麻製的包腳鞋。現代的鞋子，許多款式是在腳背的地方綁鞋帶，而因為設計得好，鞋子不容易脫落。但當時的鞋子在設計上差強人意，像士兵等需要大量活動的人，就必須將鞋帶繞過鞋底，將鞋子和腳捆綁在一起，才能放心活動。

人們穿鞋並非不用量尺寸，而是要事前先量好腳的大小後，才到市場去買剛剛好的鞋。也可以到了賣鞋的地方再量尺寸[93]。鞋帶鬆掉的話，就自行將鞋帶繫好。但若是朝廷內的君主的鞋帶鬆掉時，多半都是由大臣幫忙繫鞋帶[94]。

任何鞋子都會被穿鬆、穿軟。當時的人也需要在第一次穿新鞋時，多走一段時間，把鞋子穿鬆、

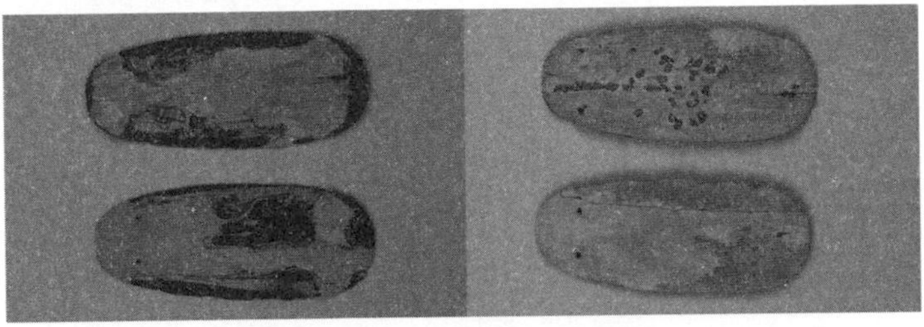

圖 4-8 ｜三國時代的夾腳拖鞋
（收藏於安徽省馬鞍山市朱然家族墓地博物館）

圖 4-9 ｜塗漆的厚底皮革鞋（收錄於平壤名勝舊蹟保存會《樂浪彩篋塚》〔便利堂，1936 年〕。長 27.6cm，高 13.5cm）

穿軟，否則就會磨腳。因此，當時的人買了新鞋後，會先試穿，以確認鞋子是否合腳。這種行為稱之為「試履」。

麻製的鞋子極為便宜，穿舊了只要再買新的，不會向他人借用，所以鞋子又被稱為「不借」。每個官署部門會各自配發鞋子給所屬官吏[95]。鞋子的種類五花八門，例如，儀式用的上等絲綢的鞋子、厚底鞋（舄）、女性用厚底鞋（蹝下）、包腳鞋和綁腳鞋的折衷（鞋）、防泥濘的木屐（屐）、身分低賤者的鞋（屩）[96]、木屐、夾腳拖鞋等等（圖4-8、4-9）。還有鞋墊（絞）、襪子（襪），這也能防磨腳。關於鞋頭，一般而言，婦人穿的是圓形，男子穿的是四方形[97]。鞋子內層若是絲綢製且有刺繡，就是十分闊綽的鞋子，戰國時代禁止在沒有正當理由的情況下穿著這種鞋子[98]。

剩下只須視情況準備綁腿和手套，即可外出，甚至還能踏上長途的旅程。假如你有好幾件衣服，那就將多出的衣服掛在衣架上，其餘則是疊起來收好[99]。

第五章

走在村落或都市裡——上午九點前後

四合院的形狀

外出的準備已就緒，那我們就出門吧。

中原地區的建築樣式，以所謂的「四合院」為主流（圖5-1）[1]。「四合院」是指，以細長的建築物圍繞中庭、形成四方形格局的建築樣式，這種建築物直至今日仍存在。這是十分有特色的代表性中國建築樣式，多數中國歷代的一般住宅、宮殿、官署和廟宇，也都是採取這種樣式。

四合院的庭院大門，多數是朝南敞開，人們由此門進出。四壁具有防禦功能，能防止包括竊盜等的外敵的侵略攻擊。在初春有黃沙飛舞的地區，四壁還能達到防沙的功能。

走出房門，立刻映入眼簾的是寬敞的中庭。先好好觀察一下中庭。

對四合院來說，中庭是缺之不可的空間。人們總是聚集在中庭裡。中庭的存在不但提升了宅院整體的通風，也讓建築物中有更好的採光，因此也能在中庭晾衣服。中庭沒有天花板，可以從這裡眺望天空，當時的人們認為中庭是直通上天的場所。正因如此，若天上有鳥飛入宮殿或宗廟的中庭，就經常會出現吉兆或天譴的傳聞。

中庭也被認為是可與祖先或神明相連通的地方，春秋時代以前，人們甚至會在親戚過世後，將

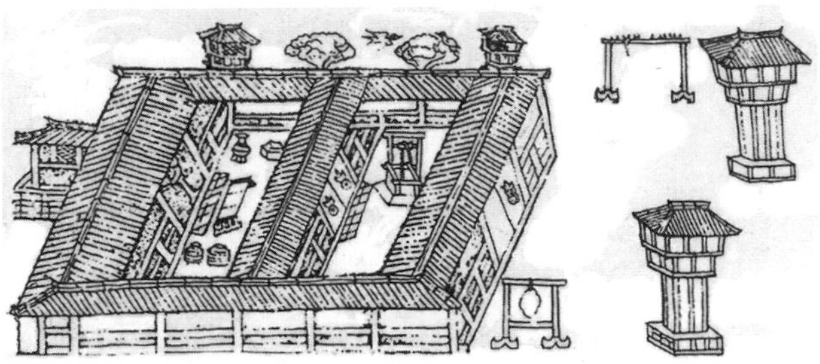

圖 5-1｜漢代四合院建築的畫像石
（收錄於南京博物館、山東省文物管理處合編
《沂南古畫像石墓發掘報告》
〔文化部文物管理局，1956 年〕。摹本）

其遺骸暫時埋葬在中庭裡。中庭一般會有排水溝（傾壞），雨水和垃圾累積太多時，就會透過排水溝排至四合院外。中庭也是神聖的場所，因此最好經常用水沖洗，保持清潔。

當時人們相信，四合院裡存在著水井神、廁所神、灶神等各式各樣的神明。事實上，漢代人有著多神教的觀念，類似於日本「八百萬神明*」的信仰。彷彿宮崎駿導演的動畫《魔法公主》和《神隱少女》所描述的世界，人們信奉自然神和祖先神，認為神明存在於生活中的各個角落。可惜像筆者這樣心靈汙濁的人，已經看不到那樣的

＊譯注：「八百萬」是表示眾多的虛詞。日本傳統信仰「神道」屬於泛靈多神信仰，認為神明無所不在，萬事萬物之中都存在著神靈，因而有「八百萬神明」的說法。

世界了。一般來說，中庭裡有水井和廚房。站在中庭裡環顧四周，四個方向皆有建築物，建築物被區隔成幾個區塊，數個家庭（戶）分別居住其間。居民之間並非陌生人，大部分都是親戚。換言之，四合院採取的是三代同堂或大家庭的形式。

仔細瞧瞧每一戶的構造，多半都是「一堂二內」或「一宇二內」。目前還不清楚兩者是否是指相同的構造，但最起碼我們知道「一宇二內」是指一個「宇」（建築物）裡有兩個「內」（房間）的意思[2]。人們就寢的地方稱作「寢」，有時會就近設有廁所；有時中庭左右會有車庫、畜舍、廚房、倉庫等等[3]。

建築物的種類變化

四合院的形狀也分好幾種類型，並且會根據所在區域而有所不同[4]，其中包括：中央設有樓閣的類型、四周有監視塔的類型、以高聳的牆壁或建築物圍繞的類型、以「∩」字圍繞南門和前庭的類型、有兩個中庭而呈「日」字形的類型等等。

漢代以前就已有建築占卜（之後發展成風水）[5]，建築物的配置會根據建築占卜來決定。現代日

圖 5-2｜日曬磚塊建成的漢代烽火台（甘肅省張掖市東部。2015 年 9 月筆者拍攝）

圖 5-3｜石砌而成的秦代長城（內蒙古自治區呼和浩特市附近。2012 年 9 月筆者拍攝）

本也是，有人會對凶宅進行超渡，有人會因相信風水而改變屋內裝潢，無論古今都會有像這樣相信超自然的人。

住宅的牆壁是以「版築」、日曬磚（土坯）、石砌，或窯燒磚（磚）建造而成（圖 5-2、5-3）。「版築」是一種牆壁的建造法，指在兩片木板間夾土，並以木棒自上而下把土搗實，待土變得結實堅固後，再卸下木板；以此法建造成的牆壁也可稱作「版築」。這是在古代中國最常見的建造法，在現代中國的農村中，人們依舊會以版築建造房屋。至於磚塊，除了建牆外，也會用來鋪裝道路，不僅會用一般磚塊，還會用中空型磚塊（空心磚）、長條型磚塊（小條磚），而小條磚特別在西漢末年以後受到青睞。小條磚的長、

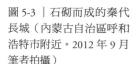

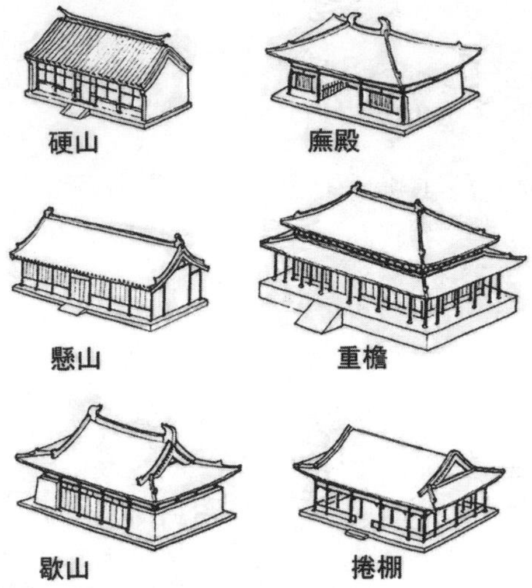

圖 5-4 | 漢代的屋頂形狀

寬、高約為四：二：一，隨著磚型的規格化，以及砌磚技術的提升，人們也開始用小條磚來建造筒形建築物、半圓形建築物。牆壁會塗上石灰灰泥，有時石灰灰泥中會混雜貝灰，使牆面反射出白色亮光[6]。當陽光照進來時，周遭景色就會變得相當明亮。

屋頂也有各式各樣的形狀，並根據居住者的身分而有所不同，漢代特別流行的是有「懸山頂」之稱的形式（圖 5-4）[7]。剛落成的房屋，由於土還未乾，支撐房頂的「椽子」（椽）仍是生的，所以屋頂有些浮起。過了一陣子後，土的重量就會將椽子壓彎，而變成十分牢固的結構[8]。有時屋瓦會被強風吹掀而砸落，從旁路過時，最好多加小心[9]。

圖 5-5｜漢代明器中可見的建築樣式
（收錄於廣州市文物管理委員會、廣州市博物館、
中國社會科學院考古研究所編《廣州漢墓》
〔文物出版社，1981 年〕）

漢代除了住在四合院中，也有人住在洞穴裡，這在中原地區、四川的山岳地帶等地經常可見[10]。例如，在黃土台地的崖面鑿穴而居的「窯洞」，就是其中一例。有些窮人還會住在屋頂以茅草鋪成的茅屋裡[11]。

此外，中國南方也盛行所謂的高腳屋（干欄式）建築[12]。高腳屋適合建築在低濕地帶或水上，不過因中國南方潮濕多雨，也大量建造於此，這不見得是因為國家之類的公權力訂定了「北方建坑屋」、「南方建高腳屋」的方針（圖 5-5）[13]。

無論如何，建築物不但有各式各樣的形狀，也會因時代和地區而有所不同。建築材料、建築方式也十分多樣。四合院是其中特別有名氣的一種。

走出四合院瞧瞧。當時，曾因有人到了晌午仍窩在屋裡不出來，而有訪客前來關心道：「你生病了嗎？」這是因為正常情況下，大家在晌午之前就已經出門了[14]。換言之，當時社會對「繭居族」並不友善，所以白天我們最好還是盡量外出。

現在就穿過中庭，走向南門，用長十二公分左右的鑰匙打開大門，走出四合院看看吧[15]。道路上已有不少行人。十字路口有一些少年在玩鬥雞，旁邊有一名男性拿著掃把在掃地（圖5-6）。看樣子，他是達官顯貴家中的長工[16]。可以聽見一早就有男性在唱歌，同時也有女性一邊發出吆喝聲，一邊搗著穀物[17]。

與雞、狗、貓玩耍

家家戶戶都飼養著雞和狗。雞會報曉、能下蛋，是十分有助益的家禽。還有些人家將鴿子或貓頭鷹養在鳥籠裡[18]。

狗在古代也是人類十分活躍的伴侶動物（圖5-7）。眾所周知，狗與狼等野生動物不同，懂得看飼主的表情，甚至能與飼主一起玩耍。牠們的個性也會和飼主愈來愈相似，由此可見牠們與人類可以建立起非常深厚的情誼[19]。

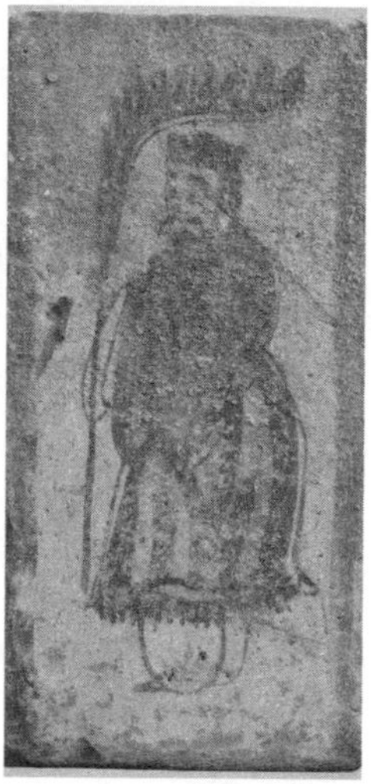
圖 5-6｜手持掃把的人（出土自敦煌佛爺廟灣墓 M133。收藏於敦煌市博物館）

圖 5-7｜戴著脖環的狗的漢代明器（收藏於四川博物院）

當時的狗能當作獵犬或看門犬而備受珍視，不過其中並不包括牧羊犬[20]。山東半島的漢墓中有《相狗經》（關於獵犬的鑑定方法的書籍）出土，早在漢代，人們就對於狗的鑑定十分注重。狗的鑑定師在戰國時代就已存在，狗不僅懂得追逐鹿和山豬，有時還能用來捕老鼠[21]。

在漢代，人們會把狗當成賭博工具，也會進行鬥狗比賽。另外，狗和馬一樣，會被用於狩獵，也會被用於競速比賽[22]。換言之，就是廣義的「賽狗」和「賽馬」。不僅歷代皇帝，連東漢末年尚未成名的劉備，都曾經沉迷於賽馬。

看門犬各有各的名字，並且被人用繩子拴住脖子或腳[23]。有些人也會替自己飼養的牛取名，有個例子是牛隻被取名為「黑」[24]。看來當時家畜的名字是根據家畜本身的身體特徵被命名。此外，傳說中蠻夷是名為「盤瓠」的狗的子孫[25]，如此看來，為家畜取名的習慣，起源甚早。

在此處停下腳步來看看門犬，就立刻傳來了「汪汪汪」的犬吠。但看門犬也不是只要會吠叫就好[26]。比方說，如果將看門犬飼養在一間酒鋪，萬一看門犬老是對顧客吠叫的話，也會令顧客止步[27]。當中也存在過忠犬，三國時代吳國丞相諸葛恪的故事，就十分耐人尋味。據說，某天早晨，諸葛恪正要前往朝廷時，他飼養的狗咬住了他的衣服，不肯鬆口。儘管如此，諸葛恪還是排除萬難前往朝廷，結果就在宮殿裡被人暗殺了[28]。

路邊還能見到貓，當時貓被稱作「家狸」、「狸奴」、「狸狌」等，牠們能夠幫忙人類抓老鼠[29]。雖然「狸」在現代的日本漢字中是指「貍」，但在過去的中國漢字中是指貓。擅長捕鼠的貓，甚至要價一百錢左右，十分寶貴[30]。據考證，新石器時代的人們已經開始進行亞非野貓的馴化，除此之外也有對石虎進行馴化[31]。秦漢時代，人們相信長壽的貓會化作妖，當時貓在社會風俗上的定位與日本類似[32]。

環顧一下這個村落，此時會發現甚至有人在飼養烏鴉。烏鴉若被切除下巴，就不得不仰賴人類幫助牠們進食，這樣的烏鴉會對人類變得順從，因此人們以這種方式飼養烏鴉[33]。但這種做法也太過慘無人道，若是在現代，大概會招來動物保護團體的抗議。

順帶一提，上古時代還曾存在過夷隸（鳥語的翻譯）、貉隸（獸語的翻譯）等官職，實際的工作內容已不可考。除此之外，據說某些人能夠聽懂鳥獸或家畜的語言，像是公治長、介葛盧、詹何、管輅等人。不過，這些傳說只要聽聽即可。

道路的名稱和垃圾的去向

大都市中，道路四通八達。城門、街道（至少其中一部分）各有各的名稱。舉西漢長安城的街道、城門為例，其中有章台街和章台門，命名時很可能是借用「章台」這個宮殿名稱而來[34]。關於命名規則，目前仍未究明，但並未發現例如「始皇帝大道」等冠上人名的街道。

樹木沿著街道種植。例如洛陽城就是沿街種著桃樹和李樹，一到春天，花朵和樹葉會隨風搖曳，甚是美麗[35]。其他還有種植棗樹的街道，如果擅自摘走果實，會被管理者訓斥[36]。長安城內還有沿街種植槐樹的地方[37]。

街道上垃圾散落。當時不像現代有道路清潔工，因此對都市居民而言，垃圾是一大問題。像是蔬菜的切除部分、陶器的碎片等等，往往會被廢棄在路邊[38]，有時還會散發出惡臭。另一方面，首都的某一個區劃中卻有著完善的排水設施。比方說，戰國時代齊國的首都臨淄就有建設排水溝（圖5-8），而在今天的西安西郊也找到了秦代的地下排水管，該處應該是當時的首都咸陽城。但這些都是只有都市才有的基礎設施。即使到了現在，前往中國農村進行田野調查時，仍有不少時候會遇到夏季惡臭的問題。

以「社」為中心的村落配置

接著，俯瞰一下整個村落，就像是操縱無人機飛越村落上空進行拍攝一般。

春秋時代以前的都城，是以歷代君主的宗廟為中心，形成街區。宗廟是祭祀君主祖先之處，會定期供奉牛隻等祭品。即將成為祭品的牛隻，會被穿戴上絲綢裝飾，並被餵食豪華的一餐，接下來的命運就是被帶到宗廟裡宰殺[39]。

這種以宗廟為中心的都市設計也傳到了秦漢時代。但到了西元前後，在都城近郊祭拜天地的「郊祭」受到重視[40]，昊天上帝（住在蒼天之中的神）變得遠比祖先神更加重要。另外，長安南北分別建造了名為「南郊」和「北郊」的新設施，在南郊進行的祭祀尤其受到重視，而祖先的宗廟則從

圖 5-8 ｜山東省臨淄的排水溝遺跡
（2010 年 4 月筆者拍攝）

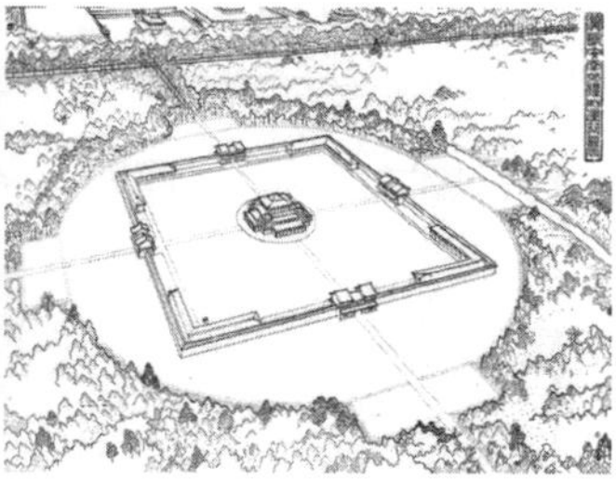

圖 5-9 ｜漢代長安的南郊
（復原模型）

宮城搬遷至通往南郊的道路上（圖 5-9）。

與大都市的都市設計和祭祀形成對比的是，零星散布於各地的村落。這些村落的中心設有土地神廟（社），由居民定期供奉祭品。「社」結合了人們對於樹木及大地精靈的崇拜，有別於對昊天上帝的祭祀，是民間代代相傳的祭祀場所[41]。縣的中心亦設有社，每當農曆春季的二月與年末，中央政府會下令為各縣提供羊隻與豬隻，供奉於縣社中[42]。到了東漢時代，郡和州也設有社，並以羊隻和豬隻為供品[43]。

社設置於各個村落，彷彿現代日本的神社。但兩者不僅是信奉的對象不同而已。事實上，現代日本的知名神社都有著莊嚴肅穆的建築與廣闊的占地，但古代中國的社並沒有建築物，連屋頂也沒有[44]。所謂的「社」，僅只是在土堆上放上標誌性的石頭作為祭拜對象，並在一旁種植榆樹或槐樹而已[45]。社無論何時都暴露在風吹雨打之中。之所以如此是因為社被視為連結上天的場所。

反之，當一國滅亡後，戰勝國就會為戰敗國的社建屋頂加以遮蔽，並在地面堆積雜樹樹枝。這是為了讓戰敗國的社，再也無法與上天相連結[46]。社的祭祀會在雨天中止，僅在晴天和陰天進行。社的祭壇下，經常有家鼷鼠築巢，需要定期以煙燻驅鼠[47]。社中有塗了泥的木頭，老鼠也會在此築巢[48]。

除了社以外，每個村落還有祭祀當地名人的廟宇，例如，在長江流域的廬江郡，就長期祭祀著楚漢相爭時期的軍師范增[49]。在鄴城，則是祭祀著戰國時代的政治家西門豹。燕與齊的土地上，有祭祀漢初將軍欒布的地方，並被稱為「欒公社」，此處同時也發揮了社的功能。另外，據說東海郡的人們感念判官于公的公平公正，而在于公在世之時，就建造了「于公祠」[50]。當時的人竟然會祭拜還在世的人，十分有趣。

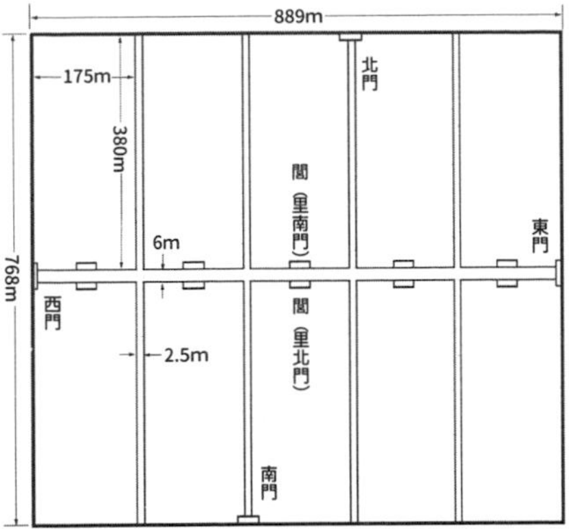

圖 5-10 ｜漢代的午汲縣城（根據五井直弘《漢代的豪族社會與國家》〔名著刊行會，2001 年〕製作）

走在村落中

各個村落雖然有大有小，但居民大約為數十人至數百人。以某縣城為例，該縣由十個里構成，整個縣城以三至六公尺高的土牆環繞。每個里大約是三百八十公尺×一百七十五公尺，一個里中有十戶左右的人家（圖5-10）[51]。

雖然縣城內部可能像這樣，一個一個里整齊排列著，但有時縣城外側也零星散布著小型的村落，其中例子是，相隔十五至三十公尺左右，就會羅列著大約六戶人家，每戶人家都是將房舍建在約一百六十坪大小的占地內[52]。房舍本身只有數十坪大。

其他例子還包括，零星散布在深山裡的村

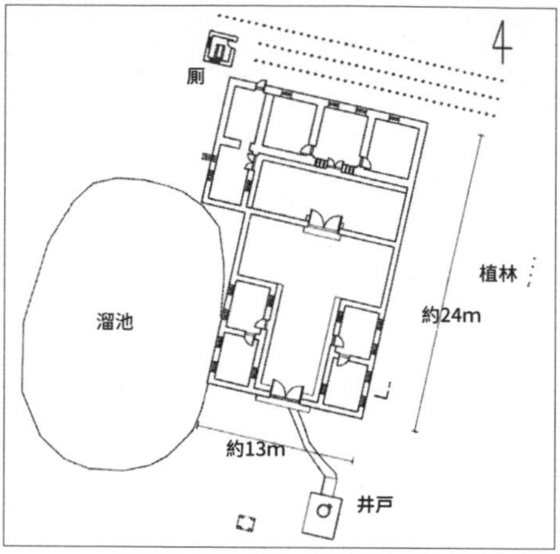

圖 5-11 ｜河南省內黃三楊莊 2 號漢代庭院遺跡

落，僅有十戶人家左右[53]。不僅如此，也有例子是在農田旁單獨坐落著一間四合院，其中住著多個家庭（圖5-11、圖5-12）。讓我們瞧瞧其中的一棟住宅，其大小約為三十坪（長十公尺×寬十公尺），而它的南半邊為中庭[54]。雖然說不上有多寬敞，但當時的農民既沒電視，也沒電力，能在室內做的事不多，所以這個大小或許已相當夠用。

宅院還有一些其他類型，特別巨大的宅院稱作「宮」。另外，又高又大又莊嚴的建築物可稱「殿」，高聳的樓閣可稱「觀」，防衛用的高聳樓閣則可稱「樓」，瞭望樓可稱「櫓」，以較高的土壇為地基建成的高層建築物可稱為「台」。正如在現代日本，可以聽到豪邸、屋敷（日式宅院）、一軒家（透天厝）等不同名稱，建築物會

圖 5-12 ｜河南內黃三楊莊遺跡 3D 模型
（林源女士提供）

根據外型的不同而有各式各樣的稱呼。

村落裡有工匠在工作，今天工匠也在修補房子。有些工匠是在為國家工作，有些工匠則是民間的人。兩相比較，當然是替國家工作的工匠技術水準較高。比方說，以往秦始皇陵的兵馬俑都被認為是依照真實存在的士兵一個一個製作而成，但近年的研究顯示，兵馬俑其實是由大量生產的臉部零件組合而成[55]。

兵馬俑上一共發現了八十七個不同的工匠署名，且不只有男性，還有女性的署名。其中也包括宮殿的瓦和排水管的製造者姓名，他們並不是專門製造兵馬俑的工匠。他們隸屬於宮廷中的同一個作坊，受過同樣的訓練，在物品的製造工程上他們的分工細膩，並藉此從事大量生產。

從上述內容來看，「工廠手工業」始於十五到十六世紀的普遍看法，其實還值得商榷[56]。總而言之，我們正走在一個擁有先進的建築技術和工藝技術的街坊中。

橋附近的痲瘋病患、戰爭孤兒、鬼

現在走出村落的大門，到外頭看看。在村落裡，有些地方允許馬車進入，有些地方則是以危險且粗暴為由，禁止馬車進入[57]。另一方面，村落和村落間的道路上，乘坐馬車移動較為輕鬆，也沒有禮儀上的問題。城牆圍繞的都市裡也是如此。如果馬車太昂貴，那也可以乘坐牛車。需要留意的是，商人因為身分上的限制，不得乘坐馬車，關於此點後面也會再提到。

有時，都市中有小河貫穿，河上架著橋梁。橋是公共基礎設施，由村落裡的人合力建造。指揮建造的是地方長官，最好能避開農忙期，等收成之後再展開工程[58]。一般來說，橋不會收取通行費。但有時候，地方上的權貴會擅自徵收通行稅[59]。

「橋」是此岸與彼岸的連結，古代人自然而然地認為，橋也會連結到異世界。因此，當時「在橋附近看到鬼」的傳言甚囂塵上[60]。日本也有許多傳說故事提到有鬼怪出現在橋邊，這也是根據相同的想法而來。此外，每到夜裡，首都的大橋上就會點亮燈火[61]，別具風情。

過橋看看。有時會有乞丐和痲瘋病患躺臥在橋畔[62]。曾犯過某些罪的痲瘋病患，會被收容在名為「癩遷所」的隔離設施中[63]，與其他囚犯區分開來。我們可以根據此點推測，許多痲瘋病患可能平時就跟平民保持距離，不會一起生活。事實上，春秋時代有一個名為豫讓的人，曾偽裝成痲瘋病患，埋伏在橋邊，企圖暗殺其仇敵。戰國時代，有戰死者的遺孤在路上乞討，他們也是在橋的附近[64]。看來近橋之處已成了痲瘋病患和戰爭遺孤聚集的場所。

不過，痲瘋病患並非總是被歧視與隔離。據說，某名患者即使患了病，仍與家人住在家中，生活在村落裡。但到最後，周圍的人對他家人說：「最好趁他未死之前將他棄置他處，否則你們子孫代代都會得病。」無可奈何之下，家人才將患者棄置在深山裡[65]。最起碼他們不是在病人一罹患痲瘋病，就立刻將他驅逐出村落。雖說如此，患者的壓力還是很大，畢竟患者最後還是被流放到深山中。

高級住宅區

過了橋後，是整排的高級住宅區。若是怯懦的人或對周圍小心翼翼的人，則經過大門高聳的宅邸或垂掛簾子（簾）的顯貴人家時，可能會不由自主地快步通過[66]。大型豪宅會有看門人，負責清掃門前。一個看門人若是訓練有素，也許還會考慮周到地將畚箕面向自己，不讓灰塵被吹到過路人的身上[67]。

首都的高級住宅區尤其豪華，在皇帝居住的宮殿外側，也羅列著巨大的官廳與宿舍。中央部會的大門漆成了紅色，對當時的官吏而言，在「朱門」工作是至高無上的榮譽[68]。首都裡也零星散布著民間百姓所居住的里，這些里與高官聚居的「尚冠里」、宗室相關者聚居的「戚里」相互參雜。尚冠里和戚里就像是現在所說的高級住宅區。有時，官署中設有長官的私人宅邸，而其他官吏則住在鄰近的官舍中。在宮殿裡工作的宦官和宮女，則是住在宮殿區內。

猛然抬頭一看，美麗的「瓦當」排列在宮殿的屋頂上。不同的政府機關，瓦當上的圖樣和文字也會不同，比方說，衛尉（未央宮警衛）的官署會搭配「衛」字的瓦當[69]（圖5-13）。官署的牆上還繪有烈士的英姿[70]，更加散發出莊嚴肅穆的氛圍。其中一座宮殿，除了聖王堯、舜，還繪有古時的暴君桀、紂作為戒鑑[71]。此處也會以書法和水墨畫作為裝飾，這種做法起源於戰國時代以前[72]。據說，在邊疆作戰的勇士盼望著自己的英姿被繪成壁畫[73]，至於書法和繪畫的內容則十分多樣。

大道沿路立著神獸的銅像，有水自銅像口中流出，洗淨道路上的髒汙，並一路流向排水溝[74]。以現代來看，可能類似新加坡的魚尾獅塑像。

首都裡還有成列的「郡邸」。各地方的郡每年會派年度會計報告者（上計吏）前來首都，所謂郡邸就是這些上計吏所下榻的宅院，其中還備有金庫和牢獄。這就像是江戶時代的大名履行「參勤交代*」時，會下榻在各自位於江戶的藩邸一樣。在各地擁有封地的皇族、諸侯王、列侯的宅院也十分豪華，都是一出大門就會踏足在大馬路上的宅院（第）[75]。

高級住宅區還有高聳的樓閣（圖5-14）。郊外也有富人的別墅，有些地方甚至備有家庭用的水利設施[76]。政府機關附近還有「倉」（穀倉），依其形狀可分為長方形的，以及「圓柱形的」（囷）。穀物以一萬石（約二十萬公升）為一個單位儲存，並用蓆子區分，由縣和鄉的官員一同負責管理。

---

*譯注：日本江戶時代一種制度，各藩的大名（相當於諸侯）需要前往江戶，替幕府將軍執行政務一段時間，然後再返回自己領土執行政務。

圖 5-13 ｜漢代的瓦當
（寫有「四夷盡服」四字。收藏於內蒙古自治區博物館）

圖 5-14 ｜東漢高層建築的明器
（收錄於《中國出土壁畫全集》〔科學出版社，2012 年〕）

負責官吏必須注意倉裡的穀物不能被老鼠偷吃或生出蟲子。雞也有啄食穀物的可能，所以倉旁禁止養雞[77]。

在縣廷旁還有武器庫（庫），此處也負責保管車輛及製造零件，因此有各式各樣的人在此工作，包括官吏與受刑人[78]。目前已知南北朝時代，庫旁有消防用蓄水池[79]，這種防災設備說不定在秦漢時代就已出現。縣裡還有儲蓄公款的「府」[80]。

此外還有牢獄。整個帝國約有兩千座牢獄，西漢後期，每年都有數萬人被判處死刑[81]。現代日本被處以死刑的人中，在一九九一至二〇一〇年間真正被執行死刑的有八十四人。兩相比較，古代中國的死刑人數多到望塵莫及。雖然不能以現代人的價值觀來斷定是非對錯，但至少這跟筆者想像中的太平世界大不相同。

負郭窮巷

從富麗堂皇的大馬路彎進岔路中，會發現到處都有窮人躺臥在地上。有一種說法是，進入里門後，左側是貧民居住的區劃，稱為「閭左」，但這是一個常見的誤解。閭左是指所有平民百姓，它是「豪右」（豪族或富人）的相反詞，詞彙中的左右只是反映出當時認為「右比左優越」的普遍觀念[82]。因此，貧民並不是只居住在進入里門後的左側。除了住在橋畔以外，其實還有很多貧民都居住在城市外的村落中。

都市的城門附近，有靠唱歌賺取日薪的旅人[83]。另外，有許多窮人的屋舍，傍著郡城和縣城的外牆而建，有「負郭窮巷」的稱呼。這一帶的家家戶戶，以草蓆為門，以生蒿草為屋頂，將沒有底部的甕嵌在牆上當作窗（甕牖），房子窄小而潮濕，一遇到下雨就會漏水[84]。住在這裡的窮人被當成賤民鄙視，或被看作是未來的罪犯，他們要想和有錢人結婚比登天還難。

然而，諷刺的是，這種地方離城郭最近，最適合當作農田使用。官吏和富人在這種地點擁有農田，將其稱為「負郭田」，並成了良田的代名詞。形形色色的人往來於附近的道路上，有人在鬥雞，也有人是為了採集薪柴而天天路經此處[85]。

相對於這種負郭區域，若在距離城郭較遠的農田耕作，要天天在郭內和農田之間往返，是十分辛苦的事。因此，對農忙期的人來說，乾脆住在田邊搭建的小屋（廬舍、田舍）裡，還比較省事。這種遠離都市或村落的農田，就會以便宜的價格被買賣。

我們一邊走在村落和都市中，一邊與許多人擦身而過。接下來就來看看他們的生活樣態。

第六章

前進官署——上午十點前後

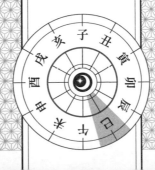

來來往往的男性及馬車、牛車

觀察一下路上來來往往的人。戰國時代流傳一則笑話：一個鄉下的年輕人來到大都市邯鄲，學當地都會風的走路姿勢，結果不但新的沒學好，連原本怎麼走路都忘了，最後只好爬著回去故鄉[1]。看來都市人和鄉下人連走路姿勢都不一樣。簡而言之，兩種走路姿勢的不同，大概就像曾上過巴黎時裝週伸展台的模特兒和筆者之間的差異。邯鄲在秦漢時代也是屈指可數的著名大都市，人們昂首闊步地走在大道上的景象，彷彿歷歷在目。

路上來往的人，有的是徒步而行，也有的是乘坐馬車或牛車。當時，馬車是最上等的交通工具，牛車次之[2]。在日本古代，貴族只乘坐牛車，然而在中國古代，馬車比牛車更高級。皇帝自然不在話下，只要是諸侯等級的人，大部分都是乘坐馬車（圖6-1），而在西漢後期，由於諸侯的力量被削弱，因此也開始出現乘坐牛車的諸侯[3]。馬車多半是二輪車[4]，達官顯貴中尤其是高官，其馬車的車輪會塗成紅色，因而有「朱輪」之稱。

另一方面，商人則是受到差別待遇，即使他們有錢，也不允許乘坐馬車[5]。只不過，大商人幾乎都會兼任政府官員，也會賄賂官員，因此就算乘坐馬車，經常會被睜一隻眼閉一隻眼放行。在法律

圖 6-1 ｜天子（皇帝）的馬車（出土自陝西省榆林市渠樹濠遺跡的壁畫。收錄於《中國出土壁畫全集》〔科學出版社，2012 年〕）

上，政府高官不得從事高利貸，商人之子無法當上官吏[6]，但實際上卻能找到不少例子是商人出身的官吏。有時身分尊貴的女性也會乘車。

再來看看徒步的行人。前面已經看過了女性的妝容，所以這裡就來看看男性的長相。從遺傳學來看，一萬至五千年前的中國，黃河中游流域和長江中游流域分別屬於兩個不同譜系的族群，但到了秦漢時代，兩者的血統已有很大程度的融合[7]。春秋時代為止，山東半島仍可見歐洲血統存在過的痕跡，但到秦漢時代就已看不到這種跡象，逐漸變成與現代中國人相同血統的人占壓倒性的多數[8]。其中絕大部分的人都是扁平臉，只有一小部分來自中亞的人擁有深邃立體的五官。

英俊的標準

若是細看男性臉龐，就會有英俊和不英俊之分。對當時的人而言，英俊和不英俊的界線在哪裡呢？青史留名的俊男一般來說包括春秋時代的子都、三國時代的何晏和西晉時代的潘岳。他們既不是肌肉猛男，皮膚也不黝黑，反倒是擁有白皙通透的皮膚、明亮的雙眸和美麗的鬍鬚。傳說中的美女羅敷也自述自己的丈夫是一個皮膚白皙的美男子（潔白皙），且有著濃密的鬍子，她對丈夫英俊的相貌十分自豪[9]。

當他們走在大馬路上，就會傳來女性的尖叫聲。女性們會積極將水果投入俊男乘坐的馬車中，或是將馬車團團圍住[10]。無論已婚或未婚，連有夫之婦都會對俊男趨之若鶩。那景象與現代女性包圍帥哥偶像的樣子毫無差別。當然，也會有男性搭訕女性。英俊的男性中，還有一邊照著鏡子，一邊陶醉於自身長相的自戀男[11]。

另一方面，不英俊的男性無論在什麼時代都很悲慘。雖說青菜蘿蔔各有所好，男人眼中的英俊和女人眼中的英俊也有所不同，但當時一提到醜男，就會有幾個特定條件，包括吊梢眼、上聳肩、貓頭鷹鼻、歪鼻子、暴牙、沒下巴等等[12]。此外，常見於歐洲和中亞的金髮（紅毛）、藍眼珠（碧眼）、深邃立體的五官，其實並沒有被正面看待[13]。如果醜男效仿美男子，在街上瀟灑地闊步而行，女性們就會朝著他們吐口水[14]。

當然，男性的性格也很重要，但其貌不揚卻受到女性們青睞的例子少之又少，而哀駘它就是那罕見的一例。哀駘它是春秋時代衛國的醜男，與他交談過的男性會被他的魅力吸引，女性則會去哀求父母：「與為人妻，寧為夫子妾」（筆者譯：與其嫁作其他人的妻子，不如嫁給那位夫子當妾）。據說之所以如此，是因為他有著深厚的德行[15]。不過，例外正因是例外，才會在驚嘆之中留下紀錄，成為後世的史料。

禿頭、矮個子，或者有口吃、有某部分的身體障礙的人，情況又更加悲慘。其中，口吃尤其會對找工作產生負面影響，因此克服口吃而功成名就的人絕非多數，僅有韓非子、曹叡、鄧艾、成公綏等。另一方面，沒有發現任何故事提到一個人因為太胖而找不到工作，反倒有知識分子雖然體型龐大，卻能獲得美名[16]。雖說如此，看起來過重的話，難免還是會被嘲諷[17]。無論如何，當時一般家庭沒有體重計，只能用腰圍大小來形容一個人的體重，所以大家應該都只知道大約的體重而已。

身高也是以不要太矮為佳。秦漢時代，政府動員人民服勞役時，會根據身高和年齡來徵召，因此國家留下了民眾的身高紀錄。雖然沒有記錄明確記載平均身高，但翻閱史書則能找到成年男性身高約為七尺（約一百六十一公分）的說法[18]。再者，文獻中也有對身高特別高之人留下記錄，一個人大約八尺（約一百八十四公分）以上就會被認為身材高大，並以「姿貌甚偉」、「容貌絕異」、「容貌矜嚴」等語彙形容。以《三國志》為例，除了劉備身高七尺五寸外，大部分會特別提及身高的，只有八尺以上的高個子之人。當時有「人雖有八尺之軀，靡不受患」（筆者譯：即使有八尺高的身軀，每個人都還是會生病）[19]的俗語，可見在當時身高八尺是健康強壯的象徵。

另一方面，未滿六尺（一百三十八公分）的人可以免服勞役，且會被視為身障者。無論晉升至何等高位，抑或享盡榮華富貴，只要個子太矮，就會被人瞧不起，像是戰國時代的孟嘗君。因此，馮勤雖然出生在一個高個子家庭，但他因為兄弟之中只有自己身高未滿七尺，而娶了高個子的妻子，以免子孫和自己一樣[20]。他已經注意到了身高是代代相傳的。

此外，我們不太清楚當時人們的視力與聽力。不過，傳說中離朱視力絕佳、師曠聽力過人，由此可知當時已經知道視力與聽力在每個人身上是有差異的。

走入官署

靠近官署瞧瞧。若是西漢的首都長安，那麼「未央宮」就位於林立的官署旁，那是皇帝與大臣開會的地方。東漢時代則有名為「朝堂」的會議廳坐落於首都洛陽，皇帝在此召開會議[21]。漢初，大臣是有需要時才上朝，之後變成五天上朝一次，而謁見皇上變成需要事前預約[22]。即使是居於高位的大臣，也無法想見就立刻見到皇帝的尊容，平民百姓更是無緣瞻仰。所以，此處我們只要到官吏辦公的官署，稍微溜達溜達即可。

漢代的官署外飄揚著紅色的旌旗。宮殿和官署入口處的地面，也被塗成了紅色（丹墀）。在漢代，受到重視的顏色不只紅色，其實還有黑色，例如軍旗正確來說並非全是紅色，而是「邊緣為黑色的紅色旗子」[23]。

現在進入「丞相府」瞧瞧。丞相就如同現代日本的總理大臣，是最高級別的官職。這座官署中種植著柏樹，有時會有幾千隻鳥聚集在此[24]。這裡除了丞相處理政務的「堂」外，還有中庭（廷、聽事、廳），每年農曆十月，數百名上計吏在此聚集，報告各地方的會計，並接受詔令。

堂與中庭的周圍被迴廊圍繞，進入之前需要先穿過中門。中門的外側有停車場（駐駕），中門旁還有較小的便門（閤）。便門由「蒼頭」（奴隸）看守，如果是丞相喜歡的屬吏（下屬官吏），就隨時都能穿過便門，會見丞相。官署的大門上，大部分都配有圓形把手，且裝飾得十分華麗。比方說，元帝廟的大門上就有著龜形與蛇形的青銅製把手[25]。

丞相府的中門前不僅有停車場，還有屬吏的辦公處。堂的後方是丞相的私人宅邸（便坐），再更後方還有後堂。郡縣層級的官署也是如此，長官的私人宅邸位在官署的後方。官署的前方是長官的辦公場所，再隔著一道中門，外側就是停車場和屬吏的辦公處。

長官不一定每天都會待在辦公場所。有的長官甚至是每隔五天才上班一次。雖說上班，其實長官的私人宅邸和他的辦公場所明明就近在咫尺，即使如此還是不肯離開私人宅邸，這官架子還真大。

另外，地方長官的上班時間人人不同，有的長官是夏季從日出開始工作，冬季從正午才開始工作。當然在這之外的時段，長官應該也會在私人宅邸裡多少工作一下，可說是「在家辦公」，但屬吏難以進入私人宅邸，所以對屬吏來說非常麻煩。想要會見長官的人，必須挑選良辰吉日前往，即使身為官吏也不一定能夠立刻見到長官等級的人物[26]。

有些長官不上班的時候，還會任意差使優秀的書生和蒼頭（奴隸）。剛上任的長官特別容易被屬吏瞧不起，有時屬吏會裝病或做出原本被禁止的行為（例如偕同妻小住在官舍中）。

高聳的城牆

許多都市都是沿著河流興建成一塊方形的區域。多數的城牆為版築，現存的城牆厚度，從五公尺到幾十公尺不等。版築的牆壁是垂直豎立的，但城牆內側有斜坡，士兵可以沿著斜坡登上城牆。再者，有時會為了防止城牆風化，而在城牆的內外側覆蓋一層土。像這樣隆起的土堆被稱為「護城坡」，城牆與護城坡的外側還會設置「壕」（壕溝）。壕大多設在距離城牆數公尺至數十公尺之處，寬約二十至三十公尺，深約三至四公尺。

要進到城牆內，只能通過城門。以大都市臨淄為例，外郭有十一座城門，寬達八公尺至二十公尺，高達二十公尺至八十六公尺。通往城門的大馬路，不一定都是棋盤式的道路。相傳日本古代的平安京是仿照中國的城市設計，街道呈現出整齊的棋盤式布局，但那是仿照北魏的洛陽城和隋朝的長安城，和秦漢時代的都市無關[27]。秦漢時代的都市比較雜亂無章，長安城是少數例外之一，城中有寬四十五公尺（中央是皇帝專用的馳道，寬二十公尺；左右兩側是寬約十二公尺的一般道路）的大道。此外，洛陽城中也有大道，稍稍給人較為整齊的印象，但也與棋盤式布局相去甚遠。

在以上的郡縣鄉里中，設有郡官署和縣官署的里，規模較大，來往的人潮也較多。在大都市中，家家戶戶都是比鄰而建，萬一其中一家發生火災可就不得了了。自古有「濫炎妄起，雖興師眾，不能救之」（筆者譯：發生嚴重火災時，即使有軍隊之力也難以挽救）的俗語[28]，由此可知發生火災等災害時，當時也會出動軍隊救災。

高顏值的官員們

現在來看看聚集在官署中的官吏，有些什麼樣的成員。出人意表的是，大家的「顏值」相當高。不過這也難怪，因為在漢代，「長得英俊」有時是官吏的錄取條件之一[29]。連鼎鼎大名的孔子都曾因為以貌取人，而在事後後悔[30]，所以「人帥真好」可說是古今皆然的真理。不過，傳說中有一名男子不但肢體有障礙，又有兔唇，卻受到君主的賞識；另外也有故事是在描述一名其貌不揚的男性被任命為外交官[31]，話又說回來，正因為這些是現實中幾乎不可能發生的情況，才會化作傳說和故事，特別在史書中記上一筆。

排場特別壯觀、闊氣的是宮廷的護衛暨侍從官（執金吾或侍中郎），連著名的光武帝都曾在年輕時夢想成為一名執金吾[32]。假設十五歲當上小官吏，二十歲當上中央官員，三十歲當上侍中郎，四十歲當上一城之主的話，那就會大受女性歡迎[33]。當時是一個靠關係的社會，所以只要是有權有勢者的子弟，無論外貌如何都還是能攀上高位，但還是要盡量保持儀容整潔。

護衛官當然必須有武術經驗，但在天下太平的時代裡，能夠立戰功的機會也很少。因此在漢代，有時也會舉行投石、拔拒*、格鬥術（手搏）等競技，以代替實戰，並以競技中的表現作為晉升的條件[34]。

職業官吏和非職業官吏

在我們向官吏打招呼之前，先來確認一下他們的身分，才不會失禮。西漢的總人口為六千萬人，國家大約擁有一百五十萬的勞動人口，平時服役中的役男大約有七十萬至八十萬人[35]。此外還有

---

*譯注：又作「拔距」。兩人坐在地上，互相握住對方的手，比賽將對方拔起的一種練武活動。

官吏，官吏可分為全職雇用和非全職雇用[36]。

全職雇用的官吏大部分住在官舍中，大約每五天休假回鄉一次[37]。無論秦代或西漢初期，都有把一年的休假日集中起來一次放假數十天的例子，看來官吏的休假方式也不盡相同[38]。至少在秦代，結婚時或父母重病時，都能得到十天左右的休假[39]。

除了這些休假日，原則上官吏必須在官舍中就寢，很多人士將妻小留在故鄉，隻身赴任。不過，其中也有人是與妻小一起住在官舍中，官吏的行為規範似乎沒有被嚴格執行。此處提到的全職雇用官吏，就是專業的官吏，也可以稱他們為「職業官吏」，政府會付給他們職業官吏的薪水（秩）。

相對地，非全職雇用官吏則可稱為「非職業官吏」，其中包括打工人員，他們負責助理、打雜的工作。他們之中能力受到賞識的人，也有可能每天上班，並得到接近職業官吏的待遇（冗官）。一般的非職業官吏則和這些接近全職的非職業官吏不同，是以月為單位排定輪班制（更）的工作，在沒有義務進入官署工作的期間，他們也會從事耕田或受雇於民間。事實上，當時的受刑人也是以輪班制的方式服勞役，並非從早到晚全年無休地一邊被抽打一邊工作。此外，許多百姓也會以輪班制的方式服勞役或服兵役。擔任非職業官吏，其實也是服勞役的形式之一。

舉例來說，根據湖北省荊州市荊州區紀南鎮的松柏漢墓出土的簡牘，西漢武帝時期的南郡中，縣層級的行政區共十七個（十三個縣、四個侯國），免老（因高齡而免服勞役者）將近三千人，罷癃（有身障、疾病、負傷之人）將近三千人，成年的勞動人口（十五歲以上、未滿免老）中，男性兩萬多人、女性三萬兩千多人，未成年（七歲至十五歲）的勞動人口中，男性兩萬五千人、女性一萬六千多人（未滿六歲的幼兒人數不明）。而整個南郡的役男（卒）高達約一萬多人，但平時實際服役人數為兩千多人。役男人數與實際服役人數之所以有差距，就是因為當時採取的是輪班制的兵役制度。多數的士兵和服勞役者（包括受刑人）都是採取輪班制，非職業官吏也是如此。

非職業官吏中，也有些人是在半強迫下從事官署工作的，基本上這種職務毫無值得欽羨之處。比方說，相當於村長的「里典」，就是由里中的身分低賤者擔任的職務[40]。千萬別以為「村長＝最大咖」。只不過，在官署工作的非職業官吏中，也存在患病者、負傷者、身障者[41]，官署成了收容他們的機構。從這個角度來看，應該也有非職業官吏對於官署工作是心存感激的。

為了確認職業官吏有多厲害，我們來看看西漢後期東海郡的例子（表6-1）[42]。縣層級的行政長官（縣令、縣長、國相）、副長官（縣承）以及軍事長官（縣衛），獲得的是職業官吏的薪水（秩）。在他們之下還有法務處長（獄丞）、警察局長（亭長），其中一部分得到的是非職業官吏

官嗇夫	鄉嗇夫	游徼	牢監	尉史	官佐	鄉佐	郵佐	亭長	侯家丞	僕行人門大夫	先馬中庶子	總數
3	10	4	1	3	7	9	0	54				107
3	12	6	1	4	7	9	2	46				107
3	6	3	1	3	9	7	2	41				95
4	13	4	1	4	8	4	0	35				88
4	6	2	1	2	4	6	0	47				82
3	5	4	1	3	7	4	0	21				64
3	3	1	1	3	5	5	0	27				60
3	5	5	1	3	8	4	2	43				86
2	8	4	0	2	6	4	0	32				68
2	9	2	1	3	4	1	0	36				67
2	3	3	0	3	5	5	1	32				65
2	5	3	1	3	6	2	0	23				55
2	4	3	1	3	6	2	0	19				52
2	3	2	1	2	4	2	0	23				50
2	7	2	1	2	6	0	0	12				41
2	0	2	0	3	4	2	0	4				27
0	7	3	1	2	4	2	2	36				66
2	0	2	1	2	6	1	0	5				28
0	2	1	1	2	5	0	0	7				25
0	1	1	1	1	4	1	0	6				22
2	2	2	1	2	7	1	0	19	1	3	14	65
1	4	2	1	2	7	2	1	12	1	3	14	59
0	2	2	1	2	5	2	0	11	1	3	14	53
1	1	2	1	2	5	3	0	7	1	3	14	50
0	2	1	1	2	3	2	0	18	1	3	14	56
1	3	2	1	2	4	3	0	11	1	3	14	54
0	2	2	1	1	4	0	0	12	1	3	14	47
0	1	1	1	2	5	0	0	9	1	3	14	44
0	2	2	1	1	5	0	0	5	1	3	14	42
0	1	1	1	1	4	0	0	6	1	3	14	39
0	1	1	1	1	4	0	0	4	1	3	14	37
0	1	1	1	1	3	0	0	3	1	3	14	33
0	1	1	0	1	3	0	0	3	1	3	14	31
0	1	1	1	2	5	1	0	5	1	3	14	41
0	1	1	1	2	5	1	0	4	1	3	14	40
0	1	1	1	1	6	1	0	2	1	3	14	37
0	1	1	1	1	6	2	0	5	1	3	14	41
0	1	1	0	1	4	0	0	3	1	3	14	32

表 6-1 ｜在東海郡的縣與侯國任職的官吏

行政單位	令	長	相	秩	丞	秩	尉	秩	獄丞	官有秩	鄉有秩	令史	獄史
海西縣	○			1000	1	400	2	400	0	1	4	4	3
下邳縣	○			1000	1	400	2	400	0	2	1	6	4
郯縣	○			1000	1	400	2	400	1	0	5	5	5
蘭陵縣	○			1000	1	400	2	400	0	1	0	6	4
朐邑	○			600	1	300	2	300	0	0	1	3	2
襄賁縣	○			600	1	300	2	300	0	1	2	6	3
戚縣	○			600	1	300	2	300	0	0	2	4	2
費縣		○		400	1	200	2	200	0	0	2	4	2
即丘縣		○		400	1	200	2	200	0	0	0	4	2
厚丘縣		○		400	1	200	2	200	0	0	0	4	1
利成縣		○		400	1	200	2	200	0	0	1	3	3
況其邑		○		400	1	200	2	200	0	0	0	4	2
開陽縣		○		400	1	200	2	200	0	0	1	4	3
繒縣		○		400	1	200	2	200	0	0	1	4	2
司吾縣		○		400	1	200	2	200	0	0	0	3	2
平曲縣		○		400	1	200	1	200	0	0	1	4	2
臨沂縣		○		300	1	200	2	200	0	0	0	4	1
曲陽縣		○		300	1	200	1	200	0	0	?	?	?
合鄉縣		○		300	1	200			0	0	0	3	2
承縣		○		300	1	200			0	0	0	3	2
昌慮侯國			○	400	1	200	2	200	0	0	1	4	2
蘭旗侯國			○	400	1	200	2	200	0	0	0	3	2
容丘侯國			○	400	1	200	1	200	0	0	1	4	2
良成侯國			○	400	1	200	1	200	0	0	1	4	2
南城侯國			○	300	1	200	1	200	0	0	0	4	2
陰平侯國			○	300	1	200	1	200	0	0	0	4	2
新陽侯國			○	300	1	200			0	0	0	3	2
東安侯國			○	300	1	200			0	0	0	3	2
平曲侯國			○	300	1	200		200	0	0	0	3	2
建陵侯國			○	300	1	200			0	0	0	3	2
山鄉侯國			○	300	1	200			0	0	0	3	2
武陽侯國			○	300	1	200			0	0	0	2	1
都平侯國			○	300	1	200			0	0	0	2	0
郚鄉侯國			○	300	1	200			0	0	0	3	2
建鄉侯國			○	300	1	200			0	0	0	3	2
干鄉侯國			○	300	1	200			0	0	0	3	1
建陽侯國			○	300	1	200			0	0	0	3	1
都陽侯國			○	300	1	200			0	0	0	2	0

這是人數定額，不是實際數字。表中的「?」雖然無法判讀，但從官吏總數倒推回去，合計為 6 人。

的待遇。在這些職務之下還存在許多負責雜務的工作。

職業官吏級別的人，在整個東海郡裡不到一百名。西漢時代的郡，總共有一百多座，即使包含中央朝廷的官吏在內，帝國全境的職業官吏也只有數萬人左右。東海郡的官吏（包括非職業官吏）總共兩千多人，帝國全境則是達到數十萬人。換言之，大部分官吏都是非職業官吏，在這些人手下還存在著數量龐大的負責雜務的非全職者。

升遷管道

接下來，讓我們以東漢為例，看看晉升成為職業官吏的途徑為何。其中一個方法是必須先在地方官府擔任非職業官吏的非全職職員，再獲得非職業官吏的全職工作。如果哪天上司對你說「看你還算認真，不要隔幾個月才來上班一個月了，以後就每個月都天天來工作」，那你就要偷笑了。接著是成為掾史、督郵，或主簿、五官掾，再下來是功曹，一路慢慢升上去（圖6-2）。這些是地方基層職員的職位排序。

經歷過這些職位後，要再晉升到地方高層職員或中央部會的職位，就必須取得新的工作資格。

圖 6-2 ｜東漢時代的門下功曹（河北省望都縣 1 號墓壁畫。收錄於徐光冀主編《中國出土壁畫全集》〔科學出版社，2011 年〕）

取得工作資格的管道有兩種，一是透過中央官員或地方長官向中央推薦人才（察舉），二是被中央的高級官員親自招聘為幕僚（辟召），但你若沒有認識的人在政府擔任高官，也不是名門出身的話，「辟召」就與你無緣了。

如此一來，剩下的選擇只有「察舉」。察舉和現代日本的大學入學考一樣，分成好幾種考試方法。如果你的出身一般，那麼在察舉中，你除了取得「孝廉」資格外別無他途。

孝廉是一種通過了考試才會授予的資格，招考對象為四十歲以上的地方基層職員或無位無官者，每年每二十萬人口中會取一名定額。然而，連孝廉資格都會有中小貴族的子弟搶破頭地爭取，考試方式又是以面試為主，平民百姓想要拿到這項資格是困難重重。假如發現官吏推薦的人選能力不足的話，推薦人事後也會被重罰[43]，因此推薦人應該也會對自己推薦的人選十分小心，即使如此，他們還是一定會從有權勢的氏族子弟開始挑選。在這樣的情況下，平民百姓的子弟除了拿起筆硯苦讀外，別無他法（圖6-3、圖6-4）。

另外，要成為職業官吏，其實還有財產上的規定，必須原本就擁有十萬錢（景帝以後為四萬錢）以上的私有財產，且家中有奴隸或食客，可自行負擔馬匹等牲口。家貧卻能獲選的人（例如貢禹等人）並非完全不存在，但基本上必須擁有「中家」（一般家庭水準）以上的財產[44]。換言之，平民百姓的子弟不能光靠苦讀，還得事前就具備充裕的經濟條件。

萬一真的獲得了孝廉的資格，接下來就會以職業官吏的身分展開競爭。成為孝廉的人，一般會從皇帝侍從官（郎中）開始做起，先在此累積經驗後，一段時間後再調派成為地方高層職員（縣令等）。擔任地方高級職員期間，若能進一步展現績效的話，就會再次被召回中央政府。也就是說，當時的菁英是在地方與中央之間來來去去，一步一步地慢慢升遷[45]。

圖 6-3 ｜手持筆與簡牘相對而坐的文官
（1958 年出土自長沙市金盆嶺 9 號墓。收藏於湖南省博物館）

圖 6-4 ｜漢代的硯（蓋子上的圖樣是象徵龍和五銖錢。
出土自山東省沂南縣北寨 2 號墓。收藏於沂南縣博物館）

菁英的榮譽心與勞苦

從上述制度可知，縱使是個天才，若沒有門第、資金、關係、運氣的加持，甚至無法接受學校教育，想要通過考試更是天方夜譚。

即使在現代社會，若想進入好學校，最好要接受過好的教育，孩子身處的環境（包括經濟資本、人際資本、社會資本）十分重要。換言之，階級很容易一代一代被複製，孩子將來成功與否，不見得全是由孩子的能力決定。比起現代，這種傾向在秦漢時代更為顯著，到了魏晉時代又更升級[46]。從某個角度來說，想要在這種情況下晉升成為職業官吏，比中樂透還難。史書上經常能見到「少時家貧」的人物，其中也有後來成為職業官吏的例子，但對於這類敘述，其實不能盡信。史書中的這類例子，其實是一種被渲染過的成功故事，這在中國史書中十分常見。

如前所述，職業官吏反而多是有錢人家的小孩在當的。正因他們有雄厚的資本，才能不拘泥於一己的利害得失，在政治言論上互別苗頭。但實際上，官場關係到大把大把的利益與特權，現實政治究竟將民意反映到什麼程度，大家也無從確認。百姓唯一能做的就是寄託希望於官吏，訴諸於注重出身的菁英之榮譽心而已。

你所踏入的官署，就是匯聚了這些菁英的世界。這個時代既沒有開放民主的觀念，也沒有公平的選舉制度，因此無論官員對人民多麼苛酷，人民也莫可奈何。現在就讓我們小心翼翼地走進官署瞧瞧，千萬別開罪於他們。先在大門前下了馬車或牛車[47]，再一邊躬著身子，一邊用蹭著地板的步履走進大門。進了宮殿或官署後，就保持這個姿勢，繼續快步前進[48]。

官吏向他人打招呼時，會先雙手抱拳於前方（揖）。向顯貴打招呼時，不能只是把作揖的時間拉長，還得要鞠躬（拜）[49]。打招呼的方式也有繁瑣的規定，不事先弄清楚的話，恐怕會招來大禍[50]。

一旦入座後，就最好不要越過席位前去向他人打招呼。在階梯上遇見認識的人，不能站在有上下落差處打招呼[51]。朝廷的官員身上不會佩劍，也是以快步移動。在宮殿裡，佩劍和正常速度走路，只是一小部分的功臣所擁有的特權[52]。

由此可知，在官場裡打滾並非只有好的一面。也難怪有官吏感嘆道：「吏道何其迫？窘然坐自拘。纓緌為徽纆，文憲焉可踰？」[53]（筆者譯：在官署裡工作是多麼令人喘不過氣來。動輒得咎，總是綁手綁腳。冠上的繩子彷彿是綑綁犯人的繩子。要如何才能超越那些成規戒律？）

第七章

上市場，購物去——上午十一點前後到正午之後

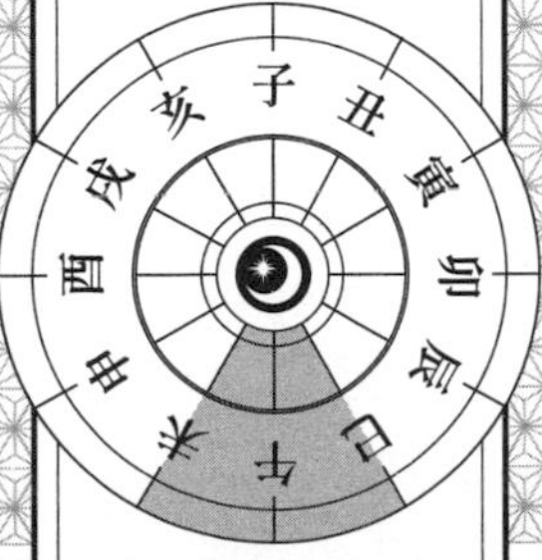

差不多進入稱為「食坐」或「莫食」的時段，大家都吃完早飯了。即使這天官吏們要開會，會議一般也會在此時結束，官吏們各自回到自己的所屬部門工作。

一棟房屋孤零零地矗立於城外，房裡有人到現在都還沒起床。不知他們是因為前一天工作到半夜，還是單純眼下沒有工作急著做，又或是吃完早餐後回到床上小歇片刻。不幸的是，突然有強盜闖進屋裡，殺害了正在睡覺的他們，偷走值錢的東西，便逃之夭夭。強盜一邊將贓物賣給往來的路人，一邊大搖大擺地回到城裡[1]。雖然這是個恬靜的早晨，但也絕對無法安心生活。這就是古代中國的早晨。總之，在城裡四處閒逛的同時，我們也必須時時刻刻留心周遭狀況。首先，就向那個人潮聚集的市場出發吧。

喧囂的市場

市場被人潮擠得水洩不通。其中不只有從事買賣的職業商人，還有來採購午餐食材的主婦[2]、遠道而來的外地人。當女性要前往市場時，有時孩子會嚷嚷著也要一起去[3]。對小孩而言，比起銀兩，他們更垂涎於飯糰[4]，他們之所以想上市場，不過是貪圖好玩罷了。市場裡到處可看見商人陳列著稀罕的物品，到處可聽見各種八卦傳聞。當時的旅人，一般也會以人多的都市為目的地，一旦抵達都市，就會先前往市場瞧瞧[5]。

在市場，有時會看見罪犯被處以斬首刑（棄市）[6]的場面。應該也有父母感到這種地方對小孩的教育有著不良影響，但難以置信的是，斬首刑場前總是聚集著男女老幼。死刑還有分許多等級，在法定的死刑中，「腰斬」是最重的刑。另外還有一些非正規的極刑，像「車裂」就是一種令人不寒而慄的極刑。車裂是將罪犯的雙手雙腳分別綁在四匹馬車上，再讓四匹馬車分別朝不同方向拉扯。若拉扯的力道均等，受刑人就有可能在一瞬間被肢解，當場斃命。但若力量不平均，就會造成只扯斷了右腳、只剩一隻左手之類的狀況，此時罪犯只能在慘叫聲中等待死亡。

另外，西漢初期有一種名為「磔」的法定死刑，它是一種執行方式比一般的棄市重，但比腰斬輕的死刑。這種死刑也很特殊。它是在受刑人被斬首後，在車上將屍體展開懸掛，當屍體因腐敗而斷裂脫落時，他們就會將斷裂處縫起來，盡量曝屍得愈久愈好[7]。換言之，這跟耶穌基督的十字架刑不一樣。這樣持續不斷的曝屍，肯定會發出惡臭，這不禁令人懷疑，當時的人在這種散發惡臭的地方，是否還能繼續進行買賣。唐代的首都長安，不會將受刑人曝屍於市場，而是在城外[8]。秦漢時代，雖然經常能看到受刑人的首級被掛在市場裡的景象[9]，但說不定磔刑也有可能是在市場外曝屍。不管如何，市場都是一個迴盪著死刑犯臨終哀號的地方。

穿梭在人群間

雖然每個前往市場的人，都有著自己的目的，但最主要的還是做買賣。當時有云：「先生相與言，則以仁與義；市井相與言，則以財與利。」（筆者譯：有學問的人彼此對話時，會聊仁和義的話題；市井小民彼此對話，會聊財和利的話題）[10]對市井小民而言，財產和利潤才是他們最關心的大事，市場就好比戰場。因此，喜好過著恬靜生活的貴族，不宜將其住所建在市場附近。再者，有正在教養子女的家庭，就曾因為不想讓孩子變得錙銖必較而搬家[11]。

觀察這裡的人會發現，在熱鬧氛圍的吸引下，有些人毫無來由地在市場裡流連徘徊，也有流氓專門在市場裡惹事生非。一般來說，清晨往往是商人之間彼此交易，傍晚則多為平民百姓聚集。上午的時候之所以人比較多，是因為早上商品較多，愈到傍晚則愈容易缺貨[12]。在這裡，行人走起路來，想不摩肩擦踵都難[13]。

哎呀，一不小心踩到了別人的腳。萬一對方是流氓可就大事不妙了，不過，此時一般只要說「放驚」（不好意思）、對親戚長輩只要說「嫗」（抱歉）即可，如果是交情好的親友，即使什麼都不說也無妨[14]。

市場裡太多人，會跟一些平常不可能見到的人擦身而過，甚至有人因此而開始謠傳自己見到了阿飄、見到了怪物。發生乾旱或火災時，人們就會把責任轉嫁到這些靈異現象上，然後為了驅邪，特意遷移市場位置或關閉市場等，市場被視作一個連接到靈界的空間[15]。總之，我們現在就進入市場，瞧瞧大家生意做得如何[16]。

若是徒步，可以直接進入市場。但乘馬車或牛車而來，就得先在市場大門前下車[17]。市場大門附近的馬糞、牛糞太多的話，「市吏」（市場官吏）可是會被問責的，所以今天也有人奉市吏之命前來打掃。市場也派有看門人，除此之外，還有官吏負責執行市場內巡查等工作[18]。

一個市場只要位置不是太偏僻，四邊就會用牆壁圍起來。古代中國的城市並不像現代的紐約、東京、倫敦、北京等地，無論走到哪，都商店林立。居民聚集的村落裡，也不可能有開在路邊的便利商店。市場僅坐落於都市的一角，若想要添購商品，就得走一段路前往市場。在一般的村落或野外的路邊賣東西，並非完全被禁止，但仍有限制。可以臨時在街道上做買賣，但是不能在同一個地方連續擺攤十天以上[19]。據說，大約到唐代前後，市場被四面牆框限的制度才逐漸解體，商店開始任意出現在大街小巷上。這個變化不僅僅是市場制度的更迭，更意味著古代中國的都市景觀與現在截然不同。

多采多姿的商店

並非每個里都會有一個市場。一個鄉能有一個市場，就很有派頭了。特別熱鬧的是郡城和縣城的市場，分別被稱為「郡市」和「縣市」，其四面有牆壁環繞。牆內的道路縱橫交錯，中央設有警察局（亭）[20]（圖7-1）。有時市場會設置在郡城或縣城之外。

市場的規模可大可小。比方說，西漢長安城擁有兩個巨大市場，分別叫做「東市」和「西市」。東市的圍牆，東西長約七百八十公尺，南北長約七百公尺；西市的圍牆，東西長約五百五十公尺，南北長約四百八十公尺，牆壁的地基部分厚達五至六公尺，圍牆的每一面都分別有兩座大門（圖7-2）。市場內的道路兩側是一間挨著一間的商店（列肆），商店會依商品分區聚集。

走進市場看看，某個區劃是成列的衣服店，另一個區劃則是成列的魚店。此外還有成列的乾貨店（枯魚之肆）、成列的染坊[21]、成列的勞工集散店鋪（傭肆，如同現代的就業服務處）[22]、成列的酒鋪[23]。酒鋪不僅能買酒，還能用抹了油的麻袋裝酒帶回家[24]，也能在現場飲酒[25]。有的傭肆則是會把穿戴得漂漂亮亮的奴隸關在籠子裡[26]，換言之，這裡也是可以買賣人口的地方。

酒館外有迎風飄逸的短簾或旗幟吸引行人目光[27]，其他列肆大概也是如此。這裡還有箭工匠（矢

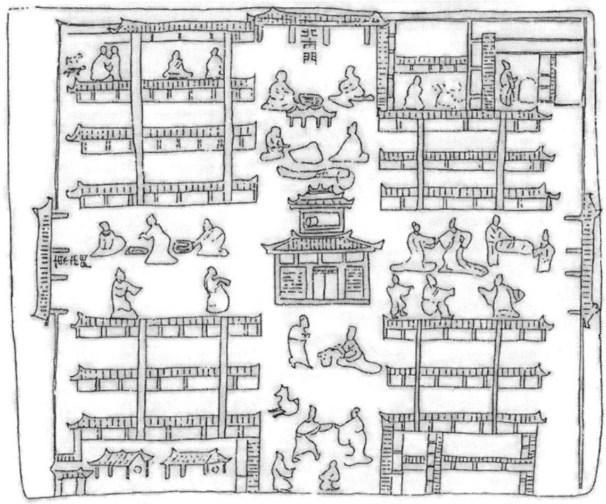

圖 7-1 ｜漢代的市場（四川省郫縣博物館收藏畫像石。拓本摹寫）

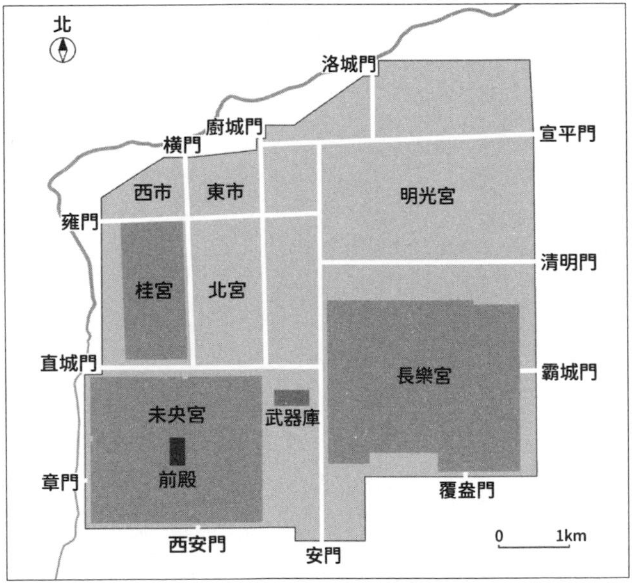

圖 7-2 ｜西漢長安與東西市

人）、鎧甲工匠（函人）、巫醫（巫匠），以及黃金的兌換商[28]，所有列肆皆依各自的行業種類，聚成一列。

細看這些列肆則會發現，賣高級品和賣便宜貨的店家，店面大小不一樣，平均來說約為二至三個榻榻米大[29]。蔬菜店裡擠滿了住在附近的婦女，她們正在討價還價。某間紡織品店裡，店主對婦女兜售道：「太太，來看看唄，這塊布料美得澄澈透亮啊。看哪，是不是潔白無瑕啊？能這麼潔白無瑕的，除了曾子的心，就屬這塊麻織布了。這塊布料是用長江和漢江的清水洗滌過，再以秋陽曬乾的。買到賺到哪。」店主操著濃濃的南方口音，說話好似伯勞的鳥囀聲，聽起來頗為費力，但對時尚嗅覺敏銳的婦人們都成群圍了上來[30]。

市場裡不僅有列肆，還有「坐賈」（圖7-3）。坐賈是指本身沒有特定店鋪，可能就地坐在路邊，可能架個臨時的棚子，就開始賣起東西的商人。例如，賣專門綁在射鳥用箭頭上線絲的商人、修鞋子的工匠、草鞋商人、扇子商人、賣木製羊形擺飾品的商人、賣藥商人、打磨鏡子的工匠等等，賣家的種類十分多樣[31]。

有的坐賈是為了生活而兼差販賣自家產物、或是用不到之物的百姓（販夫、販婦）。不僅是在郡市或縣市中能看到坐賈，有時坐賈也會出現在夜市、村莊慶典時的臨時市場、大約每月或每週開

圖 7-3 ｜漢代的市場與坐賈
（收藏於四川省新都文物管理的畫像石。拓本）

一次的市場，甚至是在村落中或街道上。因為市場裡有乞丐徘徊，所以最好多加留意[32]。那麼，接下來就來看看市場中會有哪些商品，以及它們的價格。

不同場合使用不同貨幣

在市場裡買東西時需要用到錢。有錢才能買東西。賣東西的人則是能得到錢，然後可以用這些錢購買其他物品。當時最好用的貨幣是半兩錢、五銖錢等小額貨幣（圖 7-4）。不過，正如現今世上的貨幣類型有分硬幣、紙鈔、電子貨幣等等，在歷史上，金錢不一定都是金屬製的。

古代中國，除了錢幣以外，有時其他物品也

可代替貨幣，像是麻織品（約一百八十五公分×約五十八公分）相當於十一錢的價值，黃金一斤（約兩百五十公克）相當於一萬錢左右的價值。買賣日用品時，最常使用的是錢幣，但其他像是買房的時候，必須一次準備幾萬錢，所以很難用零錢來交易。這時候，就會用到黃金（圖7-5）。

在現代，買罐裝飲料時，如果用一萬日圓的紙鈔支付，就會找回許多零錢，而變得十分不便；反之，買電視機時，不可能有人都用一日圓的硬幣來支付全額。高額貨幣的黃金一斤和小額貨幣的一萬錢，雖然數字上是相同價值的貨幣，但使用的場合卻大異其趣。因此，當時的人們也懂得根據不同場合，使用錢幣、黃金、麻織品等不同貨幣交易。

再來看看物價方面，當時分成固定官價、平價、實價三種價格。固定官價是指法律條文上明文記載的物價。比方說，漢初的納稅制度規定庶民必須繳納「芻」（收割的草）和「稾」（稻草等植物的莖稈），不過也可根據固定官價——芻一石（約二十公升）＝稾三石＝十五錢——改以錢幣納稅。

實價是隨著時間和場所改變的價格。在現代日本，只要前往早晨的魚類批發市場，就能看到這種價格。這是透過競價拍賣所決定的價格。店面陳列著滿滿的商品，即使是同種類的蔬菜，有蟲蛀的就便宜一點，味道好的就貴一點。另外，小米和小麥在豐收時，一斛（約二十公升）大約三十

圖 7-4 ｜五銖錢（收錄於中國錢幣博物館編《中國錢幣博物館藏品選》〔文物出版社，2010 年〕）

圖 7-5 ｜漢代的黃金（收錄於前載之《中國錢幣博物館藏品選》）

錢，饑荒時一斛甚至要一萬錢。

平價是每年陰曆十月，至少會由官府決定一次的價格。東漢時代，變成每月變更一次，因此也被稱為「月平」。平價當時稱為「平賈」，在戰國時代也稱「正賈」，也是現在所說的「評價」的辭源。平價是參考實價制定的。

固定官價、平價和實價三者，在百姓之間的商業交易中，實價尤為重要。至於對官府的納稅、官府進行支付和價格審定時，則是以固定官價和平價為優先。尤其在固定價格和實價落差太大時，會以平價為標準。換言之，當時沒有建立起「單一價格法則」（law of one price，為相同的商品規定同一個價格的法則），所以物價不見得都是固定的。物價完全由國家掌控的市場，其實是特例[33]。

交易的技術

了解上述規則後，就實際在市場裡採購看看吧。當時市場使用的最小面額貨幣是錢一枚，也就是一錢。要販賣不足一錢的商品是不可能的，因此蔬菜、穀物不能零賣。畢竟當時只要一錢，就能買到相當分量的蔬菜或穀物。所以人們都是一次購齊。蔬菜價格的變化，不是以一支蔥賣多少錢的方式呈現，而是以一錢可以買幾支蔥的方式呈現。商人彼此競爭，又想要將商品賣得貴一點，買家則想要買得便宜一點，因此在買賣時就會出現討價還價。

想要以便宜的價格買到好商品，可是需要技術的。例如，西漢的趙廣漢就很善於「鉤距」。鉤距是一種推測開價合理性的方法，首先向賣家詢問多件商品的價格，其中包括自己想買的商品，再藉此推測想買的商品開價是否合理。舉例來說，想買一匹馬時，先確認狗、羊、牛的價格後，再詢問馬的價格，就能判斷馬的價格是否超出合理範圍[34]。

也有些買家會被無良商人誆騙。例如，有些賣米的商人甚至可能在量具上動手腳。對他們而言，幫家裡跑腿買東西的小孩，就像自己送上門來的肥羊，漢代甚至有「別讓小孩上市場跑腿」的諺語。所以當時曾有官吏指出，確實制定「衡」（秤）的規格，有助於防止詐欺[35]。

講價時，之所以會發生類似詐騙的行為，使得購入價格因對象而大不相同，這是因為前面也曾提過的，當時沒有「單一價格法則」，商品價格會因應時機、場合而有所變動。而買家會以高價買到廉價品，是因為買家事前不知道價格的正確波動，不知道哪個才是最合理的價格，也不知道商品的品質如何。

另一方面，賣家則是比買家更了解自己在賣的商品的市場平均價格，因此，既可以在觀察對象後哄抬價格，也可以把劣質商品硬是說成優質商品。簡而言之，賣家和買家在商品的資訊上存在著量與質的落差。再說，商品的賣家也不可能是在縱觀世上的所有商品後，才為每一件商品訂出價格的。即使是現代社會，雖有網際網路串聯起全球資訊，也仍然沒有真正做到此點。在古代中國，連要踏遍全國城市都十分困難，更遑論掌握各地的商品資訊了。

簡而言之，當時的賣家與買家都被封閉在「不完整資訊」中，而賣家和買家之間還存在著「資訊的不對等」。這時候，賣家就有可能利用買家的無知，將劣質品當成優良品販賣。因此，買家也會有所警戒，懷疑所有商品的品質，面對任何商品都會試著以更低的價格購入。結果就有可能使優良品無法以公正的價格賣出，造成整體商品品質的下滑[36]。這麼說來，古代中國的人們是不是太過疑神疑鬼呢？這倒也未必。此處該注意的是當時的市場制度與顧客關係。

當時的商業交易正如前述，是集中於四面牆環繞的市場裡。因此能抑制商品資訊的偏頗。比方說，在現代日本買日常用品時，如果想要買到真正價廉物美的商品，就必須把街坊裡的商店全都逛過一遍。販賣日常用品的商店，散布在街坊巷頭的各個角落，還必須調查哪間店會在哪天打折。但古代中國的商店集中於市場中，要知道哪一間店賣的最便宜比較容易，價格競爭也比想像中更激烈。

此外，賣家與買家經常會在市場中建立起習慣性的顧客關係。例如，劉邦年輕時特別喜歡泡在兩間酒鋪裡喝酒，並以年為單位賒帳。賒帳稱為「貰」。這時候，賣家不會欺騙買家，商品價格也不會忽高忽低。否則，不但會被人賴帳，還會失去顧客。這也是使商品價格穩定的因素之一[37]。

順帶一提，進行房屋、家畜、奴隸等大型交易時，由於是一次數千錢以上的花費，因此經常會透過經紀人（儈）仲介，以避免糾紛。經紀人是由百姓選出，在交易成立時收取手續費，確保商業交易公正而順利。多半是當地有威望的人當選。總之，此處提供漢代部分物價之列表，作為參考（表7-1）。透過這份表格可以知道，穀物便宜時二十公升大約是一百錢，一匹馬大約是五千錢，一

表 7-1 ｜漢代物價一覽

種類	物品	價格	出處
穀物	米1石（20公升）	1000餘錢	《後漢書》〈朱暉傳〉（飢餓時）
	穀1石	1000錢	《後漢書》〈虞詡傳〉（高價時）
	穀1石	80錢	《後漢書》〈虞詡傳〉（低價時）
	穀60石	牛1頭	簡牘（居延 EPF22.4-5。低價時）
	穀1石	100錢	《後漢書》〈第五訪傳〉（善政時）
	穀1石	30錢	《後漢書》〈劉虞傳〉（善政時）
田地	1畝（457平方公尺）	2000錢	簡牘（居延 EPT50.33A）
	1畝	100錢	簡牘（肩水 73EJT30:115）
器物	筆1	3錢	《御覽》卷 605 引《列仙傳》
	刀1	18錢	簡牘（敦煌 1407）
	劍1	650錢	簡牘（居延 258.7）
	弓1	550錢	簡牘（居延 EPT65.126）
家畜	馬1	5500錢	簡牘（居延 143.19）
	馬1	5300錢	簡牘（居延 206.10）
	牛1	3500錢	簡牘（居延 EPT53.73）
	牛1（2歲）	1200錢	簡牘（肩水 73EJT27:15A, 16A）
	羊1	250錢	簡牘（居延 EPT51.223）
飲食物	脯1束	10錢	簡牘（肩水 73EJT23.294A）
	魚10頭	穀1斗	簡牘（居延 EPT65.33）
	腎1具	10錢	簡牘（居延 258.13）
	肉1斤（250公克）	4錢	簡牘（居延 EPT51.235A）
	胃1斤	4錢	簡牘（居延 EPT51.235A）
	腎1斤	4錢	簡牘（居延 EPT51.235A）
	肝1具	42錢	簡牘（居延 EPT51.235A）
	腸1具	27錢	簡牘（居延 EPT51.235A）
	酒1石	100錢	簡牘（肩水 73EJT6.154A）
	醬1斤	10錢	簡牘（肩水 73EJT23.294B）
	薑1升（0.2公升）	20錢	簡牘（居延 505.16）
	蔥1束	4錢	簡牘（居延 32.16）
	韭1束	3錢	簡牘（居延 175.18）
	羊1	250錢	簡牘（肩水 73EJT21.5）
	酒1石	140錢	簡牘（肩水 73EJT21.6）
	胡餅	30錢	《三國志》〈閻溫傳〉注引《魏略》
衣服	單衣1	500錢	《後漢書》〈吳祐傳〉
	裘1領	600錢	簡牘（肩水 73EJT23.934）
	襦1領	900錢	簡牘（肩水 73EJT37.1039A）
	履1兩	150錢	簡牘（居延 ESC86）

頭牛大約是三千錢。此外，奴隸則是可以用一萬五千錢左右買到。

市場的階層差異

現在該到哪家店購買呢？

購買日常用品時，不必跑到郡市或縣市，附近小市場（鄉市、夜市、街道上的臨時攤販等）的坐賈，應該就能充分滿足需求。對住在深山裡的人而言，以海鮮為例，因入手困難，每次要採購時，只能千里迢迢地前往數百公里遠的市場[38]。在小市場中，商人販賣的多半是當地百姓淘汰不用的物品，顧客購買的則多是民生必需品，因此在這裡購買日常用品十分便利。專業的大商人是透過遠距離交易提高利潤，反之，普通的農民則單純是把農作物裝載入車裡，前往當地的市場販賣。即使買賣的是相同的東西，兩者的活動範圍卻有著天壤之別[39]。

不過，當地百姓頂多會在秋天將作物一次性地賣出，因此很容易變成賤價出售。資金充裕的商人就會趁機大量購入囤積，到春天再高價出售。一些有閒錢的官吏，也會從事這種商業活動[40]。其實，只要農民自己錯開時間銷售作物，就不必賤賣了，但這在現實中很難達成。他們除了農作物，沒有其他東西可賣，卻又必須買冬季用的棉襖，又需要修理房舍，避免寒風從縫隙灌入屋內，還得準備豐收祭典的花費，除此之外，若有人在寒冬中凍死，他們也會需要一筆葬儀費。因此秋季必須存錢。

在小市場中做生意的人，不見得都有官吏監督，他們也不一定每天都在那裡做生意。因為沒有店面，所以他們可以自由買賣商品，甚至有人是夷蹲（盤腿坐）或旁臥（躺臥）在地上販賣。還有農民在賣紡織品或者二手日常用品。不過，這些二手商品的品質比不上工匠製作的商品，品項種類也未必豐富，而且也不是什麼珍奇稀罕的東西。

因此在小市場中，小額貨幣（錢幣和穀物）比高額貨幣（黃金和布帛）好用。尤其是極小和劣質的錢幣，特別容易集中、滯留在坐賈的手中，因為列肆受到嚴格監視，所以那裡會拒收這類錢幣。反之，高額貨幣對坐賈而言，則像是不速之客，想準備零錢找開也很麻煩，所以相信他們應該不喜歡收到高額貨幣。舉例來說，就像是沒有人會拿著金條去「柑仔店」買東西一樣。

郡和縣的市集

另一方面，郡和縣的市集則是會引來大量人群的地方，許多遠道而來之人也會前來此地。郡和縣的官吏也是在此購買生活必需品。縣的行政機關也會在縣的市集裡從事買賣及徵收稅金。因此，在郡市和縣市裡不僅能買到生活必需品，甚至還陳列著平時難得一見的高級品。從這個角度來看，古代中國的市場會根據市場內商品的價格高低和品質的優劣而產生階層差異。

郡市和縣市的商舖，從店面位置到金錢收訖的狀況，一舉一動都在官吏的監督之下，官吏也會來此消費。此處規定：「布惡，其廣袤不如式者，不行。」（筆者譯：品質不好、長寬不符合標準的麻織品，不得當作貨幣流通）[41]可見這裡所流通的貨幣，品質的良率很高。

自遠方而來的貴重品也會在這裡販賣。因為在進貨和搬運上會遇到諸多危險，所以需要龐大的交易費用，完成如此浩大工程而賺進大把財富的大商人們，往往能列名於《史記》〈貨殖列傳〉中。他們之中，多數與各地官吏過從甚密，同時掌握了製造業（製鐵業等）和販賣業，而能巧妙地降低交易費用。郡市和縣市會有官吏前來消費，高級品找得到買家，所以做得成買賣。

在郡縣層級的市場裡，與層級不及郡縣的市場裡，不但商人的素質不同，陳列的商品也不同。

因此，假設你要賣農作物，又要買高級化妝品，那就得多跑幾個不同的市場。這樣的例子可見於西漢後期王褒所寫下的〈僮約〉，這是一篇幽默、諷諭又富有文采的文學作品[42]。文中描繪出商人在郡縣層級的大市場裡採買高級品，帶到小市場販賣的日常風景，以及一名奴隸在市場中，沿路大聲叫賣的模樣。這之中還有些賣家是盤腿而坐或躺臥在地，甚至有人招攬客人到一半卻開始惡言相向、破口大罵。現代日本的便利商店，不管商店設在哪裡，店裡賣的商品都大同小異，但古代中國的市場可就不一樣了，商品會根據地方而有所不同，因此做商品買賣的人必須一邊留心路上的劫匪和小偷，一邊走遍各地市場。

第八章

務農風情——下午一點前後

農民的生活樣貌

早晨的喧囂聲終於逐漸平息，人們各自專注在自己的工作上。天氣晴朗，略有雲，藍天遼闊。一早就到田裡鋤草的農夫們，被直射的陽光照得十分難耐。其中有些人為了遮蔽直射的日光而戴起了斗笠（圖8-1）。許多農夫都在陽光照射下，變得頸部黝黑，已分不清楚究竟是曬傷，還是髒汙。無論男女，每個人都滿臉皺紋，手上也有「胼」（長繭）和「胝」（起水泡），其辛苦可見一斑[1]。

他們戴著「蓑笠」，站在田中，擔心著作物的收成[2]。因為忽然下起一陣驟雨，他們停下了手邊的耕種，打算到桑樹下躲雨[3]。特別努力務農的人，會獲得國家的賞賜，而得到「力田」美名。因此似乎也有人不畏雨打，穿著雨衣（萆）繼續工作。

此時，華北放眼望去，在鐵斧開墾下，愈來愈多森林被砍伐，村落附近的田地已大幅擴張。農閒期，農民會一起生活在村落裡，但到了農忙期，他們就有可能會在田地附近搭起小屋，居住在小屋裡[4]。尤其是家住大都市的農夫，從自家到城外田地有很長一段距離。每次帶著農具來回相當費力，但末端有金屬的農具十分貴重，也不能放置在田地裡不管（圖8-2），否則可能會遭人盜竊。曾經有農夫認定了自己的農具就是被鄰居偷走，但實際上是自己忘了收拾[5]。

圖 8-1 ｜下田的農民
（出土自 1953 年四川省德陽的柏隆鎮。收藏於四川博物院的畫像石。拓本）

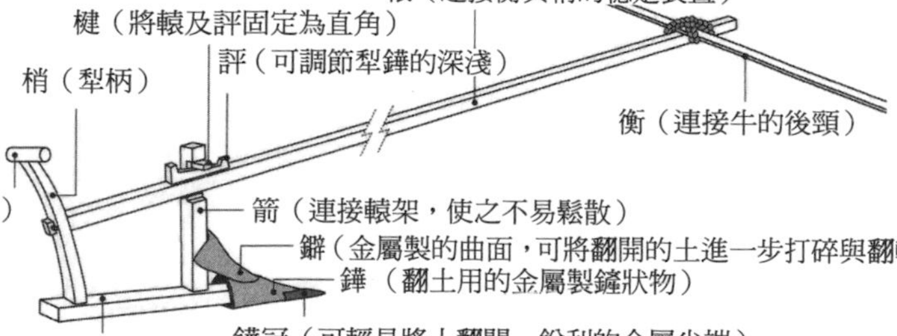

圖 8-2 ｜ 漢代的犁

老人和小孩會留在農夫的老家，或位於村落，或位於都市。若發生蝗災，官吏就必須帶著能幹的人，到田地裡處理災害，特別是在農忙期。這時，村落則會變得十分冷清[6]，除了少數婦女們會留在家裡做家事，其他就剩下老人和小孩了。這些老人和小孩中，還有人會每天做便當（壺餐、饟），帶去田裡給忙著務農的家人吃[7]。華北的村落中，有些家庭會飼養豬隻或雞隻[8]，而老人和小孩也會幫忙照顧這些禽畜（圖8-3）。照理來說，超過七十歲的老人應該會想要拄著拐杖，眺望清澈的河岸，傾聽悅耳的鳥囀，欣賞優游的小魚，怡然自得地度過晚年，但在貧窮的農家裡可沒法那麼悠閒[9]。

華北農業的辛苦之處

雖然概括起來都叫「農業」，但其樣貌也會根據地方而大有不同。華北主要施行的是仰賴雨水的旱地農業（雨養農業的一種），耕種起來十分辛苦。

以歐洲為例，歐洲降雨多在冬季，但這段期間雜草也較難生長。因此，他們只要在夏末利用家畜翻土，順便翻去雜草，使之成為肥料，接下來就只須坐等穀物收成。

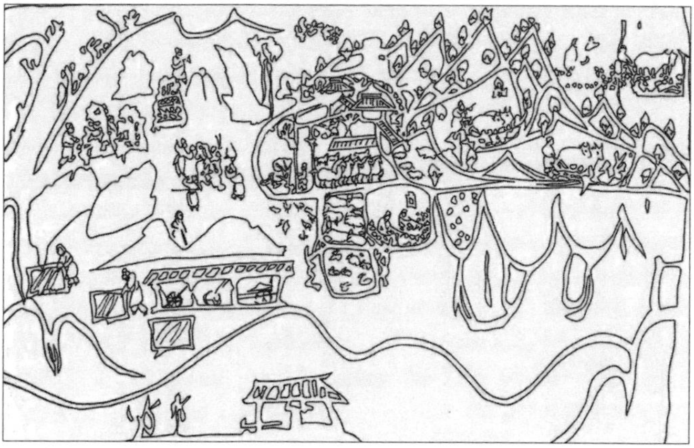

圖 8-3 ｜村落的生活風景（內蒙古和林格爾漢墓壁畫。摹本）

但在華北，夏季多雨，期間田裡雜草與穀物會一起蓬勃生長。要鋤草，就必須親手或用柴刀將雜草一叢一叢地拔去或割斷，才不會傷到農作物。農夫們也會在這個時候進行疏苗工作。鋤草與疏苗，兩者合稱為「治苗」。治苗與播種是最耗費勞力的兩大農事。甚至連一個服勞役刑的受刑人，在遇到治苗或播種的時期，也都會獲得二十天回家休息的機會[10]。

在華北的田裡耕種，辛苦的可不只有這些。華北之地被「黃土」覆蓋，黃土是由喜馬拉雅山脈吹來的土，一層一層均質堆積而成。像這樣的土壤稱為「黃綿土」，顆粒細小，缺乏黏性，植物難以栽培。在黃綿土中，土壤的顆粒與顆粒間的空隙，容易連接成管道（毛細管），地下水會沿著這些管道上升，蒸發入空氣中。這樣會導致土壤乾燥化、沙漠化，乾涸的地表也會產生土壤鹽化，這麼一來，就無法再栽培作物了。若將土地闢為水田，雖然能預防毛細管現象，但如前所述，古代的華北地區，是以栽種小米和麥的旱地農業為主，水田難以得到推廣。此外，田地附近若有森林，那麼動物屎尿、植物枯葉會化為腐植質，進而達到黏合土壤顆粒的作用，因此可預防毛細管現象的發生。

但戰國時代以後，為了木材供應並擴大農地，華北的森林不斷遭到砍伐。如此一來，僅剩的唯一辦法，就只有耕作者不停地攪拌土壤表層，防止毛細管形成了。這道農事稱為「耰」。具體來說，就是將土塊掘起擊碎，再將這些土壤蓋在種子上，防止土壤中的水分蒸發。像這樣不斷反覆耕作與施肥，就能讓黃綿土轉變成肥沃的「塿土」。秦漢時代以來，華北各地零星散布著這類黃綿土及塿土。

黃河下游流域，則存在著廣袤的「黃潮土」，這是一種長年透過黃河沖積而成的黃色土壤。以上所介紹的各種土壤，合起來就是我們俗稱的「黃土」。因此，「黃土就是放著不管也會長出作物的肥沃土地」是一種誤解，華北的農業從事者往往需要付出繁重的勞力[11]。

中國南方的水田和火耕

耕種農田的方式，依地方而異。戰國時代，農夫使用犁（作條犁），其前端部分為鑄鐵製，寬約十四公分，可翻起的土壤深約十公分。當時已有在牛的鼻子上穿鼻環的習慣[12]，並利用鼻環讓耕牛牽引作條犁。另一方面，長江流域多梯田，犁必須便於轉彎掉頭，因此似乎更多的農夫使用的是人力牽引的犁。

來看看他們在這樣的耕作下種出了哪些作物。華北地區多為小米、黃米、大麥。現代日本也有農家在栽培小米，多為五月下旬播種、八月下旬出穗的品種。早餐時間的章節談過，一般認為，小麥的種植面積也慢慢在擴大，華北的小麥主要種植的是冬小麥，這種小麥是在每年陰曆的八至九月播種，翌年五月收割[13]。

一般來說，稗子、小米和黃米其實比稻米擁有更多蛋白質、脂質、鉀、鈣、鎂、磷、鐵、鋅、銅、錳，營養相當豐富。當然稻米的養分會根據精製（削去糙穀外層的糠層）的程度而不同，比方說，比起搗精程度百分之九十（去除百分之十）的米，搗精程度百分之七十的米養分較少，但也比較好吃。小米和黃米則是經過「收割→脫粒（脫去莖稈的程序）→脫稃（脫去穀殼的程序）→精製」的加工後，才成為一般人食用的穀物。

中國南方盛行水田稻作。只不過，特別潮濕的地區經常需要控制雜草的生長，因此也有許多地方偏好使用火耕。田野一旦燒起來，就很難控制延燒範圍，因此火耕往往使用於斜坡上而非平地上。歷史中，某些使用火耕的農業民族，擁有高超的火耕技術，懂得計算森林落葉與枯草的量、乾燥狀態、點火方位，進而預防延燒，但我們並不知道當時漢人的火耕技術實際發展到何種程度。

使用火耕的農民會在春季進入森林伐木，待木材乾燥後放火焚燒，並在焚燒過的地方播下稻類等種子。在這時候焚燒土壤有幾個好處：第一，草木燃燒而成的灰燼富含礦物質等養分；第二，土壤中的鹽分經過燃燒後，較容易為穀物所吸收；第三，焚燒土壤也能驅除雜草、害蟲、病原微生物；第四，在土壤中休眠的植物會因地熱的上升而甦醒；第五，可防止森林裡的動物繁殖過量。

焚燒過的旱田在第一年裡幾乎雜草不生，害蟲少，收成量高。不過，三年之後，又會開始長雜草，且土中缺乏養分，因此又會再選出另一塊的火耕候選地。原本的旱田則成為休耕地、休閒地，待地力恢復後，就會再次焚燒土地來耕作[14]。

焚燒也會造成某些養分的流失，因為必須讓那些養分得到補充，所以休耕期間不宜太短。火耕的農具在現代也很簡單，就只有用來砍伐燒剩的樹木的刀子，以及播種時用來掘洞的木棒而已。因此，古代的火耕農具應該也很簡單[15]。

平均收成量

了解以上背景後，讓我們來看看農村的平均收成量[16]。雖然貧富差距很大，但一般來說，一里約為一百戶，一戶約有四至五人，一戶的勞動人口約為二至三人。換言之，「戶」多半是指核心家庭。多數狀況下，每戶耕種三十畝左右的土地，就能勉強維持生計，但此時的收入只能讓三名成年人過上最低限度生活，在當時也被稱為「貧」。不想陷入窮困，無論古今都是人之常情，但這在當時是一個難以克服的問題。

這裡所說的「畝」，原本是指一百步（約一百九十平方公尺），最遲到漢代初期，「畝」改指兩百四十步（約四百五十七平方公尺）的土地面積[17]。一畝田的小米收成量，在當時約為將近四斛（將近八十公升）[18]。三十畝的收成量約將近一百二十斛。

查閱戰國時代的法律就能知道，每畝地的播種量：稻子、大麻籽約為二點六斗（約五點二三公升），小米、大麥為一斗（約兩公升），黃米、紅豆約為零點六斗（約一點二公升），大豆為零點五斗（約一公升）[19]。一斛等於十斗。只要未經品種改良，這些穀物的播種量是不會改變的，因此漢代的播種量應該也大致相同。換言之，要在三十畝的田地上種植小米，就必須留下三斛的小米當作種子。

除此之外，假設收成的一成用來納稅，成年男性一年消費三十六斛，女性或小孩消費二十五斛的話[20]，光是這些就幾乎已將全部的收成耗盡。當時還未出現複作*1[21]，所以不太可能有更多的穀物收入。這裡還要再加上治裝費用、冠婚葬的儀式費用、祭祀費用等支出[22]。發生饑荒或戰爭的日子裡，更是慘不忍睹。他們貧困到連艾草、赤藜、桑葚、香蒲、韭菜等植物，以及蝸牛等動物，都可以當成食物[23]，即使如此也只能這樣勉強餬口下去，不過，無論如何三十畝地的貧困人家，一定會需要農業以外的其他收入。

其中一種收入來源是，在農閒期擔任非全職的官吏或以勞動者的身分在官署工作，藉此至少可掙得最低限度的伙食費和治裝費。在當時，對於單身的勞役刑犯人，政府也會配發伙食費和治裝費[24]，因此對於非全職官吏和勞動者，很可能也有相當的待遇。從這一點來看，秦漢帝國也是一個「誰有意願工作，就提供誰工作機會」的國家，最終便產生了「凱因斯政策」*2式的作用，進而促使社會上的有效需求（effective demand）增加。然而，光是這樣還是無法完全滿足人民的生計，許多農民除了穀物外，還有其他收入來源。

支撐家計的來源①——蠶絲紡織業與桑樹栽培

說到農家除了穀物以外的收入來源，就不能不提紡織業（主要為麻和絲綢）。紡織的是麻織品還是絲織品，因地方而異。紡織業之所以受到重視，部分是來自「男耕女織」、「夫耕婦織」的普遍想法。這兩句話的意思是「男人就該種田，女人就該織布」和「丈夫就該種田，妻子就該織布」。這原本只是部分學者提出的理念，但後來變成政府的宣傳口號，很快地，戰國後期所制定出的某些法律，甚至是以「織布是女人的工作」、「妻子在家織布，分擔工作」、「妻子要為全家人織衣服」為前提[25]。紡織的收入成為輔助生計，支撐著農家的家庭開銷。

＊1譯注：一年內同一區農田種植一種以上的作物。

＊2譯注：擴張性的經濟政策，透過增加總需求來促進經濟成長。

然而，西漢中期以後，「女織」和「婦織」雖被視為值得讚揚的德行，但另一方面又對紡織行為的利潤追求加以批判[26]。換句話說，「努力支撐家業是應該的，但不可過分追求利益」。再者，還有些女性會從事商業、農業、家內勞動、雜務、奶媽、占卜者、巫醫等工作，並非所有女性都在從事紡織[27]。再說，小米等穀物的栽培時期與栽培場所，容易與麻、桑重疊，當時究竟有多少家庭能同時從事穀物栽培與紡織業，還得打上一個大問號。換言之，我們不宜將一般農家在紡織業上的生產量看得過高。不過，正如前述，紡織業確實成為一項支撐家庭生計的輔助生計。我們不妨再更深入看看紡織業的狀況。

自古以來，黃河流域盛行絲織業，其中格外出名的是齊（今天的山東省）的絲織品[28]。絲織品的原色是黃色或白色[29]，當時經常會用「涅」（黑土）和「丹」（朱砂）染成黑色和紅色。眾所周知，絲綢是蠶所製造出的纖維。當時的蠶和現在的蠶一樣，以桑葉為食，長大後會結繭。絲織業多半使用的是家蠶（被馴養的蠶），但也會使用野蠶[30]。蠶長得像毛毛蟲，雖然那時的女生也覺得毛毛蟲噁心，但蠶可以拿來賺錢，那可就另當別論了。即使害怕，女孩子們也會眼睛發亮地工作[31]。

蠶會經歷「卵→幼蟲→蛹→成蟲（蛾）」的變化過程。幼蟲會吃著桑葉，每隔二十五天脫皮一次，共脫皮四次，接著再過兩天左右，就會結繭。約過十到十五天就會變為成蟲。當時，基本都是一化性（一年一個世代的蠶）的蠶，在每年陰曆四月左右產卵。所以家家戶戶都會小心翼翼地保存蠶卵，直到過年。但蠶卵放著不管，又會在二月（陰曆一月）左右孵化，那個時候還沒有桑葉可吃，所以孵出來的幼蟲只會餓死。推測他們可能會利用冰室，讓蠶卵維持在冬眠狀態。

參考傳統的養蠶和栽桑手法，以及撰寫於漢代的《禮記》〈月令〉和《四民月令》等的書籍，我們可以推測當時的人們會在陰曆三月前後，為蠶卵的孵化做準備，在陰曆四月中下旬上蔟（將幼蟲裝入個別飼養用的容器中）。結繭後，經過十至十二天左右，在幼蟲化為成蟲之前，就將繭風乾或冷凍，當蠶繭乾燥到會發出「嘎啦嘎啦」的聲音時，就可以煮蠶繭了。因為蠶繭用熱水一煮，絲就會鬆開，這時再用道具抽絲。一顆蠶繭大約可取出一千三百公尺（約兩公克）的生絲。如果遇到同宮繭（兩隻以上的幼蟲形成的繭）、繭色汙染，或蠶繭有破洞等，則會用灰汁（鹼性成分）煮軟，做成蠶絲棉。要紡織出一反（三十六公分×十二公尺）的絲綢，大約需要兩千四百八十顆繭、五十二點二公斤的桑葉、九百公克的生絲。

飼養蠶繭需要桑葉，而採桑主要也是女性的工作。即使一個家庭栽培的是樹幹較高的高桑，家中的女性也會身手矯健地爬上樹木，利用鉤子採桑葉[32]。若是在富貴或顯貴人家中，夫人親自勞動的例子當然比較罕見[33]，但在其他家庭，則是從採桑到織布，都由女性一手包辦。如後所述，入夜後，村落裡的女性會聚在一起織布或抽絲，女人們建立起只有女性的社群，相互分工合作。男人們有時也會參與織布以外的相關工作[34]，但並不清楚參與頻率的高低。根據南北朝時代的詩歌描述，一般女性似乎是從十三歲左右開始織布，十四歲左右開始採桑[35]。

支撐家計的來源②——麻紡織業

接著要來看看麻織業。麻是植物，雄株可提取出高品質的「枲麻」，雌株可提取出品質較差的「苴」，苴無法當成衣服布料。當時說到「麻」，狹義是指「大麻」（hemp），廣義則包含苧麻（ramie，蕁麻科的多年生草本）等植物。漢代中國的北方多栽種大麻，南方多栽種苧麻。栽種大麻和苧麻需要肥沃的土地。據漢代的《四民月令》所言，苴麻（食用）種植於陰曆二、三月；枲麻（衣服布料用）種植於陰曆五月。北魏時代的《齊民要術》一書也指出，苴麻播種於陰曆三月左右，枲麻則是在夏至前後（陰曆五月中旬）[36]。這些種植工作，正好與穀物播種的時期重疊，因此麻的栽培與穀物的栽培容易形成競爭關係。

在這之後，可能會在陰曆八月左右收割枲麻，並靜置約一個月。這麼一來，枲麻就會轉為褐色，將這些枲麻放在河水中洗滌約一個月後，再以手工將枲麻撕成一根一根的纖維，並將纖維排列成格子狀，製成布料。《四民月令》中提到，撕麻的工作是在陰曆十月左右進行。

陰曆十月左右，河水恰好開始變冷，撕麻者的手容易產生龜裂。因此春秋戰國時代，研發出了防止皮膚龜裂的藥，據說，其中某個家族發明出的藥物特別廣受好評，而他們也代代皆以漂洗蠶絲棉謀生[37]。到了秦漢時代，仍有女性會在河邊浣麻。如下一章所述，經過河邊的男性，經常把浣麻的女性當成搭訕或調戲的對象。

洗衣也是女性的工作，曾有在河邊洗衣的善良女性，看到一名因找工作失敗而垂頭喪氣的男性，便提供食物給對方。「總有一天我一定會答謝大媽的！」「別說笑了，你連餵飽自己的錢都賺不到了，我哪會期待你來答謝我。」從這個故事可以看出當時女性堅韌的一面[38]。總而言之，紡織業絕非一項輕鬆的工作。

山中生活

漢代除了農業和紡織業外，還有許多不同的工作。秦漢時代反而是比較溫暖的時期，山林間的植被鬱鬱蔥蔥，其間有野生動物棲息。因此人民的生活也有很大一部分是仰賴狩獵和採集[39]。東漢時代，曾有一段時間禁止人民身兼農業與其他工作，但這樣的政策令許多人蒙受損失[40]。換言之，當時的實際情形是有許多人都在兼職。

比方說漁業。中國除了三大河川的黃河、淮河、長江外，還有無數河川縱橫交錯，許多村落都位在河岸邊，漁業是十分重要的工作。「鉤」（魚鉤）、「餌」、「網」（大網）、「罟」（小網）、「罾」（網罩）、「笱」（魚梁）是漁夫的吃飯傢伙。傳說中，曾有一個人坐在越國的會稽山上，將魚鉤垂入東海，釣到了一條巨大的魚，因此推測當時應該也有出海打魚的漁夫。當然也有專門捕撈河魚的漁夫。還有些人是扛著魚竿和魚線，前往田間的灌溉用水路，在那裡釣「鯢」（娃娃魚）、「鮒」（鯽魚）等魚類[41]。有些人是像姜太公般在人煙罕至的深山岩石上垂釣，還有些人在河川裡設置稱為「魚梁」的捕魚陷阱。釣魚是在農閒期也可以從事的工作之一。當時的人使用的捕魚方式還包括水獺捕魚法[42]。

狩獵也很重要。捕鳥時使用的道具有「弓」、「弩」（十字弓）、「畢」（捕鳥網）、「弋」（將絲線綁在箭上，用來捕鳥或捕魚的道具）、「彈」（彈弓）[43]，捕捉地上動物則會使用木製的陷阱（削格）、攔截捉捕型的陷阱（羅絡）、兔子用的陷阱（罝罘）。例如，沼澤邊有雉出沒，雖

圖 8-4 ｜玉璧
（出土自馬王堆 2 號漢墓。收藏於湖南省博物館）

然牠過得似乎比籠中鳥幸福[44]，但還是經常成為彈弓下的犧牲品。深山裡還有貂、鼬、鼯，這些動物的皮毛能賣到很好的價格。有時警察局長（亭長）會領著平民去狩獵，以馴鹿、鹿、雉雞、兔子等禽畜為獵物，官民同心協力靠狩獵賺錢[45]。不過，當時為了維持自然環境，某些季節會禁止人們進入山林，因此狩獵是期間限定的工作。

此外還有樵夫，他們會砍伐樹齡將近百年的巨木，用來製作儀式用的「樽」（酒桶）等物品[46]。楸（梓）、柏、桑等的木材，是使用「斧」或「斤」（板斧）伐採。三、四人合抱的樹木，會當作建築高樓用的棟木（屋頂中央的梁）；而七、八人合抱的樹木，就會當作貴族、富商用的棺木等[47]。

有些山上也可以採玉。中國自古以來就十分看重乳白色的玉製品，而非透明的西洋寶石。新疆維吾爾自治區的和田附近是著名的產玉之地。製作一件玉製品，需要有在河邊採集原石的人、鑑定原石的人、琢磨原石的人、加工成玉的人，這些都需要專業技術。傳說中，戰國時代有一件玉製品被稱為「和氏璧」，擁有十五座城池的價值（圖8-4）。

從畜牧到耍猴戲

偶然環顧了一圈城外，看到有人在放牧羊群。牧羊大多都是傭人的工作。也有人靠牧羊致富（例如猗頓、卜式），華北尤為盛行，在長江流域也有人養羊[48]。其中有人在牧羊的工作中，因為太過專注於讀書、賭博等他務，而把羊隻搞丟[49]，結果被主人狠狠臭罵了一頓。

另外，住在長江上游流域的山地居民，會在溫暖的低地過冬，寒冷的高地過夏，從事著「移牧」。移牧與遊牧不同，遊牧是在遼闊的草原地帶上平行移動，尋找牧草地；移牧則多是在山地上，利用標高差，在狹小的範圍裡從事畜牧。山地與盆地之間有標高差和溫度差，因此牧草長成的時間不一，即使直線距離很近的地方，只要經過一段上山或下山路，就能讓家畜吃到新鮮的牧草。

圖 8-5 ｜移牧
（出土自內蒙古鄂爾多斯市鄂托克旗鳳凰山漢墓的壁畫。
收錄於徐光冀主編《中國出土壁畫全集》〔科學出版社，2011 年〕）

這就是移牧的好處（圖8-5）

畜牧業的實際情況，則多半是遊牧和移牧並存的，也有不少人同時從事農業和畜牧業，他們的行動範圍十分廣闊。比方說，我們一般將萬里長城一帶稱為「農牧接壤地帶」，認為長城以北多為遊牧地帶，長城以南多為農業地帶，但事實上在長江流域也有人從事畜牧業。一般人可能會認為，蒙古盛行水平移動的遊牧，但實際上利用山岳從事移牧的人也不少，所以長城以北也有移牧。圖8-5很可能就是古人曾在長城附近的鄂爾多斯地方從事移牧的證據。不僅如此，自古以來外蒙古和內蒙古也有人從事黃米的栽培，「遊牧是長城以北賴以為生的唯一手段」並非正確的看法。雖然長城以北有利於牛的繁殖，但將農業與畜牧業一刀切的觀點，就太過於武斷了[50]。

以上所描述的漁業、狩獵、伐木業、玉製品業、畜牧業等，都必須仰賴山林河川資源。但在善用這些山林河川時，不可以牴觸國家禁令，因此需要多加留意。以戰國時代為例，春季（陰曆一至三月）禁止採伐木材、攔截河水，夏季（陰曆四至六月）則禁止放火燒地、狩獵幼獸和幼鳥，乃至採集鳥類的蛋和某些種類的植物[51]。古代的國家對於自然環境保護和永續發展，其實也有一定程度的關注。

其他還有各式各樣的不同工作。例如，西漢中期的匡衡就是一邊務農，一邊當傭工賺取學費[52]。漢初的將軍周勃，年輕時曾一邊製作養蠶的工具（薄曲），一邊在葬禮中擔任「樂人」，負責吹奏管樂器的簫[53]。此外還有花匠（場師）。也有耍猴戲的賣藝人，他們會用「芧」（猴板栗）的果實當誘餌，馴化猴子[54]。這些工作與其說是「副業」，更像是真正收入來源。然而，官吏和歷史學家只重視穀物的農作，在他們眼中，其他工作都是「副業」或周邊性的工作，因此很少將這類工作的樣態如實地載入史書。

第九章

戀愛、結婚以及養兒育女——下午兩點前後至四點前後

午睡時間

太陽當空照耀。

三世紀末，有詩云：「終朝理文案，薄暮不遑暝。」（筆者譯：從清晨就開始整理文書，到了傍晚還沒空睡個覺）如詩中所言，官吏在政務繁忙期，得從早工作到晚。但繁忙期以外的官吏，此時應該就是他們午睡的時間了。

他們午睡的模樣，可見於南北朝時代的史料[1]。更早的傳聞是，戰國時代就有「莊生曉夢迷蝴蝶」（筆者譯：莊子睡午覺時，夢見自己變成了蝴蝶）。因此，我們可以推測，午睡在戰國時代和南北朝時代之間的秦漢時代，應該是一種常見的習慣。當時盛行占夢，但普遍流傳睡午覺時所做的夢不能用於占卜的說法[2]，因此會在意午睡時做的夢有什麼意義的人，恐怕就只有莊子了。

關於午睡的習慣，對許多現代日本人而言，或許會覺得「日子過太爽」。但午睡在現代中國也十分受到重視。午睡不一定是在浪費時間，反而還能提高工作效率。因此，一廂情願地將午睡視為懶惰或沒有效率的象徵，其實是很有問題的。雖說如此，現代中國有時會以午間休息時間為由，關閉公家單位或博物館等機構，這對訪客而言確實會造成不便。古代中國的人們如何看待午睡的優缺點，這真是一個耐人尋味的問題。

從搭訕開始的戀情

再來看看平民百姓的生活。到了下午兩點前後，有人在務農，有人在市場裡做買賣，大家做著各式各樣的工作。有一對幾十歲的男女正走在通往村落外的道路上，看樣子他們應該是情侶。

古代中國的文獻中，幾乎完全找不到「戀」字，少數出現「戀」字的地方，也只是用來表達「相思」、「懷念」等的意思。「戀愛」一詞也不存在。「愛」字似乎自古以來就有用來表示男女之間的「Love」的意思，但文獻中的相關例子並不多見。西元二世紀以後，「情」開始用來表示現在所說的「戀愛」，但使用這個意思的例子也不多見。過去的儒家學者、歷史學家多半是好講道理的人，他們對於男女情愛之事，似乎都採取視而不見的態度。但實際上，就算不見於文獻紀錄，也不代表古代的人不談戀愛[3]。

「愛情」二字人人都懂，但定義起來卻很困難。《日本國語大辭典（第二版）》中的定義是：「對特定異性感到一種特別的愛，進而戀慕對方。」然而愛情不單存在於異性之間，而且「戀慕」

圖 9-1 ｜戴著玉佩、身穿曲裾的女性示意圖（Upa 氏繪製）

一詞也是「愛情」的同義詞，所以這樣定義並沒有解釋到什麼。關於愛情的定義，在二〇一八年五月至十一月的小學館徵文活動「將你的話語載入辭典」上，一般民眾投稿的詞句，反而更一語中的。比方說，「一種能讓人生一瞬間變得痛苦，又能讓人生得到更大的幸福的東西」、「透過對方來面對自己」、「相互猜心的競賽」等等。相信閱讀本書的讀者，在看到筆者絮絮叨叨的說明之前，早就對愛情有一定的認識了。與其在這裡琢磨定義，不如趕緊來看看秦漢時代的人是如何談戀愛的。

戀愛往往是從路邊的搭訕開始。採桑的季節，女性們會在桑樹園中摘桑葉。那時是梅子開始成熟落地的晚春[4]。只要看到美女，男性們也不管對方是否已婚，就會立刻上前搭訕。如果收到對方的玉佩，那就代表成功了（圖9-1）。

某名男子和妻子一起下田工作時，開始追求在附近桑樹園工作的美女。當男子追求失敗，回到田裡時，妻子氣得扭頭就走[5]。此外還有民間故事描述，有人隻身赴他鄉工作，工作結束回到故鄉，途中他向一名美女搭訕，沒想到對方竟然就是自己的妻子，這究竟是喜劇還是悲劇，實在不好說[6]。還有一則笑話是說，丈夫搭訕路邊採桑的美女，但回過頭去，卻發現自己的妻子也正被其他男子求愛[7]。就連孔子也曾經慫恿弟子去追求正在河邊洗衣的女性，結果搭訕失敗[8]。春秋時代到南北朝時代的史料中，類似的故事非常多，看來這應該是自古以來隨處可見的景象。

至於戰國時代以前的貴族社會，他們搭訕的方式是男性先對女性歌唱，女性再對男性的歌曲回唱。像這樣逐步確認彼此情感的做法，在日本稱為「歌垣」。在進行歌垣時，女性也會忐忑不安地主動追求俊男。甚至還有女性哀嘆道「燕婉之求，得此戚施」（筆者譯：我明明是在追求帥哥，卻來了個癩蝦蟆）的詩歌，十分有趣[9]。不過，在周朝也只有貴族才懂得閱讀詩歌，平民百姓多半是用更直接的方式搭訕。

無論如何，人與人之間就是像這樣開始談戀愛的。其中有人因戀愛而成日鬱鬱寡歡，有一名男子，一心思念心儀的對象，而對往來進出城門的女性毫無興趣[10]。看來是一名純情男子。

多采多姿的戀愛方式

戀情有時也會告吹。有一名女性正在城內的一隅，一邊燒掉髮簪，一邊哭著說「這樣就可以跟那人做了斷了，幸好還沒有任何人發現」。看樣子她是因為失戀，而將男友送她的禮物燒掉[11]。此外，據說還有個名叫尾生的人，他原本和女子相約在橋上見面，卻被對方放了鴿子。但他是一個極為忠厚老實的人，即使河水淹了上來，也不肯離去，最後他是緊緊抱著橋被淹死的[12]。

無論是在春秋戰國時代的《詩經》中，還是在漢代至魏晉南北朝的《玉臺新詠》中，「東門」都被歌頌為一個戀愛場所。現在並不清楚為何非得是東邊，也有可能只是後者模仿前者。實際上的幽會地點，並不限於東門，舉例來說，從繁欽（？～二一八年）的詩中可以看到，有男性在東門旁搭訕女性，結果成功讓女性產生了戀慕之情[13]。還有女性珍藏著心愛男性送給自己的禮物，聞著男性留下衣服的餘香，為離別感到哀傷。此外也有在城旁幽會的例子[14]。

當時也出現過類似跟蹤狂行為的案例。傳說中，東漢末年，郡太守史滿的女兒愛上了父親的部下，她命令僕人端來那名部下洗手用過的水，並將其喝下，於是就懷上了孩子[15]。雖然寫的人可能以為這是什麼美麗的傳說，但描述的內容還滿變態的。

男女在婚前談戀愛，不一定會遭受到法律懲處，現實中也阻止不了那樣的情感。只不過，年輕的未婚男性無論再怎麼對女性出手，都不大會被譴責，反之，女性則是絕對不可傳出任何風流韻事。門不當戶不對的婚姻也很難成事，所以愛上了有錢人家的公子，也只不過是讓自己痛苦難受而已[16]。

到城外的小路上走走。路邊小河流淌，陽光自樹蔭灑落，一對男女正在樹影斑斑的樹下談情說愛。不知他們是不是手牽著手，一起走到這兒來的[17]。春秋時代，還有在河岸邊進行集團式搭訕的例子，而且是一群女性向一群男性進行「逆向搭訕」[18]，或許前面提到的那對男女，也是打算躲在人煙稀少的河邊卿卿我我吧。

不過，到了秦漢時代，社會看待未婚男女性行為的態度，也變得比較嚴苛，如果是當場被逮個正著，那就有可能構成犯罪了[19]。而且，任何事都有分「做做場面」和「出自真心」。婚前的男女關係會受到儒家思想的制約。到了西漢後期，儒學成為官學，大受重視，配合儒家思想而來的場面行為，對民間產生了強大的影響力。儒家規定私人房間、衣架、抽屜櫃、洗澡間都必須有男女之分，即使夫婦之間也一樣[20]，因此未婚男女之間互牽小手，就更是大逆無道了。「兄嫂在河中溺水時，弟弟究竟可不可以伸手去救兄嫂？」連這樣的問題都在當時成了熱門討論話題[21]。稚嫩的男女如果未經過媒妁之言，就在圍牆或牆壁上鑿洞，窺探對方，也會招來斥責[22]。看來談戀愛還是得偷偷摸摸才行。

通往婚禮之路

將目光移回城內，一場將在明天舉行的婚禮，正在緊鑼密鼓地準備著。辦在春季的婚禮特別多[23]。一般而言，當時男性最好在三十歲以前，女性最好在二十歲以前結婚[24]，而現實中，十幾歲就結婚的男女很多[25]。結婚前的那段過程，想必是十分折磨人吧。

結婚被視為開天闢地以來、最為重大的儀式，一個人只要不結婚生子，就會被視為不孝。他們認為，就算是得不到雙親允許的婚姻，也好過孤獨終老[26]。從國家的角度來說，年輕人早結婚、早生子，能為國家帶來更多稅收，所以他們也在討論是否要設置婚姻對象介紹所[27]，甚至制定出了對晚婚人士增加課稅的法律[28]。結婚的法律手續十分簡單，只要與官署互立券書*即可[29]。真正的問題反而是出在「婚禮」、也就是禮儀作法上。這一點古今皆然。

兩家之間的門當戶對，是結婚時必須考慮的事。當然也存在著例外，例如陳平年輕時雖然是個窮人家的次子，但他不打算和窮人家的女兒結婚，雖然富裕家庭的人也看不上他。有個富人，他的孫女結過五次婚，但每次都以喪夫收場，而找不到下一個結婚對象。這個富人看上了陳平的才能，於是借錢讓他下聘，替他出婚宴費用，讓他和孫女成婚[30]。這顯示出富人與窮人結婚在當時十分罕見，門當戶對的概念也十分重要，否則也不會特別記錄下這樣的故事。

占卜館

婚前必須做占卜。占卜的種類繁多，代表性的占卜有「龜卜」和「筮竹」，此外還有占夢、占雲等。占卜館集中在市場內的其中一區。小孩子們正津津有味地在看著占卜的進行[31]。

挑其中一家店進去看看。室內打掃得很乾淨。占卜師只要一天能賺一百錢，一個月賺三千錢，就算是獨當一面，其中還有顧客得排隊等待的人氣店家。占卜店在空閒的時段，還會開設私塾，由

＊譯注：自秦王政十三年（西元前二三四年）三月辛丑日起，娶婦嫁女須立「參辨券」。參辨券指一式三份的券書，立券時除嫁娶雙方外，鄉官也應在場，三份券書由嫁娶雙方及官方分別執持。

老師為弟子們上課。女性的客人也不少，占卜師會回答有關愛情、夫妻關係的疑難雜症。當時，平民百姓一年必須繳的人頭稅為一人一百二十錢，相較之下，占卜費用（一次幾十錢至一百錢左右）並不便宜[32]。

許多人會在娶妻時、或生子時來占卜。商人、官吏也會來詢問自己何時出門行商會賺錢，或怎麼做才能升官加爵等煩惱。占卜師不僅會占卜吉凶，有時也會具體地告訴他們，例如「這天結婚的話，妻子的嘴巴會很臭」、「這個孩子將來一定會成為〇〇〇」等等，十分有趣。有些占卜師還會建議說「明天不適合商業交易」、「土木工程應該在其他月份動工」等等。這些占卜甚至還會影響到市場的價格變動。

顧客要知道自己該找哪個占卜師，最好是向朋友借「日書」（占卜書）來看，自己從中挑選出最適合自己的占卜方式和占卜師[33]。來自未來的我們在挑選時，可能會選擇手相等我們較熟悉的占卜方式吧。若是如此，那就可以走進一間手相占卜館，並將左手伸出來給占卜師看[34]。

婚禮的流程

接著來看看婚禮的流程。流程可分為六個階段：

①納采（男方透過媒人贈送女方禮物）
②問名（詢問女方姓名與生辰，以占卜婚姻）
③納吉（男方在祖先面前占卜，並將結果通知女方）
④納徵（交付聘禮）
⑤請期（男方選定結婚日期，並通知女方）
⑥親迎（將新娘接到新郎的家裡）

親迎時，母親會送女兒到大門口，教導女兒說：「從今以後，那邊才是妳的家。妳要知道分寸，千萬不要忤逆丈夫。」[35]接下來是夫妻一同拜堂、飲酒，以及邀請來賓舉辦宴會。

婚禮的開銷很大（表9-1）[36]。比方說，連小農、手工業者、都市平民都得在婚禮前做好幾次占

表 9-1 ｜ 漢代的結婚相關費用

階層	占卜費用	聘金支出	嫁妝	酒宴費
小農、手工業者、都市平民	數百錢	一萬～數萬錢	兩千錢左右	四、五千錢
中小地主、官吏	數百錢	兩萬～十餘萬錢	二、三萬錢	數萬錢
高級官吏、富商、豪族地主	數千錢	數十萬～百餘萬錢	二、三十萬錢	不明
皇族、諸侯王	不明	兩百萬錢 皇后為二億錢	最高為數百萬錢 數十萬～千萬錢	不明
高階皇族、皇帝	不明	其他為數千萬錢	數十萬～千萬錢	不明

根據彭衛《漢代婚姻形態》
（中國人民大學出版社，2010 年）

卜，一次要數十到一百錢，聘金得花上一萬多到數萬錢，而妻子的娘家也要準備兩千錢左右的嫁妝。婚宴需要花費四千至五千錢。婚禮的客人應該會帶紅包來，所以可以抵銷一些開支。婚禮的第二天，新娘必須為公公婆婆奉上餐點。三個月後，夫婦必須前往宗廟，向祖先報告。這些都結束之後，當天晚上夫婦才能發生肉體關係。儒家的繁文縟節還真是嚴苛。

懷孕

有一對夫婦，婚後依然相親相愛。早期官吏在服喪的三年和婚後一年，可以得到帶薪休假，但漢代沒有這種制度[37]。因此有些官吏甚至在成婚之後就立刻被調派、隻身到他地任職。這個時候，丈夫便經常捎信（書札）給妻子。書札中寫著「長相思」、「久離別」等話語，妻子將書札藏在袖袋中，時時思念著丈夫[38]。離別時，他們會互相握住對方的手[39]。有一名負責遞送郡的決算書表至中央朝廷的官吏（上計吏），每年上京時都會與妻子通信，信中內容誇張到彷彿他們遭遇生離死別[40]。某些獨守空閨的妻子，可能會在被子上刺上一對雌雄鴛鴦（雙鴛鴦）的刺繡，象徵鶼鰈情深，藉以撫慰寂寞的心情[41]。總之，夫妻關係持續到丈夫返家後，或許夫妻間就會懷上孩子。

漢代有一篇簡牘，稱為《胎產書》[42]，詳細記述了分娩的方式。例如，將分娩時的胎盤埋在向陽的籬笆下，下一胎就會生兒子；埋在背陰的籬笆下，下一胎就會生女兒。懷孕未滿三個月時，若吞下兩顆麻雀的蛋，就會懷上兒子。煮白色公狗的頭來吃，就會平安生下皮膚白皙、面貌姣好的孩子。另外，月經結束後，在停止出血的第一天發生性行為，就會生兒子；在第二天到第三天發生性行為，就會生女兒等等。

《胎產書》中有許多這類非科學性的記述，但也有科學性的記述，像是著眼於月經與受精關係等等內容。順帶一提，關於當時的女性遇到生理期時該如何處理，根據筆者的管見，並沒有史料明確記載此事。目前僅知道生理期時他們會儘量避免性交[43]。

再者，《胎產書》中還有這樣的描述：懷孕第一個月稱為「留形」。孕婦要攝取能補充精力的食物，酸的湯（羹）要徹底熬煮，不可吃辛辣或腥臊的食物。懷孕第二個月稱為「始膏」，不可吃辛辣或腥臊的食物。必須靜養，要避免性交。

懷孕第三個月，胎兒逐漸成形，此時孕婦所看到之物會決定胎兒的成長。因此，孕婦應避免看到個子矮的身障者（侏儒）和猴子。再者，不可食用蔥、薑、兔湯。另外，如果想生兒子，就該將弓箭擺在身旁，射公雉、騎公馬、看公虎。如果想生女兒，就該戴髮簪或玉耳環，串珠玉。這類想法與英國人類學家詹姆斯・弗雷澤（James Frazer）所說的「交感巫術」（Sympathetic Magic）有著相同的思考模式。

懷孕第五個月的孕婦，要在天亮前起床沐浴，穿著保暖的衣物到客廳去，吸收日光讓身體暖活起來，多吃稻麥，以及牛湯、羊湯，並以吳茱萸調味。懷孕第六個月，要儘量外出，多看狗和馬奔跑，並且食用禽肉及獸肉。分娩時，要用清水洗淨胎盤。分娩和胎盤都被視為不潔的事物，而受到忌諱。

分娩

據說，一旦分娩後，就要將市場中濕潤而乾淨的土壤，堆成長寬各約七十至九十公分、高約十公分的土台，並將新生兒放置在土台上。接著，在新生兒全身上下塗上土後，再為他泡澡，這麼一來就能讓孩子健康長大。此外，將蓐（草蓆）燒成灰，把嬰兒泡在摻入灰的熱水中，嬰兒以後就不會因為頭上長腫瘤而感到搔癢。而母親喝下一點這種熱水，就能防止併發症的發生。

以上是分娩的流程。之所以有這麼繁瑣的規定，其中一個原因是，當時的人認為分娩是不潔的。不過，也有人提出「分娩與萬物之生，道理相同，並非不潔」的論點，但這畢竟只是少數意見[44]。此外，關於胎教也流傳著一些風俗習慣[45]，要採取哪些做法，都是由父母決定。

順帶一提，有些嬰兒會在出生前後被殺死。有時是因為貧困而殺嬰（尤其是女嬰）[46]，並非所有生命的到來都是受歡迎的。養育女兒需要花錢，因此殺嬰的惡習一直到南北朝後期仍在持續[47]。再者，因為服喪期間是禁止性交的，所以此時懷上孩子的話，一般也會墮胎。

此外還有習俗是「第三胎若生在五月則留不得」、「正月和五月出生的孩子，長大後會妨害父母，留不得」[48]。戰國時代就曾經有人擁有四十多名兒女，當他又再添子時，他的母親便下令說：

「孩子生在五月五日，不能留下！」[49]在這個時代，殺害已產下的孩子雖然會有犯法的疑慮，這就是會因為上述風俗，或孩子有身體障礙而殺嬰的時代[50]。

養兒育女

一個有幸得到父母養育的嬰兒，在眾人眼中會是什麼樣的存在呢？

現代的先進國家往往會認為兒童是「大人必須守護的對象」、「天真無邪的存在」、「要傾注大量關愛的對象」。但在中世紀歐洲，兒童往往被當成是「小一號的成人」、「小小勞動者」[51]。一九八四年的統計發現，關於如何看待擁有小孩這件事，先進國家人民的回答多半是能得到心靈上的滿足，發展中國家人民的回答則多為能得到經濟上和實用性的滿足（增加新的勞動力）[52]。換言之，兒童被視為何種存在、又被如何對待，會隨著時代和家庭的經濟水準而有所不同。

再看看秦漢時代，因為傳宗接代是孝順的最高級，所以他們非常重視孩子（尤其是兒子）。據說，就連企圖逃亡國外的人，寧可放棄玉石，也要抱著嬰兒出逃[53]。雖有列子流派的人，對死亡十分豁達，還曾逞強地說：「吾常无子，无子之時不憂。今子死，乃與嚮无子同，臣奚憂焉。」（筆者

圖 9-2 ｜餵孩童母乳的母親像
（出土自四川省德陽市旌陽區黃許鎮。收藏於德陽市博物館）

譯：我過去沒有孩子，也一點都不哀傷。如今雖然死了孩子，但也只是回到過去的狀態，沒有什麼好哀傷的）[54]但這只是一個例外。如果有兩個嬰兒在同一天出生於同一個村落的話，村落裡的人就會張羅羊肉和酒慶祝[55]。

嬰兒會穿著嬰兒服（棉襖睡衣），在父母和親戚的圍繞下長大（圖 9-2）。比方說，即使是貴族，也不會將育兒之事完全交給侍女，父母會拉起孩子的左右手，替孩子穿上衣服，也會和孩子一起用餐，一起出外玩耍。孩子的衣服和書籍往往是來自哥哥姊姊穿過、用過的物品[56]。不只母親和奶媽會背著嬰兒，父親也會。有時男性的鄰居也會幫忙照顧孩子[57]。比方說，東漢末年，劉備的父親早逝，母親將他一手帶大，他們跟住在附近的親戚一起生活，所以他兒時並不孤單。七歲時，他在叔父的看顧下，與親戚的孩子一起玩竹馬[58]。

雖然父母十分珍愛孩子，但一味地順著孩子，孩子長大就會不成器。自己的小孩未來會變成露著小雞雞的搗蛋鬼，還是打扮得整齊端莊，就要看父母的教育了（圖9-3、圖9-4）。兒童教育成了當時的重要課題。家家戶戶的教育方式不一，戰國時代，還有母親為了不讓孩子從小受到不良影響，而搬了三次家（孟母三遷）。

南北朝時代的某個貴族之家中，有著這樣的家訓：「上智不教而成，下愚雖教無益，中庸之人，不教不知也……當及嬰稚，識人顏色，知人喜怒，便加教誨，使為則為，使止則止。比及數歲，可省笞罰。（略）吾見世間，無教而有愛，每不能然；飲食運為，恣其所欲，宜誡翻獎，應訶反笑，至有識知，謂法當爾。驕慢已習，方復制之……」（筆者譯：天才不必教，也能成大器；蠢材再怎麼教，都無濟於事。平庸之人不教，就無法成為一個得體的人……小孩至少從三、四歲、懂得觀察大人表情的時候起，就必須立刻開始施以管教，教他們做該做的事，阻止他們做不該做的事。到了五、六歲，還可以考慮施以體罰。世間的父母皆疏於管教，一味順著孩子。從用餐的規矩到言行舉止，都加以放任，該斥責時反倒鼓勵，該嚴格時反倒一笑置之。這樣的孩子稍微懂事之後，就會覺得凡事本應當如此。等到孩子的行為已難以糾正時，父母才開始制止……）這部家訓還

圖 9-3 ｜調皮搗蛋的小孩
（甘肅省敦煌市佛爺廟灣第 39 號墓壁畫。
甘肅省文物考古研究所收藏。收錄於先前刊載之
《甘肅出土魏晉唐墓壁畫》）

圖 9-4 ｜出土自東漢的樂浪郡相關遺跡的漆繪竹編盒的側面。畫中故事講述的是奴隸李善代替病死的主人，將其孫子扶養長大。左起為善大家（主人）、李善、孝婢（女性奴隸）、孝孫（主人的孫子）（收錄於《樂浪彩篋塚》〔朝鮮古蹟研究會，1934 年〕

指出，調皮的孩子就是要用鞭子來管教[59]。

若是良家之子，從六歲左右就會開始學習如何數數字，以及辨識方位名稱。當時有諺語云「千金之家，其子不仁」[60]（愈是有錢人家的孩子愈小氣），說明一個人的家世也會影響其性格。無論在哪個時代，養兒育女都不是件容易的事。順帶一提，七歲以後的孩子如果還調皮搗蛋的話，經常會被大人一巴掌搧在頭上[61]。

小孩的世界

小孩的世界就是學習和玩耍。

到了下午兩點至四點，若是夏季，就會聽見嘈雜的蟬鳴。蟬不但不用進食就能在樹上叫個不停，而且還會脫皮，因此在漢代被視為高潔、脫俗、有操守的象徵。高官的冠上會有蟬的裝飾。因為脫皮有重生的含意，所以自古以來，人們將蟬視為神聖的生物，也有讓死者口含玉製的蟬（含蟬）的習俗。

蟬也是高營養價值的食物，捕蟬的工作會由具有身體障礙的老人家來做[62]。但對小孩而言，捕蟬也是十分重要的遊戲[63]。小孩會用黏鳥膠來捕蟬[64]，或者事前先調查好哪棵樹最多蟬鳴聲，夜晚就在樹下放火，並且搖晃樹木讓蟬掉落下來[65]。

孩子們還知道其他各式各樣的遊戲方式。擲瓦、格鬥（手搏）的「遊戲」自然不在話下，鬥雞、鬥鴨，用馬匹或狗進行狩獵、競速，也是司空見慣的娛樂[66]。除了捕蟬，小孩還會捕麻雀、捕蜻蜓，用錢幣玩遊戲，以及爬樹等等[67]。另外，使用骰子的「博戲*1」（雙陸）、「樗蒲*2」應該更是受歡迎，連大人也樂在其中，也有少年會下圍棋。

很多小孩到了七歲，就開始幫忙下田或紡織。但這個年紀的孩子依舊愛玩，所以他們也很擅長「蹴鞠」（國際足球總會〔FIFA〕表示，這是足球的起源）等遊戲。不過，蹴鞠容易受傷，所以皇室子弟可能比較適合玩「彈棋」（彈彈珠）[68]。

另外也很流行類似尪仔標、陀螺般，將兩個物體彼此撞擊的遊戲（摳）。這種遊戲也盛行於大人之間，大人玩遊戲時，會加上銀或銅的腰帶扣等物作為賭注[69]。秦漢時代已有糖和蜜[70]，或許這也

＊1譯注：古代賭博遊戲用具，同時也是一種棋盤遊戲。以擲骰子點數決定棋子移動，首位把所有棋子移離棋盤的玩者可獲得勝利。

＊2譯注：一種古代賭博的遊戲。投擲有顏色的五顆木子，以顏色決勝負，類似今日的擲骰子。

是小孩們的零食。在遊樂場所，有時會有蛇出沒，因此需要稍多加留意[71]。

夏季時分，應該會有孩子在河邊玩水，戰國時代有一寓言曰：「夫待越人之善海遊者以救中國之溺人，越人善游矣，而溺者不濟矣。」（筆者譯：想要等待善於游泳的越人〔東南方海邊的人〕前來拯救在華北溺水的人，這是不切實際的）[72]正如這個寓言所示，華北的人似乎不諳水性，不習慣於游泳。有個人只因為某個孩子的父親善於游泳，就將這個孩子投入長江中，訓練孩子游泳，但善於游泳不見得會遺傳，所以還是別做得太過頭[73]。總之，要小心別讓孩子溺水。

男孩子天生調皮搗蛋，在遊樂場所容易吵起架來。「太陽剛出來時離我們最近。因為那個時候太陽最大，愈近的東西看起來愈大，不是嗎？」「才不是哩。你看，太陽剛出來時很冷，中午時很熱。應該是離我們近的時候炎熱，遠的時候涼快。」[74]他們可以因為這樣一點小事，就可以吵起來。其中也有以自己的父親為傲的小孩。有一個小孩的父親是穿狗皮大衣的盜賊（狗盜），這孩子自滿地說：「只有我爸的皮衣有尾巴。」此時另一個父親受斬足之刑的小孩便回說：「我爸連冬天都可以不穿褲子」[75]。

再來看看女孩子。她們在玩扮家家酒，把沙土當成飯，把泥巴當成湯，把木頭當成肉片玩耍[76]。還有一些少女十分早熟。一個少女一大早起來就坐在鏡台前化妝。她一邊說話一邊畫口紅。另外，如果女孩也會朗讀的話，就能向人炫耀。她們也會模仿跳舞的樣子。女孩們在庭院裡跑來跑去，摘著未熟的果實和花朵玩耍，下雪的日子，她們就會興奮地踩著雪地[77]。

順帶一提，風箏可能從三世紀前後就已存在，從這點來看，三國時代以前雖然沒有人類或機械可以翱翔於天際，但應該有小孩會一邊看著天空中的飛鳥，一邊想著：「希望我有一天也能在天空中飛翔。」鄉里的長者會對小孩們講述古老的傳說，例如「聖王舜年輕時，曾穿著模仿鳥的服裝從穀倉一躍而下，或曾穿著模仿龍的服裝從井裡一躍而上」，也許當他們聽著這樣的故事時，內心是十分澎湃的。也有關於乘坐飛行物的傳說。比如，戰國時代的公輸子發明了飛行機械，或是列子施展飛天法術[78]。孩子們無論在哪個時代都充滿了想像力，古代中國的傳說十分豐富多樣，可以滿足他們天馬行空的想像。

第十章

在宴會中喝得爛醉——下午四點前後

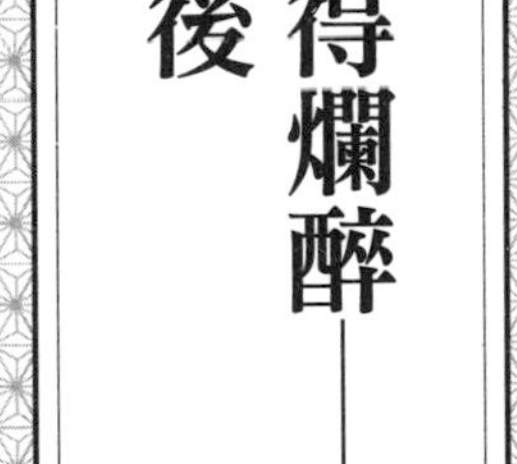

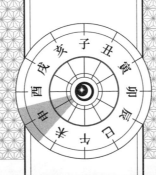

何時開始喝酒？

一般而言，古代中國的庶民一天只吃兩餐，正如前文所述，第一餐是在早上，第二餐是在下午。下午二至四點的時段，稱為「餔時」和「下餔」，人們大約在此時吃第二餐[1]。有時還會一起喝酒，這種情況下，就會直接變成宴會。有時要到晚餐後才會供應酒[2]。

南北朝時代的詩歌有云：「扶光迫西汜，歡餘讌有窮。」（筆者譯：太陽即將沒入海平面，雖然意猶未盡，但宴席就要結束了）[3]當時的宴會多半是從傍晚開始，到日落前結束。秦漢時代也是如此。

而另一首詩歌還寫道「綺筵日已暮，羅帷月未歸」（筆者譯：華麗的宴會一直開到日落後，月光尚未透過絲綢帷幕照入室內），有時宴會也會持續到日落之後[4]。迎新和餞別等的宴會，有時也會從日落前後開始舉辦[5]。反之，也有舉辦得較早的宴會，有些是從正午開始，甚至還有從一大早開始的，宴會的主人會在前一天先去市場買好酒肉[6]。

窺探一下某間宅邸內部，裡面的人正準備了一些晚飯時要喝的酒。等會兒有個朋友要來，主人打算與朋友對飲。他們似乎許久未見，先前在街上偶遇，而約好了今晚共進晚餐[7]。

首先是妻子出來迎賓，她挺直腰桿，雙膝跪地，問道：「平安不？」（筆者譯：是否平安？）妻子招待客人入席後，便進去廚房準備清酒和濁酒。主人此時才終於登場，他向客人勸酒，客人則說：「主人持。」（筆者譯：東道主先）在主人的叫喚中，妻子從廚房裡端著佳餚出來。說是佳餚，其實也沒什麼，因為這是相當偏僻的鄉村，頂多也只是甜薄酒和魚乾而已。過了一會，宴會結束，將客人送到門口的還是妻子[8]。

有些人不是在家中的晚餐時間小酌，而是在市場的酒鋪裡喝酒。例如，戰國末年的俠客荊軻，據說他就是在燕國的市場裡買醉，並且和朋友一起唱歌[9]。此外，劉邦年輕時也經常在兩間熟店裡喝得酩酊大醉，以賒帳的方式付錢。

官員們一起喝酒時，常常是在官舍裡舉辦酒會。例如，據說西漢初期的丞相曹操成日飲酒，他的部下也每天都在官舍裡又喝又唱、大聲喧鬧[10]。官員和富人當然有時也會上高級餐館飲酒。人們飲酒的場所非常多樣。這一點和現代社會並無二致。

大型宴會與餘興節目

這裡我們就來窺探大型宴會的現場，當作一個深入了解的例子。某縣長官的宅邸來了重要的賓客，宅邸入口設置了接待處。會來到這種場合的人，多半會帶著名片（刺），如果想請接待處的人轉交給屋主，那麼最好遞上「謁」。「刺」和「謁」雖然都是類似名片的木簡，但謁的正面有寫要交付的對象，背面才是寫本人的名字，所以謁才能確切知道該交付給誰[11]。

漢代的書記官，年輕時必須默背五千字乃至八千字的文章（或文字），並接受背誦考試或筆試，若想晉升就要能讀寫多種「書體」（字型）[12]，因此他們十分擅長於書寫、閱讀名片上的文字。另一方面，有些單憑孔武有力就當上將軍的人是看不懂文字的，例如三國時代的王平、五胡時代的石勒等，不過他們應該至少會寫自己的名字。即使是政治性的宴會，似乎也能臨時參加，但此時不但會被接待處收取費用，而且如果參加者地位較低的話，還會被安排到屋外的座席[13]。

在宴席中要入座時，必須得注意席次。正如早餐的章節所述，因為席次有其相關規定，所以我們還是按照規矩入座。此時，不得肆無忌憚地進入宴席會場，也不能一聲不響地坐下。此外，若是在室內飲酒，一定要脫鞋子[14]。

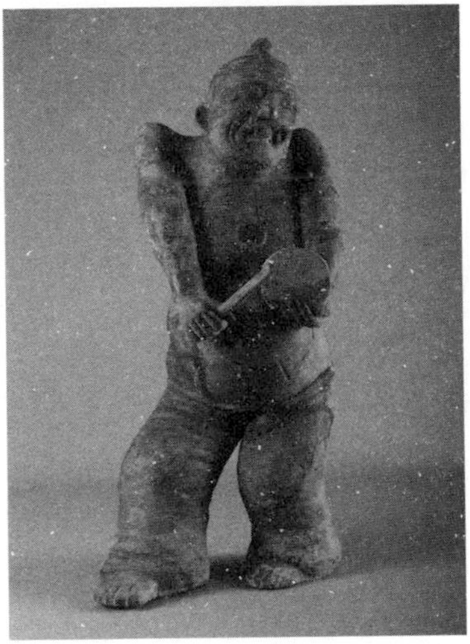

圖 10-1 ｜打鼓的人物俑
（出土自四川省成都市天回山東漢崖墓。收藏於四川博物院）

若是上流階層的宴會，有時男賓客身旁會有女性服侍、幫忙斟酒。關於藝妓和娼妓後面會再詳述，這裡就來看看其他餘興節目。有時宴會上會表演餘興節目，其中最常見的是由音樂人演奏樂器（圖10-1）。秦始皇就曾經延聘擅長擊筑的名演奏家高漸離至宮中演奏，可以說歷代的皇帝、君王都對知名演奏家的演奏著迷不已。演奏家在當時雖然身分低賤，但同時卻又是受到憧憬的對象。不過，將軍在軍營中設宴時，原則上是禁止演奏音樂的，因此他們會以沒有配樂的舞劍代替[15]。

在大型宴會中，有時還會有雜技演員或魔術師的表演。尤其是用來款待賓客的宴會或結婚的喜宴上，甚至還會上演有配樂的木偶劇（傀儡）

圖 10-2｜二十五弦的瑟
（出土自湖南省馬王堆 1 號漢墓。收藏於湖南省博物館）

作為餘興節目，當宴會進入高潮時，則有人會演唱輓歌。原本木偶劇的音樂是在服喪期間演奏的，而輓歌是在拉靈柩車時演唱的，但到了秦漢時代，大家就不再遵循這樣的習俗了[16]。再者，宴會中另外會舉行將箭桿投入壺中的遊戲（投壺），或是以儒家學問為基礎的語言遊戲等等。

此外也有歌舞的演出。配樂的樂器包括，弦樂器的「琴」、「琵琶」、「箏」、「箜篌」（豎琴）、「阮咸」等，管樂器的「笛」、「簫」、「笙」、「篳篥」等，以及打擊樂器的「鼓」、「羯鼓」、「拍板」等。藝妓則會配合這些樂器的音色載歌載舞（圖10-2）。秦漢時代的音樂，正如現代的音樂風氣一樣，每個時期流行的音樂都各有不同。尤其是東漢時代，當西域文化輸入後，也為音樂風氣帶來了變化。比方說，東漢末年的靈帝就是當時引領時尚的先驅人物，據說他十分喜愛西域傳入的文物和食物（胡服、胡帳、胡床、胡飯、胡箜篌、胡笛、胡舞）[17]。在政治上，靈帝經常被評為昏君，但他也確實是推動文化潮流的有力影響者；自他以後，便經常能在宮廷內聽到西域的樂音了。

音樂人和演員之中也有明星出現，舉例來說，著名的歌手有漢代的韓蛾、李延年，著名的舞姬有漢代的趙飛燕，著名的賣藝者和演員（優、倡）則有春秋時代的優施、優孟、漢代的郭舍人等。相傳來自今天泰國地區的馬戲團，也會在宮廷裡向皇帝表演吐火雜技、將關在箱子裡的人身體切成好幾段的魔術、交換牛頭和馬頭的魔術，以及雙手拋接的雜技等等（圖10-3、圖10-4）[18]。

酒的種類

酒在宴會中是不可或缺的。喝酒容器的種類繁多，可追溯至商代盛行的飲酒文化，當時的青銅器主要分成溫酒容器與冷酒容器。漢代也會在祭祀的場合中使用各式各樣的酒器，但娛樂性的飲酒會使用到的酒器，大概就只有「爵」、「耳杯」、「角杯」幾種而已（圖10-5、圖10-6）。不過，爵的大

圖 10-3 ｜雜技的場景
（出土自四川省彭州市太平鄉。收藏於四川博物院）

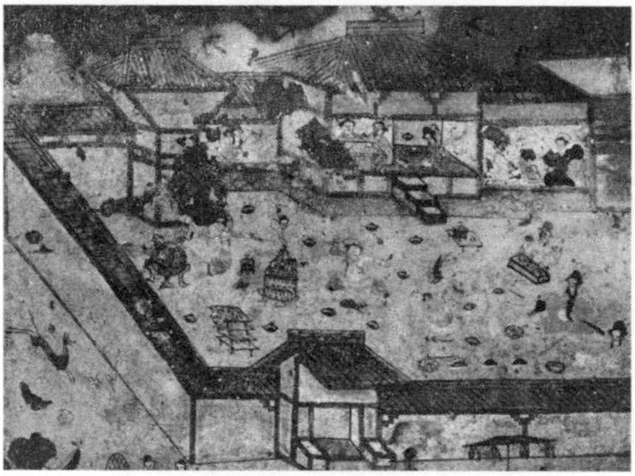

圖 10-4 ｜宴會、馬戲團和魔術表演
（出土自內蒙古自治區鄂爾多斯市鄂托克旗鳳凰山漢墓的壁畫。收錄於徐光冀主編《中國出土壁畫全集》〔科學出版社，2011 年〕）

圖 10-5 ｜耳杯
（出土自湖南省長沙馬王堆漢墓。收藏於湖南省博物館）

圖 10-6｜角杯（出土自河南省洛陽市燒溝村 61 號漢墓壁畫）

小倒是十分多變，例如，東漢末年的劉表據說非常愛喝酒，他製作了三種不同的爵，分別取名為「伯雅」、「仲雅」和「季雅」，三者的大小分別為七升（約一點四公升）、六升（約一點二公升）和五升（約一公升）[19]。以現代而言，相當於酒吧裡的大壺、中壺和小壺。

酒含有酒精成分。漢代一般的製法是，讓穀物的澱粉變成糖，再讓糖變成酒精，因此製作時，使用麴霉（黴菌類）或運用穀物所含的澱粉分解酵素，再不然就是用人的唾液使其發酵。在漢代，以麴霉發酵而成的酒為主流，推測他們使用的可能是根黴（Rhizopus）。

我們來看看當時的酒有哪些種類[20]。他們不僅會喝穀物製成的酒，還會喝其他原料製成的酒，比方說遊牧民會喝乳製品的酒（馬乳酒、酪酒）。東漢時代，西域文化傳入後，宮廷裡出現了喝葡萄酒的風氣；南北朝時代還有石榴酒的存在[21]。西漢中期，在其中一座皇帝御苑「上林苑」中，有一座名為「葡萄宮」的宮殿，從宮殿名來看，他們已經開始栽培起了西域傳入的葡萄，估計當時他們也開始製造葡萄酒了。雖說如此，漢代的葡萄酒還是非常珍貴，例如有人曾因征服西域的「龜茲」，獲得了大量葡萄酒，而喜出望外，由此可見當時的葡萄酒主要還是從外國進口[22]。

總之，既然存在這麼多不同種類的酒，那這時候一定也會出現威名遠播的酒國英雄。舉例來說，阮籍和山濤一次能喝八斗（約十六公升）酒；鄭泉夢見自己在船上一邊大啖當季美食，一邊暢飲美酒；還有畢卓夢見自己一手拿著螃蟹的鉗子，一手拿著酒杯，泅泳在酒池之中，這些人都可說是愛酒成痴[23]。

當時未成年也能喝酒，據說曾有人因臨時參加一場宴會被罰酒三升（約零點六公升），他一口氣將三升酒一飲而盡，而這名勇者年僅十四歲而已[24]。成年男子只要在一場宴會中喝下一石酒（約二十公升，相當於現在二十七瓶啤酒的份量），就絕對能得到酒量過人的評價[25]。據信，西漢時代的酒，酒精濃度為百分之三至五，東漢時代則達到百分之十[26]。

酒席禮儀

既然有這麼多酒國英雄，那我們就必須小心遇到發酒瘋的人。比方說，有個名叫陳遵的人，在幾杯黃湯下肚後變得特別亢奮，別人途中打算離席回家，他就把人家馬車的車輪拆了，讓人回不了家[27]；前面提到的劉表，每當客人喝得爛醉如泥時，他就會用針戳對方臉，確認對方是不是真醉[28]；還有東漢末年的張奉，他喝醉後有個怪癖，就是去脫客人的衣服，讓對方露出下體，藉此捉弄他人[29]。所以還是不要飲酒過量，連大名鼎鼎的諸葛亮也這麼告誡自己的兒子[30]。

還得小心遇到上位者灌酒的酒桌霸凌行為。有些皇帝或君王會強迫大臣乾杯，大臣若不從命，甚至可能小命不保[31]。據說，戰國時期的趙敬侯曾與大臣一連喝了好幾天酒，當大臣說「我沒辦法再喝了」，他就用竹筒強行灌酒至對方嘴裡[32]。在喜慶場合，有時身分低的人也會邀請身分高的人乾杯，無論一個人身分尊卑，一旦拒絕這種邀請，就有些破壞氣氛[33]。也就是說，在日本過往可見的酒桌文化，也存在於古代中國。

不過，古代中國的酒席也有跟日本不同的地方。特別有趣的是，古代中國的君主或上司不僅會強迫屬下飲酒，也會自己率先舉杯暢飲。話說春秋時代的君主，就連說錯話時也會自己主動罰酒[34]。

但在昭和時代的日本，有些上司老是「乾杯、乾杯」地逼人喝酒，自己卻又不怎麼喝，但中國從古至今，年長者和上司都會主動喝酒，毫不推辭。

順帶一提，如果是細心的上司，他可能就會在事前為不會喝酒的屬下準備甜酒。據說，西漢時代的楚元王，每次與學者穆生一同出席酒宴時，都會為不會喝酒的穆生準備甜酒（醴）[35]。不過，不曉得當時的酒席是否會允許人喝非酒精飲料。

宴會上，酒和下酒菜都上桌了，大家一同入座後，人們就會去拿酒杯，不過這時也有些規矩必須注意。這種酒席上的規矩，稱為「酒令」。比方說，年長者的酒喝完時，同席的年少者就不能喝酒[36]。也有些宴會規矩沒那麼嚴，曾有一名年輕人在年長者的身旁喝酒，每當年長者一喝，他就跟著喝。後來，年長者喝不完，還把酒吐了出來，他就模仿對方，也吐起酒來[37]。看樣子是那名年輕人憧憬年長者的模樣，而開心地模仿著對方，但他的行為還真是沒禮貌呀。

在酒令嚴格的宴會中，雖然允許人暫時離席去上廁所[38]，卻不允許人以無法再喝為由先行離開。比方說，西漢時代的朱虛侯被認為是負責在朝廷中監督酒席的人。他事前宣布將如軍法般嚴格執行酒令，後來一見到有人喝醉而試圖離開時，就會立刻追上去斬殺對方[39]。如此驚悚的酒宴也是存在的，所以沒做好心理建設就輕易參加古代中國的宴會，是件十分危險的事。

無止境的宴會

宴會來到高潮，喝醉的賓客們也開始準備回家。宴會若開在夜裡，就會因為室內必須持續點著燈[40]，造成燈燭的開銷過大，所以平民百姓的宴會都會早早結束。再者，很多人是在市場裡的酒家喝酒，市場也會在晚間六點前後閉市。

酒家除了開在市場裡，也會開在其他地方，這時就不會有營業時間上的限制，客人也能再多喝一會兒。因為這樣的酒館十分賺錢，所以只有膝下無子的老夫婦才能經營，這算是政府的一項福利政策[41]。此外，其他如農民等的民眾，原則上是禁止在城外賣酒的[42]。

過了夜間六點，都市內就會發出禁止夜間通行的命令，西漢中期，就連貴為前將軍（當時失業中）的李廣，帶著保鑣一起到野外喝酒回來時，都曾被警察逮捕羈押[43]。

舉辦在夜裡的宴會需要燈火照明。富人和官吏當然付得起燈火費用，對他們而言，此時才是真正享樂的開始。有些宴會甚至日落後還完全沒有要結束的跡象。前秦君主苻堅（三三八～三八五年）曾在釣魚池附近舉辦宴會時說道：「今天只要有人醉到掉入池中，就可以結束宴會。」[44]一到假日，就會有不少官吏大吃大喝到深夜[45]。不僅如此，比方說春秋時代的韓宣子，他曾在酒宴舉行到一半時，更換了三次場地[46]。換言之，這場酒宴「續攤」了三次。六世紀有詩云「對酒及芳晨」（筆者譯：喝酒喝到早晨），表示他們有時還會一路喝到早上[47]。四世紀也經常可以看到在晴朗的夜空下，美女醉酒高歌的光景[48]。

然而另一場宴會中，隨著深夜燭燈熄滅後，反而是出現了酒後亂性、吃人豆腐的人[49]，通宵達旦的酒聚往往不會發生什麼好事。而且，一個晚上就能結束已經算是幸運的了，沒搞好，有時還得連日連夜地喝。因酒池肉林而惡名昭彰的紂王，據說就曾一連喝了七天。因此，當戰國時代的趙襄子一連喝了五天酒，還半開玩笑地拿這件事自誇時，就被挖苦說「不及紂二日耳」（筆者譯：還差兩天就能追上商代的紂王了）[50]。據說，那些當上君主的人，反倒是十天連續不喝酒的例子很罕見[51]，但每天喝應該任誰都吃不消吧。

宿醉

幾杯黃湯下肚，酒精成分被身體吸收。酒精抵達肝臟後，會被分解成乙醛，以及酢酸和水。乙醛具有毒性，若在肝臟中代謝不及，流入血液的話，便會導致宿醉。分解乙醛的酵素有兩種，而人類的第十二號染色體會左右其中一種酵素的功能。今天的中國南方大約有百分之二十的人口，在該染色體上發生變異，因此容易出現不會喝酒的人[52]。這麼看來，在漢代的南方，不會喝酒的人可能也很多。

一場宴會下來，一部分的人已經喝得爛醉如泥，還造成宿醉。宿醉稱為「酲」或「朝酲」等。有些人不只是第二天宿醉，到了第三天還在宿醉，這種則稱為「三日僕射」[53]。有一首詩歌是在描述獨守空閨的女性心情，其中一句是「中心如宿酲」（筆者譯：心中如宿醉般難受）[54]，由此可見當時的人也飽受宿醉之苦。

宿醉造成的結果，若是只有噁心想吐的話，還算是幸運的。問題最大的是對工作的妨礙，比方說，曾有一名將軍喝到爛醉如泥，而沒趕上出兵的時間，因而被斬首[55]。也有人因為喝太多而在宴會中嘔吐。好友之間若看到對方醉倒後在睡夢中嘔吐，只會覺得這種事在所難免，而不會放在心上[56]，這跟十幾二十年前的日本大學生沒什麼兩樣。

不只男性會醉到嘔吐，女性也會。甚至曾有一名女性先是在路邊嘔吐，接著懷疑自己會不會是被人下毒了，而舔了舔嘔吐物，然後說：「幸好沒事。」[57]這位強者實在是強到令人驚掉下巴了。

假設你在路邊嘔吐了，只要是在漢代的大都市，正如前述，有些地方鋪設有地下排水管，地面上則會有所謂的人孔，因此嘔吐物說不定也會隨著水被沖走。但能不隨地吐的話，最好還是不要隨地吐。所以我們就去一趟廁所吧。再說，在宮殿如果隨地小便，恐怕會構成犯罪[58]，那我們就來找找廁所在哪裡。

廁所在哪裡？

漢代廁所的馬桶分成好幾種類型，多數為蹲式馬桶。現代日本將蹲式馬桶稱為「和式」，但相比之下漢代更加古老，說不定稱為「漢式」更恰當（不過為避免混亂，以下稱為「和式」）。比方說，河南省內黃縣的三楊莊遺跡所出土的廁所，乍看之下難以分辨究竟是和式還是洋式，且至今仍有爭議，但個人認為應該是和式。若非和式，而是洋式的話，那腳的位置就應該放在照片（左）的前方，後方的凹陷處較淺，上大號的話很難流下去。再者，凹陷處的寬度達三十七公分，直接坐在上面，臀部會陷下去。因此筆者認為是和式（圖10-7）。

另一方面，也有坐式馬桶（所謂洋式），例如，從安吉縣天子胡工業園楚墓出土的木製上漆馬桶（圖10-8）。因此，不僅有椅子型的馬桶[59]，還有與地板沒有高低落差的馬桶，用後者排便時，必須

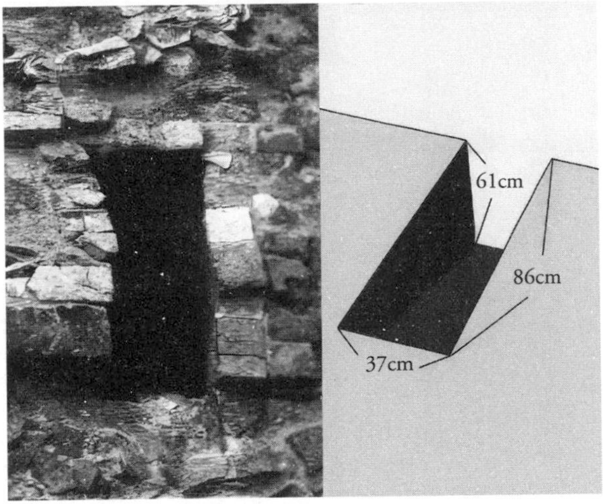

圖 10-7 ｜漢代的蹲式馬桶
（出土自河南省內黃縣三楊莊遺跡。左邊的照片為林源女士提供）

圖 10-8 ｜上漆的馬桶座
（出土自浙江省安吉縣天子湖工業園楚墓。收藏於安吉縣博物館）

將臀部坐在馬桶上，兩腳向前伸直[60]。高級馬桶旁還會附帶一間房間，讓人可以在裡面洗滌下半身和更換衣服[61]。因此廁所又被稱為「更衣」。

雖然也有些廁所會嚴格地區分男用、女用，但一般是男女共用[62]。廁所經常設在建築物的二樓，而正下方則是豬圈。換言之，廁所本體（廁）和豬圈（溷）是連成一體的結構。大小便後，排泄物會從馬桶落入豬圈。因為豬什麼都吃，所以其運作機制是，讓豬隻來處理排泄物，而不會堆積殘留[63]。而這些豬隻之後又會被人類食用，真是一個完美的循環食物鏈。

廁所無論高級與否，都相當臭。因此，高級廁所中有時會放置乾棗，供使用者塞鼻子，有時會放置香粉或香水[64]。除此之外，還有一種廁所是，將大便囤積在坑洞中，之後再用來當作田園裡的肥料。

不僅每間豪宅裡都會備有廁所，都市中也設有公共廁所（民溷）（圖10-9）[65]。當時還有打掃廁所的刑罰，推測是由受刑人負責清掃這些廁所。除了一人一間的廁所外[66]，還有一間房裡設有多個坑位的廁所。後者跟現代中國仍存在的「你好廁所」（每個坑位沒有隔斷，能看到旁邊上廁所的人，相互可以打招呼）是一樣的。漢人會感到「不好意思」的點，似乎和現代日本人大不相同。

因為現在我們還在宴會中，所以就去宴會場地內的廁所吧。男性小便時，在現代日本一般是站著，但漢代遺物中並沒有發現可以站著用的小便斗。

此外，現代日本人在上大號後，不管有沒有使用免治馬桶，最後應該都會用衛生紙擦拭屁股，但在當時，紙張仍是貴重物品。換言之，當時沒有衛生紙，他們會拿用過不要的木簡代替衛生紙。折斷木簡後，用火燒過末端部分，就能用來刮去沾黏在屁股上的大便，這被稱為「廁籌」。實際上，在商丘芒碭漢墓出土的石製馬桶旁，也確實發現了廁籌。只不過，廁籌的數量有限，因此可能有些人是淋水並用手擦拭屁股。此外，還有些人在夜晚會使用上大號用的便盆（清器、行清）和尿壺（虎子）之類的用品（圖10-10）[67]。

不只是用來方便

廁所也經常會成為推動歷史變局的舞台。比方說，西漢時代的呂產在遭遇軍事政變時，躲進了官舍的廁所裡，並在廁所中遭到殺害[68]。東漢末年，曹操的父親曹嵩在敵人來襲時，也是躲入了廁所中[69]。被追殺的人一個個都逃向廁所的原因是，許多廁所位在豬圈上方，從那裡比較容易沿著牆壁逃到屋外。東漢末年的呂布曾因手下造反，而從廁所沿著屋頂逃到屋外[70]。

圖 10-9 ｜漢代的公共廁所
（收錄於陝西省考古研究所〈西安南郊繆家寨漢代廁所遺址發掘簡報〉
〔《考古與文物》2007 年第 2 期〕）

圖 10-10 ｜青瓷製的虎子
（出土自江蘇省南京市的趙士岡孫吳墓。收藏於中國歷史博物館）

如上所述，廁所多半很臭，且和豬圈連成一體。因此，似乎沒有宮殿會把廁所設置在宮殿正中央。漢代朝廷的會議，西漢是在長安的未央宮、東漢是在洛陽的朝堂舉行，當會議時間延長時，那可就十分不妙了。皇帝身旁會有大臣幫他端著尿瓶和便盆。至於大臣們似乎不敢隨意去上廁所，像是老臣張湛等人就曾在會議中失禁[71]。

來偷窺一下廁所，裡面有人正一直發出「嗯」的聲音，卻「嗯」不出來。便祕有時會造成痔瘡，所以必須要小心。當時治療痔瘡的其中一個方法是，讓別人來舔自己的痔瘡，但究竟有誰會來幫自己做這種事呢[72]？不過，長痔瘡也不全是壞事。例如戰國時代，有的地方會在春天進行活人獻祭來祭祀黃河，而長痔瘡被認為是汙穢的，所以長痔瘡的人無法成為祭品[73]。這就是所謂的因禍得福吧。

正打算走進另一間廁所時，卻聽到裡頭傳來了喘息聲。看來是有男性將女性帶入廁所，在裡面進行性行為。據說，曾有一名女性原本就患有脾臟的疾病，又因為在廁所中進行激烈的性行為而流汗，結果就當場死在廁所中[74]。

無論如何，幾場宴會都結束了，醉醺醺的人們開始徒步返家。顯貴之人和有錢人則是乘著馬車和牛車回家。駕駛馬車的醉漢在大馬路上橫衝直撞，險象環生，惹得部分行人皺起了眉頭[75]。還有人醉醺醺地從馬車上跌落，但出乎意料地沒有太大的傷勢[76]。那我們就繼續在傍晚的街道上流連一會兒吧。

第十一章

花街柳巷的悲與喜——下午五點前後

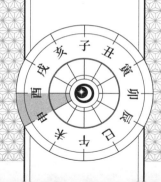

傍晚的花街柳巷

夕陽返照，一名女性靠在窗邊，心不在焉。不知是不是失戀了？她將樂器放在手邊，身旁的桌子上擺著菜餚，看上去像是山上的野菜。從這棟金碧輝煌的房子看來，她應該是個出身高貴的女性。這種時候，很多人可能就詠起詩歌來了，但她似乎也沒那心情。因丈夫遠赴他地工作而獨守空閨、喝著悶酒的妻子，又豈止她一人[1]。

將目光拉到另一處，位在暗巷裡的妓院的二樓，也有一名類似的女性。她正無精打采地佇立在窗邊。這似乎是專為高級官吏提供娛樂的妓院。湊過去偷聽，她正喃喃自語地說著：「那人……不知是否正在甘泉宮裡吟詩？」甘泉宮是位於首都的離宮之一。但她當然不可能是被皇帝寵幸過。看來她正在思念的人，是一個出入於朝廷的官吏。

上流階層的宴會上有美女作陪[2]。藝妓在酒席上陪酒時，拿著扇子（輕扇、團扇）遮住了半邊臉而更添嬌豔。賓客身旁坐的不一定都是自己喜歡的女陪侍。自己喜歡的女陪侍終於來到身旁後，男人舉起酒杯，女陪侍也舉起酒杯回敬。這時若能追到對方，那就證明你有兩把刷子[3]。順帶一提，在市場裡的酒家也有可能遇見美女。某間酒家，有一名五官深邃而美麗的十幾歲異國姑娘在工作，達官顯貴一看到就立刻上前搭訕[4]。達官顯貴們一聽到鄉里中有哪個美麗的「處子」（處女），就會開始餽贈貴重物品，試圖得到對方[5]。

藝妓流行的打扮

妓院一樓有女性們排成一排，各個打扮得華美豔麗，等待客人上門。她們已在傍晚時補好了妝[6]。在東漢初期的首都，以高眺苗條的美女最受歡迎，後宮裡也是如此，一六〇公分以上的美女雲集，讓東漢時代出現了許多身高七尺（約一六一公分）的皇后，包括明帝的馬皇后、和帝的鄧皇后、靈帝的何皇后等等。相對於西漢挑選宮女並不講究身分，東漢挑選宮女則更傾向於家世，雖然他們究竟有多注重宮女的相貌和體型，這一點仍有待釐清。儘管如此，還是有這麼多高眺的美人。環顧周遭，超過一六〇公分的美女雖然屬於少數，但每個女性都努力想要將自己原本就很纖細的腰身，勒得更細更瘦。

藝妓的雙頰上抹著嫣紅的胭脂，耳朵上戴著美麗的耳釘，身上飄散出一股香木味，芬芳得難以言喻。那時流行的好像是香木摻入少許棗子的香味。這些香味不是像西洋香水般噴灑在身上的，而

圖 11-1 ｜漢代長沙國丞相夫人家的銅薰爐
（出土自馬王堆漢墓。收藏於湖南省博物館）

是用燃燒香木時冒出的煙來香薰衣物，讓衣服帶有溫和的芳香（圖 11-1）。

化妝上也得下工夫，否則會流失客人。塗上粉底，修整眉毛後再用眉筆畫出完整眉型。還有些女性不只會在臉頰抹上胭脂，還會在臉上某些地方以金黃色的顏料裝飾。她們的手上沒有塗指甲油。從東漢時代女性的明器來看，她們的指甲似乎沒有特別加以妝點，不像現代人這麼注重指甲。腳是以光腳的狀態穿上美麗的布製鞋子。

娼妓都穿著色彩斑斕的服裝，幾乎不會有重複。畢竟女性們相互爭奇鬥豔，誰都不想與別人撞衫[7]。每個人手中都拿著五彩繽紛的扇子，插著長長的髮簪，這些也更襯托出她們的美貌。衣裳是收藏在衣箱中，有一名女性為了見她的上賓而穿上了格外華美的「羅裙數十重」[8]。這是將多件衣服層層疊疊地穿在身上的服裝，很像日本人結婚穿的「十二單*」。現在快到她們開始接客的時間了。我們也混入顧客中，跟著他們進入宴席，體驗體驗。

一入妓院，就會有一群女性出來迎接。穿過種植著桐樹和槐樹的中庭後，客人分別進入單獨房。其中一個客人立刻拿出禮物，送給他喜歡的藝妓。「這是我今天特地為妳買的唷。」仔細一瞧，是一個上頭有雕飾的玳瑁製髮簪，和一塊織著鴛鴦的絲綢，兩者都是頂級貨。藝妓內心雖然無比雀躍，但她不形於色，只是優雅地小聲說道：「謝謝，我很喜歡。」果然不論古今東西，女性對於流行的飾品都是如此著迷。有時，女性也會反過來送自己心儀的男性禮物，她們會一邊思念著對方一邊挑禮物。有個男性收到了一名懷春女性送給他的花束[9]。總之，我們可不要打擾到這小倆口了。稍稍挪動目光，從二樓窗戶眺望外頭的花街柳巷，看看是什麼景象。

*譯注：又稱女房裝束或五衣唐衣裳，是日本女性傳統服飾中最正式的一種。一般由五至十二件衣服組合而成。

官吏退朝後的去處

朝廷沒有確切規定退朝的時間。高官們來與皇帝面對面交談、討論政策後，要等到皇帝下令退朝，才能回家。當皇帝忘了下令退朝，還逕自舉辦起宴會的時候，這些高官可就別指望能走了。他們只能在燈火通明但卻鴉雀無聲的宮殿裡等待著皇上的聖旨[10]。如果是皇帝沒有親自參與的會議，好歹也會在傍晚時結束，萬一還有需要討論的議題，那就翌日再行開會討論[11]。

至於其他官吏，只要沒有重大案件，在這個時間點通常早已結束工作，正在返家的路上，或正在參加某場宴會[12]。而其中有些人正如詩歌所說的「晨趨朝建禮，晚沐臥郊園」（筆者譯：早晨小跑步地進宮殿，傍晚洗髮後，躺臥在位於郊外的家中）[13]，到了傍晚他們就會回家泡澡；還有些人則如另一首詩歌所說的「朝遊遊層城，夕息旋直廬」（筆者譯：早晨進宮城，傍晚回值宿之處）[14]，他們是回到宮中的私人休憩過夜場所。負責看守皇帝居住的「禁中」的黃門郎，則不同於這些官吏，不是在此時退朝，此時他正要前往洛陽的青鎖門，指揮夜間警備[15]。

終於日落西山。帝國露出它夜晚的風貌。宮殿內的燭台一座一座點亮，首都的大橋也亮起了燈火，各處的大門開始安上「扃」（門閂）。像是建業（今南京附近）這樣的大都市裡，會有妓院林立的區域，有些人背著妻子，從大白天起就在此尋歡作樂。因此到了這段時間，花柳街四處都能聽到妓女說著：「最好趁天黑之前回去吧。」

流連到晚上的尋芳客，有時會因喝得酩酊大醉而鬧事，略具危險性。但畢竟花錢的是大爺，妓女們還是會虛情假意地關心他們的身體健康，但又巧妙地將他們留住。不過，妓女也是會嫉妒的，如果四處留情的話，恐怕會被破口大罵「狡童」[16]、「且」[17]等等。

古代中國的顯貴們經常都有多名女性隨侍在側。對別人的妻子出手，仍是犯法的，但在正室以外納妾，則受到法律允許，有人甚至娶妻時沒有到公家機關辦理結婚（也就是「事實婚姻」的例子）[18]。換言之，雖然不能玩得太過火，但男性利用權勢和財力來坐擁許多女子，普遍被認為沒有任何不妥。這樣的人今天也絡繹不絕湧向花街柳巷。貴族子弟頭上插著髮簪，臉上塗著粉底，與日本平安時代的貴族有幾分神似[19]。

爭奪藝妓

長安的花柳街不是在人潮洶湧的大馬路上，而是與大馬路有些距離，沿著窄小的巷弄發展起來的，因此，花柳街也稱為「狹斜」。花柳街的起源可追溯至戰國時代，散見於文獻中的「女閭」、「婦閭」等詞，指的就是國家公認的花柳街。在這裡側耳傾聽，不僅能聽到男男女女嘈雜的說話聲，還能聽到藝妓一舉手一投足時，手鐲及玉佩的叮噹作響聲。

其實藝妓的歷史久遠，但哪些是在酒席上陪酒並提供音樂演奏的女性，哪些是賣身的女性，兩者的界線則不太明確。據說春秋末期，越王勾踐在軍隊裡設立慰勞娛樂機構，這很可能就是古代中國賣春機構的起源[20]。再者，漢代有女性會以士兵之妻的身分偷偷地跟在軍隊中，雖然說是士兵之妻，但從狀況來看，與其說她們是戶籍正式登記在案的妻子，不如說是非婚同居的妻子或者賣春婦[21]。

雖然在酒席上陪酒的藝妓經常被批評為卑賤[22]，然而美麗的藝妓總是大受歡迎，其中還有些藝妓留名後世，例如晉代的綠珠等。關於綠珠的其中一說是，她是大富豪石崇前往河內附近出差時，聽聞其美貌而買下的藝妓。若是如此，那她有可能是東南亞類型的美女。此外，據說在東漢時代，皇族的劉康寵愛擅長音樂的藝妓宋閨，後來皇族的劉錯也對她十分迷戀[23]。這種相互爭奪藝妓的戲碼，可以追溯至漢代，西漢哀帝就曾經感慨地描述出，朝臣們為了藝妓而有多麼鋪張浪費的情景[24]。

然而，藝妓的人生也不見得都是那麼風光而浮華。其中有不少人被富人贖身後，就孤寂地過著鬱鬱寡歡的生活，有一首詩歌就唱出了「昔為倡家女，今為蕩子婦」（筆者譯：過去曾是娼妓，今日則成了花花公子的妻子）的悲劇[25]。

在這之後，藝妓的歷史仍在持續，南北朝時代也有許多貴族對藝妓疼愛有加。比方說，與皇室關係密切的貴族劉孝綽，曾與一名藝妓共度一宿，第二天早上，當他窸窸窣窣地從被窩中起床時，發現建築物外已經擠滿了正要前去上朝的官吏。他的同事何遜看到這幅景象，就對劉孝綽調侃了一番[26]。總之，上述這類浮華的生活是與平民百姓無緣的。古今中外都只有富有的男性，才能一年到頭與女性尋歡作樂。

男女的性愛

有一名男性正在朋友家作客。到了這個時間，他們還沒打算散會，甚至主人和客人都開始忘情於遊戲中。無可奈何的妻子，也只能專注地看著遊戲盤。客人扶著靠手（几）探出了身子，不知是不是遊戲快輸了。但勝負未定，遊戲還在繼續[27]。玩這類遊戲時，賭錢是違法的[28]，但只要不涉及賭博就不被禁止，仔細一瞧還會發現，許多人家都正在玩著這類遊戲。讓我們將目光轉到附近的另一戶人家。

相隔幾戶的某個人家，有一對男女正全裸交纏著[29]。今天恰好是兩人的洞房花燭夜。女人雖然下定決心「努力在家工作，廚房一手包辦，當個稱職的好妻子」，無奈對床笫之事毫無頭緒。她褪去衣物，塗上脂粉，想討丈夫歡心，但又不知接下來將會如何[30]。

再瞧瞧另一戶人家，裡頭是剛剛在妓院看到的男人和女人。女人是妓院首屈一指的美女，男人是那名官吏。他好像也不怕隔天早上回到家後會被正室挖苦，便仗著醉意選擇「留宿」。有客人的房間，會放下帷幕（羅幃）或窗簾（翠帳）遮擋[31]。房間裡備有枕頭和被褥。

男人以熟悉的手法，脫去女人的衣服。同時，兩人開始接吻起來。接吻是情人之間表達愛意的方式，無論是東洋人或西洋人，從西元前就開始有這樣的行為。接吻又分很多種，當時的人在性交前也會舌吻（圖11-2）[32]。

此時，男人開始將手伸向了女人的胸部（圖11-3）。目前並未在任何中國古代文獻上發現對女人胸部大小的記載，所以當時男人是否有戀胸情結，我們不得而知。不過，既然有石像雕刻出男性將手伸向女性胸部的場景，那就表示對胸部興致盎然的男性也是存在的。

男人的手逐漸向下腹部的方向移動，最終到達女人私密處的黑色草原。從馬王堆漢墓出土的女

圖 11-2 ｜漢代的接吻
（出土自四川省瀘州市合江縣漢墓的陶俑。收錄於索德浩《四川漢代陶俑與漢代社會》〔文物出版社，2020 年〕）

圖 11-3 ｜從接吻到愛撫
（1941 年出土自眉山市彭山區。收錄於南京博物院編《四川彭山漢代崖墓》〔文物出版社，1991 年〕）

屍來看，女屍身上沒有腋毛，有可能是會習慣性地處理腋毛，漢墓中還發現了拔毛的鑷子，不過她身上的陰毛還是保留了下來[33]。

許多現代的日本女性，會刮腋毛或拔腋毛，現代中國會保留腋毛的女性也很少見，但這並不能拿來判斷文化的進步與否。比方說，少部分的好萊塢女演員會堅持保留陰毛或腋毛，並視其為時尚的一環，體毛的有無只能反映文化與流行的差異而已。

話說，漢代的知識分子之間流傳著一種名為「房中術」的技法與觀念，試圖透過性愛達到長生不老、維持健康的目的。例如，自馬王堆漢墓中出土的《十問》、《合陰陽》、《天下至道談》、《胎產書》、《養生方》、《雜療法》都是房中術的相關書籍。這些書籍將女性的陰部，分別按形狀、顏色加以分類，並透過花朵和動物的意象命名。如此詳細的命名與分類，顯示出漢人對於女性性器的蓬勃興致。

男性緩緩褪去女性的衣物。正如方才提到的，當時的女性既不穿胸罩，也不穿內褲，所以輕輕鬆鬆就能攻城掠地。目前尚不清楚古代中國的男性是否有舔陰的行為，但我們知道女同性戀之間是有舔陰行為（對食）的，而且當時的人甚至相信，汲取女性的愛液吞飲，能補充元氣，因此男性會為女性舔陰也是合情合理[34]。據信古代羅馬人不會為女性舔陰[35]，如此說來，或許我們可以認為，漢代男性比古代羅馬男性更懂得服侍女性。此外，目前不清楚當時女性是否會為男性吮陽，但在《十問》中也可見到類似的記載（該文也可解讀成關於舔陰的記載）。實際上應該是每個人都有自己的玩法吧。

準備就緒，終於要插入了。當時的性交除了正常體位、後入體位外，也有以女性為主導的騎乘體位[36]。從馬王堆漢墓出土的帛書來看，當時的人已經知道，不僅男人，女人也有高潮。現在，性行為正在邁向最後階段。

自慰與性具

前面偷窺到的性交，都做得如魚得水，但也有性交不順利的例子。秦漢時代十分看重碩大的陽具，嫪毐就是其代表性的例子。嫪毐用陽具舉起車輪的傳說相當著名。如此說來，短小的男性是不是就會暗暗自卑？確實如此，魏晉時代有一名貴族娶了媳婦，當他欲圓房時，因為妻子太過肥胖而無法插入。於是他就惱羞成怒地說：「這女人沒有陰部。」並與她離婚。後來妻子卻與再婚對象順利地完成性行為，因此他們的離婚恐怕只是出於前夫的自卑感和焦躁感[37]。無論真相如何，這類軼事

圖 11-4｜漢代的假陽具
（出土自河北省滿城漢墓。收藏於河北博物院）

揭示出古代人對於性愛也是存在著各種煩惱的。

那麼，沒有對象的適齡女性該如何滿足性慾呢？大多數的女性可能不會思考這件事，就只是心癢難耐將自己裹進被子裡睡覺。但有一小部分的女性則有可能進行自慰。之所以會這麼說，是因為有仿陽具的道具，在漢代女性墳墓中出土（圖 11-4）。雖然很難想像有哪個女性會在病榻上，對自己的家人或朋友留下遺囑說：「一定要把我愛用的這玩意放入我的墳中，這樣我到了陰間才能繼續使用。」但總之，墳墓裡確實有這樣的道具陪葬。其他類似物品也有在他地出土，因為形狀十分精巧合身，所以被認為是宮女的私人用品[38]。說不定是因為宮女無法邂逅皇帝以外的男人，運氣不好，還得守一輩子活寡，才會用這些道具

圖 11-5 ｜性交與自慰
（出土自四川省樂山縣麻壕崖墓。收藏於四川博物院）

來自我撫慰。

宮女之中也存在女同性戀，也有可能是她們在使用的。至少圖11-4的構造是讓兩個女性同時享受的。另外，在西元四世紀前後的小說中，出現了覺得自己性慾得不到滿足，而從早到晚都在喝酒解悶的女性[39]。

男性也有可能使用類似的道具。因為西漢的中山靖王墓、盱眙大雲山漢墓（江都王劉非墓），以及瀘州龍馬潭區麻沙橋漢代庶民墓等地，都有類似的道具被發現。漢代以後，性愛玩具的花樣增加，明代還能見到「角先生」、「廣東人事」、「緬鈴」等詞彙，這些似乎都是用來進行各式各樣難以啟齒的事情。就算沒有道具，也能用自己的手自慰，圖11-5左側的人正是一例。但本書不會對相關問題進行更深入的探討。很遺憾地，史料上幾乎沒有相關內容，而且再繼續刨根究底，恐怕就太不恰當了。

各式各樣的性愛形式

除了女色之外，也有「男色」，也就是男人寵愛的人是男性[40]，男色的對象稱為「孌童」。比方說，春秋時代的衛靈公就寵愛過美少年彌子瑕。只不過，愛情也是取決於外貌，有一次彌子瑕吃了桃子後，把沒吃完的遞給衛靈公，衛靈公開心地將桃子吃完，但等到彌子瑕年老色衰時，衛靈公就突然想起了桃子的往事，斥責彌子瑕說：「你以前竟把吃剩的桃子給我吃，太不像話了。」並對他做出懲罰[41]。所以美少年也是過得如履薄冰。

不過也有人率先出招。楚國的美男子安陵纏受楚王寵愛，他宣布說，楚王身故後自己也會共赴黃泉，於是楚王就更對他疼愛有加了。此外，戰國時代的龍陽君也十分著名。龍陽君受魏王寵愛，某天兩人一起去釣魚時，魏王每釣到一條魚，就會將之前釣到較小的魚丟棄。龍陽君看到，便哭著說：「大王喜新厭舊，總有一天一定也會拋棄我的。」自此魏王便禁止了對美少年的聘用[42]。

圖 11-5 ｜枕頭
（出土自馬王堆漢墓。收藏於湖南省博物館）

孌童都是女性化的男性。比方說，龍陽君被評為「夭夭桃李花」（筆者譯：年輕美盛的桃李之花）[43]，「桃李」原本是指稱美女時的代名詞。龍陽君等孌童不但被比擬為仙女，還有人說連美女看到他們都要嘆息[44]。換言之，他們並非男性化的男人，而是女性化的美少年。漢代也有男色的例子，比方說漢哀帝寵愛董賢。相傳，董賢午睡時經常將頭枕在哀帝的手臂上，而當哀帝起床時因不想吵醒他，便將袖子裁斷。但看看實際的漢代枕頭，會發現是硬邦邦的四角柱形物，就算把手臂給別人枕著，應該也很容易就能將手臂抽出來，不過這裡就不要再吐槽下去了（圖 11-6）。順帶一提，在男男的愛情中，每個人對相貌也各有各的偏好，其中還有喜歡醜男的君王[45]。

前面稍微提過，秦漢時代也有女同性戀者。看看宮廷內，後宮裡除了皇帝，幾乎都是女官或宦官，因此有時愛情和性關係也會發生在女官之間或女官與宦官之間，還有女官和女官結為夫婦，由於她們會互相舔陰，所以這類女女的情侶被稱為「對食」[46]。

無論如何，同性戀在當時並未受到太大的歧視，與同性性交的人也不一定一輩子都不會嘗試異性之間的性愛。有時，同性之間的性行為，反倒被當成是在彌補男女婚姻中的缺憾，至少上流階層的性愛是十分多元的[47]。

不過，與不特定多數做愛的亂交或人獸交等的行為，則被認為是悖逆人倫的[48]。近親性交亦不被允許，堂表兄弟姊妹之間，即使是在情投意合的情況下發生性行為，也會被判有罪[49]。西漢時代的皇室裡，還出現過性倒錯者，他想讓人類與禽獸性交生子，於是強迫宮女四肢跪地，讓羊或狗與宮女交配，最後受到皇帝懲罰[50]。此外，有君王在室內掛著裸體男女交媾的繪畫，並與叔伯、姊妹們望著畫作飲酒，最後他也受到了懲罰[51]。

第十二章

人與人的連結與摩擦——下午六點前後

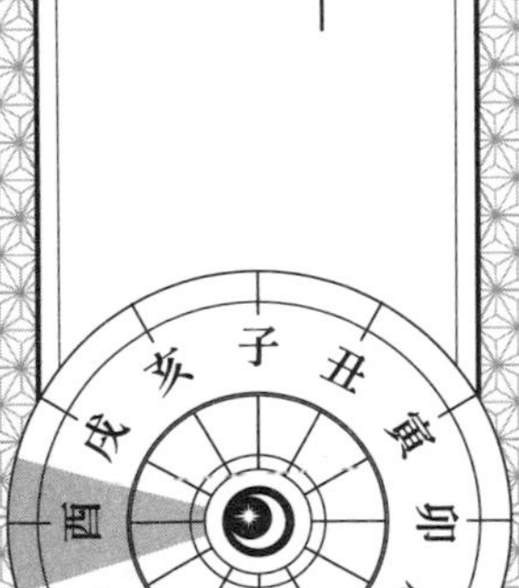

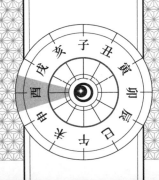

闔家團圓的景象

日薄西山。森林地帶，迴盪著猴子的「吱吱吱」叫聲，一股哀傷的氛圍繚繞[1]。人們結束農務，踏上回家的路。出門狩獵的人們趕忙著要回到縣城內，但城門已關閉。分布在沿路上的警察局（亭）的人，叫住一個半老的男人，並怒斥道：「我管你以前是將軍還是什麼，這裡已經禁止通行了！」[2]今晚，男人只能留宿在亭的宿舍裡。絕大多數的市場都已關閉，只剩在鄉村裡非常態的特別夜市裡，還能見到熱鬧的氣息。

在縣這個等級的大都市裡，到了這個時間，就無法在主要幹道上自由行走了，人們只能留在自己的里中。不過，在里中仍可以散步或飲食。因為這是闔家團聚的時刻，所以家家戶戶燒著柴火。白天都在工作的人，此時終於可以入浴，家人正在為此準備熱水。沒有水或火種也不用擔心，只要敲敲隔壁鄰居的門就一定能借到[3]。

不過，鄉里之間並非所有人總是相處融洽。其中一定也有些人只是做做表面工夫，維持住朋友、點頭之交（面朋、面友）[4]的關係，一起生活在村落裡。如果探頭進各家各戶裡，看看正呈現什麼樣貌，就會發現當下是全家人圍著火團圓的時刻，但他們的聊天中似乎出現了人際關係的話題。

從當時的禮儀作法來看，即使互為家人，男女還是必須區隔開來，不能同坐一個座位，不能把衣服掛在同一個衣架上，梳子、拭手巾也不能共用。尤其是弟弟與兄嫂之間，甚至不能打招呼問候對方過得好不好，他們必須小心翼翼，不讓周圍產生不必要的懷疑。而且，外面的事不能帶進家中，家裡的事也不能對外張揚[5]。但那只是在禮法上。實際情形則是，狹窄的小房子裡，男女混坐，大家一起聊著裡裡外外、各式各樣的話題。

村落中的紛爭

當時，人際關係崩壞的其中一個原因是，每個人的價值觀各不相同，因此彼此容易出現歧見。例如，有人會為老朋友便宜行事，有人喜歡拿著公共財產、四處撒幣，有人輕俸祿而重信念，有人不惜知法犯法也要幫助親戚，有人寧可放棄官位也要替朋友兩肋插刀，有人離群索居、逃離統治，有人四處與人爭執、違抗命令，有人樂善好施、贏得大眾歡迎等等[6]。他們各有各的信念，經常產生對立。多元價值觀的共存並非現代才開始的。

要讓這樣的人類社會得到穩定，就需要一定的秩序。因此，孟子曾說過，君子對鳥獸草木應以慈悲之心（愛）待之，對人民應以體恤之心（仁）待之，對親戚應以親善之心（親）待之。但實際要做到又談何容易，當時還曾發生過因某些原因而霸凌的例子。讓我們來看看戰國末期的秦國審判文件[7]。

某個村落的甲方共有二十人，將住在同一村落的丙押送至縣廷，提出控告說：「丙有『寧毒言』（後述）的惡習，我們不想再和丙一起吃飯，所以前來申訴。」縣廷詢問丙，丙則供述道：「我的外婆在三十多歲時，因犯下說人壞話之罪，被村落流放。我家有祭祀時，邀請甲方的人，他們不來；他們有祭祀時，也不曾邀請我去參加他們的聚餐。當里舉辦祭祀時，雖然我們會聚在一起吃飯，但他們從不與我共用餐具。甲方的人和里中的人都不想和我一起飲食。所以我從來不曾有寧毒言，也沒有犯過其他任何罪。」關於此處所說的「寧毒言」有兩種解釋，一說是當時的人迷信烏鴉嘴，害怕別人壞事一說就會靈驗；另一說是當時的人根據南方中國人口腔內有病原菌的傳說，害怕透過飛沫感染到他們的病毒。無論如何，我們可從此窺見一個男人受到群體排擠的悲哀。

當時，諺語曰：「千人所指，無病而死。」（筆者譯：被一千人在背後指責的人，即使無病無痛也會死亡）[8]情節嚴重的排擠或霸凌，當然會帶來悲劇。即使發生了爭執，由於暴力行為是被禁止的，因此只能向縣或鄉的官署投訴。然而，當時的民眾可以佩劍，並用於一對一的決鬥中，除此之外，有些家庭還備有十字弓（弩）[9]。東漢時代的明器中，也發現過身上佩劍的農夫像。因此爭執經常會發展成刀光血影的事件。

此外，家人之間也會起爭執。在當時，有道是：「雖有親父，安知其不為虎？雖有親兄，安知其不為狼？」（筆者譯：生父也可能變成猛虎，親哥也可能變成豺狼）[10]不過，此時若不顧上下關係，就會犯下重罪。比方說，戰國時代，秦國的法律明文規定：毆打曾祖父母者，處以鯨城旦舂。鯨是刺青之意，城旦舂則是指重度的勞役刑。假設自己家中的奴隸表現出惡劣的態度，這家人也不能單憑自己的判斷，就殺害奴隸，而必須交由縣的長官裁決[11]。一天的工作結束後，回到自己家中，此時迎接自己的，不見得都是幸福時光。正因同在一個屋簷下天天見面，所以這段時間既有可能是全家快樂團圓的時光，也有可能是地獄般的折磨。

順帶一提，有個唐代的歷史故事是這麼說的：一名男子身為大家族之長，帶領多達九代的家族成員，某天皇帝詢問其秘訣為何，他默不作聲地寫了一百個「忍」字，皇帝一看便落下淚來[12]。雖然時代稍有出入，但這個例子很明確地告訴我們，要帶領一個大家族是多麼困難的事。

婆媳問題自古存在

漢代的女性和現代一樣，經常為婆媳關係和夫妻關係所苦。首先，媳婦和婆婆並沒有血緣關係，卻要在家中天天見面，一個沒搞好，就有可能變成無路可逃的地獄。

有一名女性對其丈夫悲嘆道：「十三能織素，十四學裁衣。十五彈箜篌，十六誦詩書。十七為君婦，心中常苦悲。君既為府吏，守節情不移。賤妾留空房，相見常日稀。雞鳴入機織，夜夜不得息。三日斷五匹，大人故嫌遲。」（筆者譯：我十三歲懂得織布，十四歲學了裁縫，十五歲會彈豎琴，十六歲能背誦《詩》、《書》。十七歲成了你的妻子，內心總是感到哀傷。你當上政府官員後，就把工作擺第一，無暇顧及我，留我獨守在空蕩蕩的房裡，兩人也幾乎無法見面。我從公雞打鳴時就開始織布，夜夜通宵達旦，三天織五匹絲綢，婆婆還是嫌我慢吞吞）[13]無論哪個時代，婆媳關係都是個大問題。

當然並非所有婆媳都關係不好。比方說，漢代名為周青的媳婦非常孝順她的婆婆，最後婆婆甚至說出：「我老，久絫丁壯，柰何？」（筆者譯：我年事已高，不該一直造成年輕人的困擾）隨後便自殺了[14]。雖然結局是悲劇，但媳婦與婆婆的關係簡直好過頭了。

另外有個寡婦，她婆婆勸她再婚，但她不聽，只說要繼續照顧婆婆，還說否則就要自殺，最後照顧了亡夫的母親二十八年[15]。此外，河南郡樂羊子的妻子盡心孝敬婆婆的故事也很出名。有一隻別人養的雞跑到自家院子裡，婆婆便殺了那隻雞，要吃時，媳婦哭著說：「自傷居貧，使食有它肉。」（筆者譯：都怪我們這麼窮，害婆婆得吃別人家的雞肉）婆婆便把雞肉扔了。後來強盜闖入他們家時，她也挺身保護婆婆，最後還當場自殺，強盜因此逃走[16]。

一方面有盡心盡力孝順婆婆的媳婦，另一方面也有心繫媳婦的婆婆。有個婆婆要回婆家幫忙祭祀，出門前說自己傍晚前會回來，但實際上黃昏前她就回到村落附近了，但當天是祭祀日，媳婦留在村落裡參加宴會，宴會正舉行到一半。此時，婆婆心想要是自己在場的話，媳婦恐怕無法盡興，就在村落的大門外打發時間到傍晚[17]。

正如以上這些例子，也是有關係良好的媳婦和婆婆。但這些畢竟是特例，正因為是特例，才會被人記錄下來，成為史料。而且在漢代，妻子光是對公公或婆婆惡言相向，都會被處以斬首之刑，所以即使妻子控告婆婆，基本上官府連受理都不會受理[18]。

走向破滅的夫妻關係

會發生問題的不只有婆媳關係，最重要的夫妻關係也會因為進入倦怠期而產生裂痕。比方說，某個家庭，妻子稱丈夫為「卿」（老公），丈夫要她別這樣，她就回嘴道：「親卿愛卿，是以卿卿；我不卿卿，誰當卿卿？」（筆者譯：因為我親近卿、愛卿，所以才將卿稱為卿。如果我不稱卿為卿，那是誰要稱卿為卿？）[19]當時有句諺語是「予聞忘之甚者，徙而忘其妻」（筆者譯：容易忘東忘西的人，搬家時連妻子都會忘記）[20]。這聽起來已經像是在開玩笑了，但這個諺語也能讓人感受到一名男性對家庭生厭的煩惱。

另一方面，還有一個例子是，一名父親擅自決定了女兒的婚姻大事，母親向他抱怨了幾句，他就回道：「此非兒女子所知也。」（筆者譯：這種大事，小孩和女人哪裡會懂）[21]非常像大男人主義者會說出的台詞。另外，相傳戰國時代的列子家境清貧，某天君主送禮給列子，但列子竟然拒收。妻子搥胸數落列子，列子答道：「主君是聽別人說才這麼做的，並非他自己想送禮給我。這種禮物背後通常都有蹊蹺，所以我不該收受。」[22]真不愧是列子，他是在貫徹自己的原則。但作為他的妻子，應該根本管不了那麼多，只想用那些禮物來貼補家計吧。

其他還有很多原因能造成夫妻關係的矛盾。比方說，西漢時代的朱買臣，年輕時家貧，總是一邊賣薪柴，一邊朗誦書籍，如同日本的二宮金次郎*。但他妻子卻覺得丈夫朗讀的樣子很土，讓她感到抬不起頭來，最後因為受不了而提出離婚，朱買臣也答應了[23]。

夫妻關係崩壞的另一個原因是外遇。如前所述，當時無論男女都有可能主動搭訕異性，而且對方已婚與否並不重要，因此容易發生外遇。尤其那些風流成性的丈夫和男友，問題特別嚴重。某個丈夫把生下孩子的妻子拋在家中不顧，自己和新結識的女性過從甚密，讓妻子感到忿忿不平。妻子即使面對的是一個不忠的丈夫，還是不得不繼續稱他為「君」（老公），稱丈夫的男性親戚為「兄」（大伯子、小叔子），這讓她對此產生了疑問[24]。

其中也有包容力十足的女性。有一名女性，一大早就起床織布，恰巧遇到晨歸的丈夫，她便為外遇的老公重新張羅飯菜，並說從今以後也要恩愛如初[25]。但這樣的女性並不多見，實際上，多數的女性似乎還是會悶悶不樂地哀嘆：「借問倡樓妾，何如蕩子妻？」（筆者譯：究竟是當青樓的妓女

---

*譯注：日本江戶時代後期的思想家與農政家。昭和時代，許多日本小學的校園裡，都建造了二宮金次郎一邊背著柴走路，一邊讀書的銅像或石像。

幸福，還是當外遇男的妻子幸福？）[26]

當然，有時女性也會紅杏出牆[27]，也有過兩名男性為一名女性大打出手，結果構成傷害事件[28]。漢代就有一名與有夫之婦有染的男人，被情人的丈夫砍傷臉部的事件[29]。在一個傳說中，與有夫之婦私通的其實是蛇神，後來蛇神被其丈夫殺死[30]，都搞不清楚究竟邪神比較可怕，還是人類比較可怕了。另外，還有女性在丈夫或丈夫父母的葬禮中，就在棺材旁與丈夫以外的男性發生關係，總之，在法律上，外遇似乎只有現行犯才會被判有罪，所以外遇的那一方都會極力否認[31]。

其實，近年的研究顯示，左右一個人是否會外遇的，是當事人的基因，因此再怎麼強調善惡，再怎麼加強懲罰，都無法根絕外遇[32]。換言之，外遇無法純粹當作正義或倫理的問題來處理。外遇在古代中國也一直存在，當時的人也都會疑神疑鬼地懷疑另一半是否有外遇。

即使是對另一半十分忠誠的男性，如果隻身前往他地任職，也難免被周遭的人投以懷疑的眼光。比方說，有一名男性在獨自前往他地任職的期間，某一天衣服綻線，但他自己又不懂裁縫。於是他在鄰居太太的熱心下，讓對方幫自己縫補，後來那名太太被丈夫懷疑出軌，最後事情鬧得不可開交[33]。還有另一名男性，只是在鄰居的妻子過世時流下淚來，就被周圍的人懷疑他與那名妻子生前有染[34]。無論古今，周遭的眼光總是那麼棘手。這種不了解情況，就一味將自己狹隘的價值觀強加在他人身上的做法，簡直就跟現代社群網站上的留言區一模一樣。

還有一對夫妻白天去廟裡拜拜時，妻子許的願望是健康平安和得到百束麻織品。丈夫對她說：「妳的願望還真小。」妻子便回說：「願望許大了，說不定你就要花錢買小妾了。」[35]

在不孝與離婚的夾縫間

歷經了種種問題後，最後也有人提出了離婚。事情走到這一步，有些丈夫甚至會對妻子暴力相向。如果妻子很暴躁，丈夫就有可能用鞭子抽打妻子。像這種有理由的鞭打，丈夫是可以獲判無罪的[36]。反之，妻子若毆打丈夫，就會被判有罪[37]，由此可以明顯看出當時夫尊婦卑的思想。

現在也常聽人說，離婚比結婚難。「離婚」一詞出現於魏晉時代，不過在這之前就已存在離婚事件。離婚有各式各樣的理由，某份史料指出，夫妻間價值觀的不一致會導致離婚，造成財產分配上的問題。而要離婚就必須夫妻一同向官署提出申請[38]。

法律上，離婚被稱為「棄妻」，離過婚的女性也會被這樣稱呼。一旦離婚成立，兩人就等於是毫無關係了。如果前夫在離婚的當晚硬上前妻，那也會被當成強姦罪論處[39]。

有的妻子會在離婚前偷存私房錢，以免離婚後過上貧窮生活。戰國時代，曾有人在嫁女兒時，教女兒說：「必私積聚。為人婦而出，常也。其成居，幸也。」（筆者譯：妳一定要偷存私房錢。婚後被丈夫逐出家門，是稀鬆平常的事，能白頭到老的例子，都是僥倖）後來這名媳婦偷偷摸摸的行為令婆婆起了疑心，導致最終離婚，但離婚當時媳婦的財產已增加成過去的兩倍[40]。這雖然是一段難辨真偽的民間故事，但現實中確實有可能發生。

那麼，在什麼樣的情況下離婚才會成立呢？首先必須注意的是，那時存在無法與妻子離婚的三項條件（三不去）[41]。三不去是指以下三種情況：公婆過世時妻子有確實服喪、過去曾胼手胝足一同打拚（現在因而變富裕）、已經無娘家（因此無家可歸），在這三種情況下，就算丈夫想和妻子離婚，也很難得到周圍的諒解。

反之，關於如何才能與妻子離婚，也有七項條件（七去）：①沒有子嗣，②妻子淫亂，③妻子不順從公公和婆婆，④妻子是個大嘴巴，⑤妻子善妒，⑥妻子有偷竊習慣，⑦妻子染疾。此外，妻子對丈夫不敬，也是離婚的一大原因[42]。

生不出孩子尤為重要，即使妻子長得美、脾氣好、做事認真踏實，只要生不出孩子，就非常有可能被休妻[43]。三國時代的曹植也曾作詩道：「無子當歸寧。有子月經天，無子若流星。」（筆者譯：沒孩子，一般就得回娘家去。生出了孩子的妻子，好比月亮當空放光明；生不出孩子的妻子，如流星般晃眼即逝）[44]因為在儀禮上，婚姻原本的目的就是要替夫家添子添孫的。夫妻在離婚時互相爭奪孩子的監護權，這在現代雖然是理所當然的事，但它的歷史其實並不長。

儒家所謂的不孝，是指不盡心孝養父母，包括好吃懶做、賭博、酗酒、愛財而獨厚妻子、因縱慾而滋事、令父母蒙羞、因逞凶鬥狠而讓父母身陷危險[45]。對當時的人而言，無論擁有再多土地，妻子再怎麼貌美如花，即使當上天子，只要不能讓父母開心，就毫無意義。其中不留下子嗣又屬最嚴重的不孝行為。當然從醫學角度來看，不孕的原因未必出在妻子身上，但當時多半還是會把責任歸咎於妻子這方。

再婚之路

其他還有很多離婚的案例。比方說，東漢時代有一個人名叫鄧元義，其父親鄧伯考為政府高官。某日，鄧元義返鄉後，讓妻子留在故鄉照顧婆婆。但婆婆苛薄以待，將妻子幽禁在房間裡，不給她足夠的食物。鄧伯考聽聞此事後，就讓媳婦回去娘家了，後來她改嫁給另一名政府高官[46]。

相反地，也有妻子主動提離婚的例子。比方說，西漢時代淮南王的太子，曾長達三個月不與太子妃共寢，兩人最終離婚了[47]。這就是由妻子提出離婚的例子（只不過是丈夫設下的計謀）。再者，有一名妻子因丈夫外遇，憤而提出離婚，還說：「男兒重意氣，何用錢刀為。」（筆者譯：男人貴在重情重義，而不是財大氣粗）[48]另一個例子是，妻子身體不適，回娘家療養，但久久不癒，兩人便直接離婚[49]。此外，男人若被派去駐守萬里長城，就得將妻子留在家中，獨自前往，但駐守的期間太長，其中甚至有丈夫主動對妻子提議說：「便嫁莫留住。」（筆者譯：請妳改嫁吧，別等我了）[50]

乍看之下，女性改嫁難度很高。尤其當時的人認為，即使丈夫的性格和行為有問題，妻子堅持不離婚，即使丈夫過世，妻子堅持不改嫁，就是一種美德[51]。然而現實上，西漢功臣陳平的妻子卻曾多次結婚、多次喪夫，直到嫁給第五任丈夫陳平，才得到她的終生伴侶[52]。說到底，對平民百姓而言，比起儒家禮儀，如何在現實中活下去，並實現子孫滿堂，才是最重要的。

不管如何，全家團圓又或家庭會議的時間也來到了尾聲。雖然只有一兩個小時，感覺時光匆匆，但夕陽西下，四周已經暗了下來。對於沒有燈燭，又沒錢準備燈燭的家庭而言，接下來也就只能準備就寢了。

第十三章

睡前準備——下午七點前後

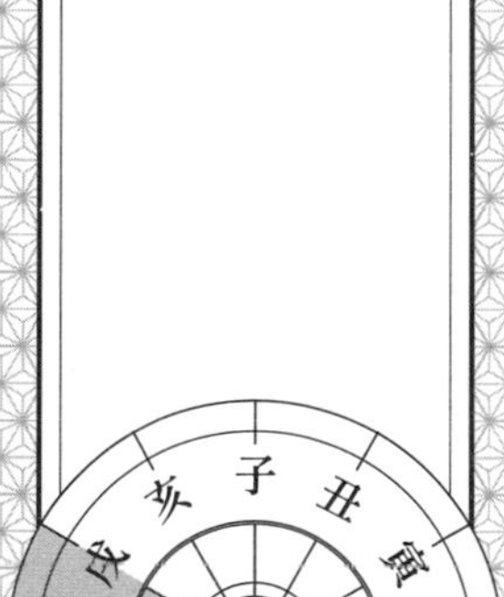

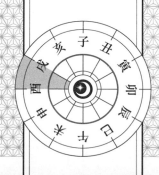

在燈火下加班的女性們

有的夫妻一起在田裡工作到半夜[1]，四周昏暗不清，連手邊、腳邊都看不清楚，還是早點回家為妙。這個時段又被稱為「夜食」、「夕食」，一日三餐的人，此時正在吃飯。但貧窮的家庭，連燈都沒得點，已經準備就寢。

有的女性到了這個時間還不回家，仍在田裡努力工作。而且當時有不少女性要跟丈夫一起下田，回家後，還得織布、帶小孩，每天過著忙碌的生活。她們當然不是天生就比男性擁有更多樣化的工作能力[2]。這種能力是後天努力得來的。丈夫的衣服一般都是妻子親手製作的[3]，妻子一到農忙期就會忙得不可開交。詩歌有云「寒婦晨夜織」（筆者譯：寒冷中的婦人，晨夜都在織布）、「寒機曉猶織」（筆者譯：寒天中，織布機織到拂曉仍未停），可見有些女性到了半夜仍在織布（圖13-1）[4]。

天黑後，在家中工作需要有燈火。若是宮殿，則有工藝精美的燈具，甚至可以調節燈光亮度。舉例來說，來看一件上面刻有銘文「陽信家」三字的燈具。這應該是漢武帝的姊姊信陽公主的相關物品（圖13-2）。這是一件王公貴族之間的贈禮，每一個零件上都刻著小小的銘文和數字。乍看之

圖 13-1 ｜織布的場景
（出土自江蘇省銅山縣洪樓村。中國國家博物館所藏畫像石。拓本模寫）

圖 13-2 ｜長信宮燈
（出土自河北省滿城漢墓。中國河北博物院所藏）

下，這彷彿是出自匠人手中獨一無二的藝術作品，但實際上，每項零件都是制式生產的，透過不同零件的組合，才形成這件具有獨特風格的燈具[5]。

這樣的燈具中，只要放入燃料，再偷偷加入一點蘭花的萃取物，就能在照明的同時帶來滿室馨香[6]。燈火主要是以油脂（牛油等）點燃，這種燃料價格高昂，因此也可以退而求其次，買一段一尺（約二十四公分）的胡枝子枝條，折斷後燃燒。除此之外，蠟燭般的物品當時似乎也已存在[7]。

當時，有詩歌云「貧窮夜紡無燈燭」（筆者譯：因為貧窮，夜裡紡織時，沒有燈燭）[8]，可見燈燭的費用絕對不容小覷。

因此，村落裡的女性要夜晚加班時，就會聚在一間大房間裡一起織布[9]。如此一來就能減少照明的開銷（圖13-1）。當然，並非每一個來參加的女性，都有足夠的經濟能力，準備相等的燈燭，這時彼此就會起爭執[10]。要化解爭執，就要互相溝通合作，但有些女性也會因此落入賽局理論所說、相互猜忌的「囚徒困境」中。

雖然會有這類糾紛，但她們還是建立起了成員清一色為女性的社群，年長者在其中指導新手織布技術。至於貴族女性，只要十三歲左右起懂織布，十四歲學裁縫，十五歲能演奏樂器，十六歲能背《詩》、《書》，就很了不起了[11]。

關於女性間的社群，還有一個知名的例子，那就是她們也會私下成立互助團體，每個人各出一些錢，用在喪禮的舉辦上。這種人民私下組成的互助團體稱作「單」，這類團體的成員不一定會和宗族或里人完全重疊[12]。她們需要在團體中繳交的錢，就像是現代日本的標會會費、社區自治會會費，雖然這是一筆麻煩的支出，但卻能在「萬一」的時候發揮作用。古代中國的社會容易受戰亂、天災影響，在這樣的社會中，這是一種不可或缺的保險，也是女性之間必須和睦相處的原因。

寫信給思念的人

到了這個時段，有的女性會開始寫信給正在出差的男友或丈夫。雖說是信，當時紙張尚不普及，頂多當作中藥材的包裝紙使用，所以人們不是將文字記錄在紙上，而是記錄在木簡、竹簡或絲綢上。

有一名貴婦一邊讓侍女幫她拿著照明，一邊寫信[13]。她一心期盼著能儘早收到回信，而在信末寫下「匆匆」（盼早日回信之意），但最晚傳到南北朝時代，大家就已把「匆匆」的原義幾乎忘得一乾二淨[14]。現代人也會不懂原義就直接搬用「敬上」等書信用語，這和當時對「匆匆」的使用，有著異曲同工之妙。

並非所有女性都會寫字。就連上流階層出身的女性，也要以學習製作衣服為優先，如果優先學習學問，是會遭到責罵的[15]。正如前述，雖然十六歲會閱讀書籍是一件很了不起的事，但前提是在這之前，紡織和音樂方面的造詣都要能獨當一面。因此，實際上許多女性的信件，是由他人代寫的。

總之，私人信件還是拜託朋友轉交吧。雖然國家有國家的郵政機構（郵），但那是專門用來聯絡中央與地方的官署，藉以傳達詔令的，所以私人信件原則上是不能託那裡的郵差寄送[16]。因此，想要將信送到隻身在外地工作的丈夫手中，最好是能找到預定前往該地的人，將自己的信件託付此人轉交。再者，唐代還有人會使用飛鴿傳書[17]，但在秦漢時代並無相關例子。

信件一旦寄出，就無法確認是否能確實送達對方手中。即使確實送達，也不知道要過多少個月才能收到回信。當信件以這種方式來回往返時，信件本身的意義，就不是現代所能比擬的了。

泡澡後準備就寢

夜晚加班告一個段落，該準備就寢了。太陽西沉，周圍逐漸陷入夜晚的黑暗中。在道路上與人錯身而過時，連對方的面孔都看不清楚。日本自古將剛剛日落的時段，稱為「誰彼」，其本義即是，此時走在路上，遇到人就不得不問：「你是誰？」這真是神來妙喻啊。

這個時段走在城外極為危險，因為城內的通行也已受限，所以路上幾乎看不到平民。農民也放下手邊工作，順著家家戶戶的炊煙，走在回家的路上，有時候孩子們已經在家門前迎接了[18]。旅人也放棄趕路，下榻在客棧，吃一頓遲來的晚餐[19]。其他的人不是準備入睡，就是已經進入夢鄉。

各家各戶裡，有人正在這個時間洗澡、洗頭。有些人在洗完澡後，不等頭髮乾就入睡[20]。萬一感冒就不好了，還是確實擦乾頭髮再睡比較好。似乎也有人是在浴缸裡泡澡，如果君主的浴缸裡摻入了小石頭，負責洗澡水的官員（尚浴）就會受到懲罰[21]。

洗澡的場所多半是緊挨在廁所旁邊，那裡臭氣沖天。關於建築物的結構，前面已做說明，此處不再贅述。洗澡的房間裡會有水桶，可用水桶將熱水一股腦兒從頭上澆下來。因為當時沒有衛生紙，所以在廁所上完大號的人，也會在洗澡間用熱水仔細清洗身體，以保持下半身的清潔。這就是廁所和浴室經常比鄰而建的原因。由於洗澡的地方充斥臭氣，所以不同於現代日本的浴室或澡堂，在那樣的環境裡應該很難讓人放鬆身心。

洗澡的速度有快有慢，因人而異。第六章也曾提到，全職官吏住在官舍，大約每五天放假回家一天。一般認為，放假的原意是為了讓人回到自己家中清洗身體，因此假日被稱為「休沐」、「洗沐」[22]。不過，無論是戰國時代，還是西漢初期放假的方式似乎是因人而異[23]，有一些官吏的假日是累積起來一次放個好幾十天，甚至還有不先向官署繳錢申請就無法放假的事態，結果造成曾有官吏連續工作超過一年都沒有休假[24]。這些人不太可能每天都不用洗澡還能照常生活。就算他們自己忍得了，身旁的同事應該也已被他們臭死了。因此，「休沐」應該只是放假的名義而已，實際上，官吏們在休沐以外的日子，應該也會在官舍裡進行簡單的沐浴。

雖說如此，官吏和百姓也並非每天都一定會洗澡。漢代有《沐書》一書可作為旁證。該書揭載著哪些日子是洗頭的好日子。如果漢代的人天天洗澡，應該就不會有人編寫《沐書》這樣的書籍。另一方面，貴族階層那可就大不相同了，他們有可能每次在廁所上完大號，都會用熱水沖洗下半身，並換上另一件乾淨的衣服。只不過，這樣的行為稱為「更衣」，感覺不能算作真正的洗澡。無論如何，現在就在這裡脫去衣服，光著身體，體驗一下沐浴吧[25]。

終於到了就寢的時候。正如早晨討論過的，睡覺時，有些夫妻會同蓋一條被，有些則是一人一條。侍奉君主的女性，在手持燈火進入寢室後，會把火吹熄，並更換連身長裙般的睡衣，等待君主到來。陪睡至早晨，當告知「雞鳴」時刻的鼓聲響起，她們就離開寢室[26]。只不過，如前所述，有的君主害怕會因說夢話等緣故而洩漏機密，所以是自己一個人睡。還有皇帝在這段時間微服私行[27]，但我們就別跟上去了。

現在來看看室內的狀況，戶外的空氣穿過木製的窗框（牖）吹了進來，月光灑落房中。室內的人利用木頭窗扉或窗簾（輕幔、輕帷、瑤帳）的開闔，來調節換氣與採光。南北朝時代還出現了竹簾（細簾）[28]。格子狀的窗戶（房櫳）雖然通風良好，但不利於遮風擋雨。在草原地帶，也有人居住在蒙古包裡，蒙古包頂部有洞口，能讓日光透入，並能根據需求開闔。有些家庭會把鞋子放在牖的框上[29]，此處最適合放一些小東西。

夜空下

皎皎明月當空。在某間寢室裡，妻子等待著出差的丈夫歸來，而孤獨地眺望著明月。她所眺望的月亮，看起來格外潔白明亮。月兒冷冷發光，映照出人間的悲傷與嘆息。魏晉南北朝時代的詩歌集《玉臺新詠》中，能看到情人、夫妻為彼此吟唱的詩歌，其中經常出現對著月亮哀傷、嘆息的詩句。反之，心情愉悅的人則是天真爛漫地欣賞著月亮的美。自古以來，陰曆十五的滿月之美，曾讓不少人如癡如醉，而有「三五月如鏡」[30]、「十五正團團」[31]等說法。

除了月亮，夜空也承載著包羅萬象的詮釋。無論哪個時代，夜空都會隨著觀察者的心境而幻化成不同的姿態。比方說，一名男性正拚命追求著藝妓，並留下「何用結中款，仰指北辰星」（筆者譯：該用什麼來表達我的真心？語畢，我回過頭仰望夜空，手指那顆北辰星）等裝模作樣的詩句[32]。關於這時的北辰星，有一派說法認為是北極星，另一派則認為不是，總之想像成是不動的星辰就錯不了，因為他是藉此來形容自己心意堅定。另一方面，有的詩歌以「如同商與參」來形容男女之間的關係，這是根據商星（天蠍座的心宿二）和參星（獵戶座腰帶的三顆星）遙遙相隔，來比喻遠距離戀愛的寂寞。

對人們而言，夜空正如同異界，還有人相信外星人的存在。在古代的中國，人們多半認為，來自異界的使者是穿著青衣的兒童，又或青鳥。亡者的靈魂最終會抵達傳說中的崑崙山上，或者從崑崙山再前往天界。也有傳說描述，崑崙山上住著有西王母之稱的仙人，並且以青鳥（或三隻腳的烏鴉）作為信使[33]。

當時還認為，太陽上住著烏鴉（多半是三隻腳），月亮上住著兔子和癩蝦蟆[34]。當時就有學者批判這種說法荒謬無稽，但許多人依然如此相信[35]。不過，關於月亮和癩蝦蟆的關係眾說紛紜，其中一說是，西王母曾賜給后羿長生不死的仙丹，后羿之妻嫦娥偷服仙丹後，逃到月亮上變成了癩蛤蟆。因為任何一種說法都不符合實情，所以大家才天馬行空地自由詮釋。

當時有人相信，月亮和太陽以外的星星上也存在生命體，例如，西元二六〇年，一群小孩在長江岸邊玩耍時，出現了一名身穿青衣的六、七歲孩子，他自稱道：「我是火星人。」[36]人類對外星人的遐想，古今皆然。

和現在一樣，當時也有人害怕月夜裡會出現鬼。據說，曾有一個人低頭看見自己的影子時，誤以為是鬼，接著又把自己的頭髮也看成了鬼，他一邊回頭一邊拚命奔跑，途中因為過度恐懼而斃命[37]。成書於古代中國的《山海經》、《列仙傳》、《神仙傳》、《搜神記》等文獻中，記載了各式各樣數量龐大的仙人和鬼怪，類似的民間故事不勝枚舉。總之，先別胡思亂想，靜下心來就寢吧。

進入夢鄉

終於躺在床褥上了，但夏季裡蚊蠅甚多，飛來飛去，令人難以入眠。目前已知魏晉時代以後已有蚊帳（葛幃）[38]，但秦漢時代的蚊帳是否也是指相同的東西，則無法確定。另一方面，冬季裡窮人連一條毛毯都沒有，還有人是抱著家裡養的狗睡覺，看來要在寒冬中入睡並不容易[39]。簡直就像是英國作家薇達（Ouida）的小說《法蘭德斯之犬》*中的最後一幕。

即使如此，一會兒工夫後，也開始聽到人們的鼾聲。有人正熟睡，有人在做夢。一般的說法是，入睡後的四十五至六十分鐘以內是快速動眼睡眠，做夢是發生在快速動眼睡眠時，但實際上也有人在非快速動眼睡眠時做夢[40]。問題在於夢到的是美夢還是惡夢。古代中國的人們究竟都做了些什麼樣的夢呢？

秦漢時代有占夢的書籍，我們可從中窺知一二[41]。根據書中記載，夢的含意不僅會根據夢的內容，還會根據做夢的日子及時段而有所不同。關於夢的內容也是五花八門，其中包含穿戴黑色皮草、衣服和冠帽的夢、進入蛇口中的夢、男變女的夢、在宮中唱歌的夢、看見公雞打鳴的夢、身體長出草的夢等等。

據說，如果做了惡夢，有「伯奇」、「窮奇」之稱的動物就會來吃掉惡夢。具體而言，伯奇、窮奇究竟是指什麼動物已不可考，但至少從記錄上來看，窮奇是當時真實存在的動物，皇帝曾將其飼養在御苑中。雖然秦漢時代已有貘的記載，但他們似乎沒有貘會吃夢的說法，這點與日本不同[42]。

總之，這一天已接近尾聲。在床上躺著躺著，眼皮就感到愈來愈重。說不定隔天早上醒來，我們就會回到現代的日常生活中。也說不定隔天睜開眼，仍未跳脫這個世界，明天也會繼續逗留在古代中國的國度。但無論如何，平凡的我們都會繼續過著我們的日常生活。

＊譯注：描述一個貧窮小男孩的悲劇故事。故事最後小男孩因祖父去世，沒錢交房租，而無家可歸，他在雪夜中來到教堂裡，抱著不願意離開他的狗互相取暖，最後在上帝與天使的指引中離開人世。

終章

踏上「一天二十四小時史」的旅程

秦漢時代的日常生活是什麼樣子？

本書沿著從早晨到夜晚的時間線，介紹了關於古代中國（特別是秦漢時代）某一天的生活情景。首先，我們的背景是一個虛構的設定——來自未來的可疑人物，得到了皇帝的允許，在帝國內遊歷。根據此設定，我們彷彿在玩角色扮演遊戲般地在秦漢帝國中四處走動。

從頭到尾看下來，會發現秦漢時代的日常生活有著極其獨特的一面，但其中又包含著廣泛存在於東亞的要素。例如，在古代日本也能見到用漢字寫文章的文人、結髮戴冠的男性、使用銅錢做生意的商人、測量計算時間的漏刻等等。再者，關於唾壺，日本到了昭和時代，也曾在學校、車站等場所設置唾壺，用以預防結核病。不僅如此，還有許多就連現代日本也能看到的情景，包括男性使用「僕」作為第一人稱代名詞；在正式場合跪坐，在非正式場合可以採取放鬆的坐姿；吃飽後會把肚皮當鼓拍；使用筷子夾取食物；用餐時重視席次；懷孕的女性會進行胎教；男女間以接吻來表達愛意；會以正常體位、騎乘體位從事性行為；使用所謂洋式、和式馬桶上廁所等等。

此外，近代小說中也描繪了類似的場景，為我們帶來了更多的想像。比方說，松本清張的《砂之器》（一九六一年）是在描寫麻瘋病患者被流放的故事，三島由紀夫的《金閣寺》（一九五六年）是在描寫口吃者的苦惱。秦漢時代的史料，關於痲瘋病患、口吃症患者只有簡單扼要的記述，而這些小說恰恰能補足那些空白部分。雖說直接將近現代的情節套用在秦漢時代上，這樣的做法過於武斷，但若拒絕從中發現兩者的共同之處，這反而才是過度輕視我們對歷史的想像力。

秦漢時代的生活場景，不僅包含了東亞史廣泛出現的要素，也包含了東亞以外的許多地區的要素。翻閱小說會發現，窮人賣自己的頭髮換錢的情景，就出現在美國歐・亨利（O. Henry）的《麥琪的禮物》（一九〇五年）中。再者，不識字的人讓識字的人為自己閱讀文章的情景，在德國徐林克（Bernhard Schlink）的《我願意為妳朗讀》（一九九五年）中有著細膩的描述。類似的例子不勝枚舉。簡言之，秦漢時代的日常情景，能從古今中外各式各樣的場合中找出相同要素，而無關乎彼此在文化上是否有著相互傳播影響的關係。

然而，如前所述，秦漢時代的日常生活樣貌，整體來說是極為獨特的。一旦比較現代中國和秦漢時代，或現代日本和秦漢時代的日常生活樣貌，就會從中發現許多相異之處。這些文化不僅是彼此擁有不同的要素而已。此處更值得我們重視的是，其實當我們細細觀察會發現，一方面正如前述，在一項一項的文化要素上能找出不少共通項目，但也會根據這些要素的組合方式，呈現出巨大的差異。

比方說，秦漢時代有和式馬桶和洋式馬桶，與之相鄰而建的是畜舍。許多文化中都分開擁有這兩者，但將這兩者合併成一個系統的文化卻不多。男性將筆插在耳上的景象，在昭和時代（一九二六～一九八九年）的日本也能零星看見，另外官吏戴冠帽的景象也可見於古代日本，但戴著冠帽的官吏將筆插在耳朵上的景象，在古代中國以外的地方幾乎不曾見過。全球各地不只中國古代文化發展出了唾壺，君主身邊有侍從官隨侍的景象也不罕見，但高位的侍從官捧著唾壺的景象，恐怕就不是這麼常見了。筆者認為，秦漢時代的獨特性正是透過這些地方讓人窺見一斑的。

這就好比是彩色鉛筆畫出的圖畫。如果有兩個畫家使用同款顏色組合的彩色鉛筆，以相同主題進行繪畫，一般來說兩人最後畫出來的作品，也一定會大相逕庭。同樣地，即使某個文化呈現出的樣貌，與另一個文化截然不同，兩者的組成要素也不見得會完全沒有相仿之處。筆者以為，各位讀者能透過本書中收穫到的，正是用這樣的角度看待日常生活，因此要回答「秦漢時代的日常生活是什麼樣子？」時，我們不可能給出一個一言以蔽之的答案。每位讀者讀完本書後，各自在腦中隱約建構出的意象，就是這本書的結論。

一切旅程皆始於興趣

前面也曾反覆強調過，本書描繪出的生活風貌，不只存在於秦漢時代，之前和之後的時代（戰國時代和魏晉時代）也幾乎如出一轍。在王朝不斷更替、英雄人物此起彼落中，小人物們平凡的日常生活樣貌，卻慢悠悠地傳承了下來。本書就是嘗試將此種現象揭露出來。最後請容我在此更詳細地說明一下，關於此書的學術背景。

過去提到中國古代史，我們總會將焦點放在各路「英雄」和政治事件上。現代的專門書籍琳瑯滿目，有的書籍著眼於制度、經濟或文化如何撐起歷史，有的書籍介紹考古挖掘的成果，如今的我們可以從各種視角了解中國古代史，然而人物史和政治史受歡迎的程度，依舊屹立不搖。

而另一方面，當我們想要深入探討古代中國的日常生活時，卻會發現能提供系統性資訊的一般書籍和研究書籍，竟然寥寥無幾。其中包括：率先開展日常史研究的魯惟一先生（Michael Loewe）[1]、蒲慕州先生[2]，著眼於文物的林巳奈夫先生[3]、孫機先生[4]，加入情色相關說明的彭衛先生與楊振紅女士[5]，根據主題逐項探討的王力先生[6]、渡部武先生[7]、侯旭東先生等人的研究，每位學者的研究都十分重要[8]。近期還有張不參先生、宮宅潔先生執筆的秦代日常史的概論書籍出版，書中也將重點放在秦代的簡牘上[9]。即使在這樣的環境中，好像仍找不到一本書是用平易近人的文字，沿著一天二十四小時的順序，將漢代日常史統整出來[10]。

在西洋史的領域裡，日常史的相關研究已有長期的積累，阿爾貝托・安傑拉（Alberto Angela）根據這些研究所撰寫的《原來，古羅馬人這樣過日子！》一書，最近也在日本出版[11]。二〇一〇年前後，筆者在書店裡看到該書的原文書時，便陷入了沉思：「我自認長期學習中國古代史，研究經濟、法律與社會制度，遍讀了為數不少的前人研究，但我有辦法完整地建構出古代中國的一天二十四小時史嗎？比方說，古代中國的人早上幾點起床？刷不刷牙？會不會爛醉嘔吐？在什麼樣的馬桶上大小號？夜裡穿不穿睡衣？在室內是否穿鞋？你看看！我竟然連這些問題都沒辦法立刻回答出來。」

於是，筆者在幾年前出版了《中國古代的貨幣——圍繞著金錢的群眾與生活》（原書名：中国古代の貨幣——お金をめぐる人々と暮らし，吉川弘文館，二〇一五年）。正如此書的副標題所示，這本書是聚焦在秦漢時代的貨幣、市場和日常生活。對筆者而言，這是我邁入日常史研究的第一步，但是將範圍鎖定在了貨幣、市場的相關歷史上。這是因為筆者一直以來就是在研究中國古代貨幣經濟史。幸好我在經濟史研究方面已經理出了一些頭緒，曾出版過兩本日文的專門書籍[12]，此外也曾與他人合著過歐美圈的論文集及大學教科書[13]。雖說如此，在深入了解各個範疇的日常史，以描繪出一天二十四小時史的路上，我還只是個半吊子。「如果穿越到一個中國古代史的世界裡，我們將會面臨什麼樣的生活呢？」一旦開始思考這個問題，腦中就會無邊無際地浮現出各種新的疑問。

為了回答這些疑問，在那之後我也一直在蒐集與日常史有關的前人研究，並不停地與各方學者對談。有些個別的主題，已有其他學者做了深入的研究，比方說，古代中國兒童方面有王子今先生[14]，飲食方面有王仁湘先生[15]，占卜方面有工藤元男先生[16]，女性史方面有韓獻博（Bret Hinsch）先生等等[17]。但這些個別主題的研究，並非對二十四小時史已有通盤的認知，而是在一些個別的細項上鑽研，因此一直給我一種隔靴搔癢的感覺。既然如此，那我就只能翻開第一手史料，一頁一頁地親身研究了。這就是本書最初的「叩問」。

資料的史料化

筆者就這樣做了好幾年的準備，並於二〇一六年度的大學課程中，開授了日常史的課程，製作了大學課堂上分發用的教科書。其內容也在年年增新。透過早稻田大學、慶應義塾大學、東京學藝大學、立教大學、帝京大學的課程，我面對了各種不同程度的學生，每當我收到這些學生的提問，都會將問題帶回研究，並找出它在一天二十四小時史中的定位。在這樣的過程中，我也從中得到了許多新的知識。

在研究的過程中，所有能用到的史料筆者都用上了。我並未將自己局限在「歷史學家只能使用文獻」的狹隘做法中。法國年鑑學派（Annales school）第一代的歷史學家曾說過，歷史學是一門以現代的觀點分析過去的學問，歷史學家則是用盡所有能用的手段來面對問題的人[18]。因此，本書不只用了「傳世文獻*」，同時也將簡牘（木簡、竹簡等）、浮雕（畫像石、畫像磚、壁畫）、陶器、明器、石像、遺體、古建築物等的資料（material）當作歷史材料（史料〔text〕）加以運用。我也造訪了這些資料的出土地，進行實地調查，以釐清該資料的歷史背景，也就是所謂的「透過田野歷史學（field study of history）把資料變成史料」。

另一方面，筆者也絕對沒有輕視傳世文獻的重要性。近來，關注生活史的研究者都格外重視簡牘史料，但我的做法反倒與他們不同，我花了數年時間，仔細而廣泛地閱讀研究傳世文獻，藉此蒐集散落在文獻各個角落的日常史相關史料。

我閱讀的對象不只有史書和思想典籍，還不厭其煩地將小說類的書籍也納入使用範圍。中國自古流傳下來了許多關於妖魔鬼怪的傳說故事，並且主要在漢代以後，逐漸建立起了名為「志怪小說」的文學類別。由於其虛構性極強，因此近現代的歷史學，往往將其排除於史料之外。但假如有一個傳說寫道「從前從前，某個地方住著一對老夫婦，老爺爺上山砍柴，老太太在河邊洗衣」，先不論這對老夫婦是否真實存在過，至少我們可以說，在這個傳說誕生的時代，存在著上山砍柴和到河邊洗衣的人。否則這個傳說連背景前提都不復存在，那當時的讀者、聽眾也就無法對內容產生共鳴。從這個角度來看，傳說故事也能用在日常史的研究上。正如年鑑學派的歷史學家所言，對歷史學而言，問題意識才是最重要的關鍵，因此應該能用盡用。

就這樣，筆者對秦漢時代的日常生活，進行著廣泛而深入的挖掘。這個過程雖然曠日耗時，但這種撰寫體驗卻也令我感到前所未有的津津有味。例如，古代中國的都市人和鄉下人是否有著不同的走路方式？頭髮稀疏的人會有什麼樣的情緒，在社會上又有著什麼樣的定位？古代人是否會穿睡衣就寢？關於這些問題，甚至找不到任何有價值的前人研究。

＊譯注：指代代相傳的古老文獻，與之對立的概念為「出土文獻」。

當然從宏觀的學問角度來看，或許這些都只是不證自明的常識。但是當我在東方學會和中國社會科學院共同舉辦的國際學會中做出報告後，連一個禿頭的話題，都獲得中日許多專家的好評，並向我表示這是他們「從未聽說過的內容」。因此，我將一部分的主題統整成了學術論文[19]，但只有這麼做的話，作為縱觀一天二十四小時史的研究計畫，會失去其趣味所在。所以我決定將可以詳細深究的問題焦點寫成學術論文，至於其他粗略的生活樣貌，則是另外撰寫成一般的大眾書籍。

推動歷史巨輪的廣大民眾

本書就是這樣粗略描繪出了古代中國一天二十四小時史的日常樣貌。筆者自認，這本書也能讓對中國古代有興趣的學生和社會人士，單純地當作興趣閱讀。再者，對於以秦漢時代前後為主題的電影、電視劇、漫畫、小說等作品的愛好者及製作者而言，本書應該也能在時代考證上有所貢獻。

只不過，筆者自己在撰寫本書時，目標讀者並非只有中國古代小知識的業餘愛好者。雖然催生出這本書的原動力，確實是筆者的求知慾，但真正要為本書執筆時，我認為這本書還有其他的學術意義。前面提到的《原來，古羅馬人這樣過日子！》一書的作者安傑拉先生，其職業為新聞工作者；然而，筆者的職業則好歹也是一名專攻東洋史的大學教員，因此筆者希望將本書在史學史上的定位解釋得更詳細一些。否則，本書的意義就單純是「將一天二十四小時史的構想從西方移植到東方」，而讓人誤以為「西洋史學無論在任何方面都比東洋史學更先進」。實際上，無論東洋史或西洋史，都是由許許多多獨立的學術史（也就是議題）建構而成的學問系統，因此將西洋史的研究發想，直接套用在東洋史的研究上，就像是將櫻花樹枝嫁接在折斷的梅樹上，執行起來可不是那麼暢行無阻。

民眾史、日常史方面的問題，是由馬克思主義史學家、德國社會史研究者、文化史研究者、年鑑學派史學家等專業領域人士，一邊和民俗學家、文化人類學家對話，一邊慢慢積累而成的學問體系[20]。再加上，在中國古代史的領域裡，京都學派的學者們早就已經從自己獨有的視角在關注日常史了。而在這段過程中，從內藤湖南先生到谷川道雄先生，對於百姓間連結、社群存在方式的相關論辯一直沒有停過[21]。

然而，馬克思主義史學往往將探究的焦點，擺在國家與人民的對立關係、人民的生產方式（mode of production）上。在這樣的研究中，由人所建立起的社會機制，脫離了人的主宰，研究者關注的反而是，社會機制中可能存在哪些法則，正在左右著每個個人（也就是「異化」），同時他們雖然保有著關注民眾的視角，但馬克思主義史學中所謂的民眾，只不過是參與階級鬥爭的個體而已。

另一方面，谷川先生不但與「生產方式史觀」保持距離，還描繪出「以主體的身分創造著歷史的百姓」的生活樣貌。但這不表示民眾總是會做出正確的判斷，也不代表民眾永遠是正義的化身。谷川先生認為，民眾是一次次在各式各樣的制約中磕磕絆絆，卻依舊保有著主體身分、建造出人類社群的動物。而左右著歷史方向的，就是這種生存方式的累積。

馬克思主義和京都學派的思想，宛如水與油般不相融，但其中又隱隱存在著某個共同點，那就是他們都將百姓描寫成了「不斷開拓著歷史的人、或者不斷開拓著歷史的契機」。雖然有程度上的差異，但他們都相信民眾所擁有的活力。

抱持著這樣的問題意識時，我們往往容易將那些鄙俗而真實的生活風貌，例如，禿頭、馬桶、痰、口臭、起床時間、自慰等關鍵詞所帶出的情景，排除在研究範圍之外。因為「就算知道這些事，也無法掌握歷史的動向」。

另一方面，在原產地中國，自從費孝通先生在農村社會實行田野調查以來，就建立起了人類學的研究傳統[22]。再者，一九二七年，中山大學民族學會成立，發行學會雜誌《民俗周刊》，這些風潮也讓研究者對民俗學（folkloristics）的關注也水漲船高。一九八〇年代，全國性的民俗學學會也成立了[23]。再加上大日本帝國滿鐵調查部編撰的《中國農村例行調查》（原名：中国農村慣行調査）等書，相信一定能描繪出一幅巨大的農村風景圖。

然而，作為一門學科，中國的人類學和民族學，都沒有獲得穩健的發展[24]。不僅如此，這些研究的目標，也以闡明現代社會（尤其是其中保留下來的傳統文化、農村風貌等）為主，不見得會將關注的目光投向古代，這使得古代中國的日常生活史，出現了研究上的斷層。

把聚光燈打在隱身於時代洪流中的庶民身上

秦漢時代簡牘的發現，打破了這樣的狀況，因為那些簡牘與日常史有關。在歐美，秦漢簡牘的發現，催生出了魯惟一先生和蒲慕州先生的日常史研究。這正是繼承了歐美史學史傳統所得到的成就，也有人將其評為年鑑學派式的日常史研究的萌芽[25]。

此處提到的年鑑學派是指以法國歷史學家呂西安・費夫賀（Lucien Febvre）和馬克・布洛克（Marc Bloch）為濫觴，從一九三〇年代開始，撐起一股蓬勃發展的學問潮流的一群中堅分子。他們批判只關注政治史的傳統歷史學，並寫出一部又一部聚焦於民眾生活風貌的力作，尤其是在歐洲史的領域。魯先生和蒲先生也受到了這股潮流的影響。

然而，初期的日常史研究是因為簡牘的出土而催生出的研究，雖然這股風潮也吹至了日本，但後續的研究者都停留在對簡牘內容的解讀上，至於超越簡牘內容、試圖向綜合性日常史方向發展的研究，則相當有限[26]。對此，筆者所追求的是，更加生動地描寫出日常的風情。正如那句格言——上帝藏在細節裡——筆者的研究也成了一種對細節的鑽研。

於是，筆者試圖藉由這本書，隨著時代背景順藤摸瓜，解開古代中國人各種零瑣的行為舉止背後隱藏著哪些含意。這跟克里弗德・紀爾茲（Clifford Geertz）的詮釋人類學（Interpretive Anthropology）的目標很相近[27]。也就是說，這本書不是從至高處討論古代中國的時代風貌、帝國樣態和整體文化，而是對生活在古代社會中的人們與其零瑣的行為舉止進行詮釋，並透過一項一項詮釋的積累，破解出那些細微的日常風貌。這本書也不是只注重「對抗國家的人民」、「受欺凌的弱民」、「形成社群，肩負時代的人民」，反而更加關注那些「在巨大的社會洪流裡，緩緩隨波逐流，而又對此事毫無覺察的民眾」的日常生活。

在這樣的研究宗旨上，筆者與繼承了馬克思主義譜系的民眾史研究，或谷川道雄先生等人的民眾史研究，略有不同。如前所述，這是因為那些民眾史研究，往往會將「對抗國家的人民」和「受欺凌的弱民（的憤懣）」看作推動歷史的原動力。不同於志向高遠的馬克思及沙特（Jean-Paul Sartre）的後繼者們，筆者身邊充斥著每天渾渾噩噩過日子的人，我認為在古代中國，應該也存在不少這樣的人。

他們雖然都是賣力地活著，但也並非二十四小時都在奮鬥。而且這種「生」的方式，其實與階級無關，幾乎是所有人類共通的一面。即使是古代中國的皇帝，想必也不會是從早到晚都在思考著天下太平，說不定他們會在參加無聊的會議時不停拔著鼻毛，在上了廁所後滿足於自己的大便多麼碩大，在宴會中被美女迷得神魂顛倒。筆者的目標就是將這些人們日常的「生」的方式，也從史料中汲取出來。

這麼做也是一種對民俗學觀點的尊重。柳田國男曾說：「遠自《春秋》開始，作者們僅將自己認定為值得傳世的事實記錄在竹帛上，而這就是歷史……也可以說，史官打從一開始就有意將一部分的歷史化為空白……今日的歷史中被忽視的部分，存在著我們想知道的歷史，亦即我所說的史外史。」[28]但柳田本人最後並沒有往研究中國古代史的道路走去。而且正如赤松啟介所批判的，柳田民俗學中欠缺了對於性和黑社會的分析。本書正面面對了柳田的這種憤怒和赤松的這種批判，而徹底致力於「資料的史料化」，並嘗試將日常史更全面地呈現出來（只不過由於篇幅的緣故，黑社會的問題會另外在其他著述中探討）。

「日常性」該如何詮釋？

以上就是本書在學術史上的定位。根據這個定位，會浮現出一個問題，那就是前面也反覆提到過的，古代中國人過的日子幾乎是毫無變化。也就是說，他們所過的每一天是，假使把昨天置換成今天，今天置換成明天，明天置換成昨天，也幾乎不會有任何改變。這跟筆者自己經驗中的日常生活十分相似。我們就姑且把這樣子的日常生活的總體，稱為「日常性」吧。

當然每個人的日常也是有變化的。但那只是細微的偏移，「日常性」在其中仍會維持著恆常狀態。粗略地掌握這種「日常性」，正是本書的目的。

另一方面，這樣的日常性有時會因為某起事件、某種脫序，而土崩瓦解。個人層級上，例如就業、生產、結婚、離婚、照護、死別等，都有可能成為這種契機。此外，應該有不少讀者，自從二〇二〇年春季爆發新冠疫情以來，日常生活就發生了巨大的轉變。這類事件與脫序，反而更加突顯

「日常性」的存在，各位應該也察覺到了。

現在主張著「回歸日常」或「過渡至新的日常」的人，都是因為生活在這個劇烈變動的時代裡，才會懷念「日常」、回顧「日常」，或者追求新的穩定，此時他們腦中一定對過往的日常存在著某種印象。古代中國也是如此，這種「日常性」就是潛藏在重複不斷的天災和戰爭中。正因古代中國擁有動盪的歷史，所以認真解讀史料，反而能透過觀測到差異，捕捉到古代中國的日常性。

急性子的讀者可能已經把這種想法看成是一種「停滯史觀」，並批判「不變動的歷史不具意義」。但世上若只有「變動的歷史」，那麼人們的日子未免也太過忙碌。實際上，許多平民百姓無論今昔，每天過著缺乏變化的日子，將這種樣貌確實地描繪出來，也是歷史學上的重要工作。若有人認定這只是「懷舊情懷」或「停滯史觀」，那只不過是因為他們解讀歷史學的視野過於狹隘罷了。

而且筆者也並未說過，這本書就能總結筆者的歷史研究。筆者曾寫下兩本專門書籍，並在書中詳細地討論了「變動的歷史」。即使如此，筆者卻又另外寫下這本書，是因為歷史原本就是由「變動的歷史」和「不變動的歷史」兩者所構成，欠缺了任何一方，都無法讓歷史敘述更趨於精確。從這個角度來看，筆者的這些著作是存在著互補關係的。

像這樣的歷史解讀方式，其實是由費爾南・布勞岱爾（Fernand Braudel）所提倡。布勞岱爾指出，歷史是許許多多的變化和維持，以「層」（layer）的型態疊加累積而成，無論只聚焦於哪一點，都不夠完整。比方說，解讀現代史時，若是環境史學家，可能會著眼於地球暖化正在以數十年至一百年為一個循環的速度進行，並探討這件事存在何種意義。另一方面，若是政治史學家，則可能會著眼於政權是以數年至數十年的較短循環，發生執政與在野的變化，並研究這樣的轉換點會對社會造成什麼影響。但同樣是現代史，對筆者自身而言，一九八〇年（出生）、一九九九年（高中畢業）、二〇一二年（以大學教師的身分自力更生）反而是遠比那些都更重要的轉換點。對讀者而言，把「柿沼陽平史」拿來跟環境史、政治史相提並論，這件事本身就荒謬至極，但從筆者個人的角度而言，「柿沼陽平史」才是最重要的歷史。更不用說，環境史和政治史孰輕孰重，每個人自然都有不同的感受。由此可知，每個人會在歷史的何處發現轉換點，是因人而異的，「變動的歷史」和「不變動的歷史」也有可能因切入角度的不同，而發生逆轉。這就是所謂的「時代區分論戰」會一直持續下去的原因。但這同時也意味著，我們若不做出時代區分，就無法認識歷史。

從上述的觀點來看，描繪出一天二十四小時，作為一種平凡的日常史，這種嘗試絕對無法被框限在「懷舊情懷」或「停滯史觀」的範疇裡。這是用來多方面地解讀中國古代史的另一把量尺。

將這樣的歷史當作一個「層」，跟環境史、政治史、經濟史、人物史等其他的「層」，層層累積起來，我們就能看到一個更具立體感的中國古代史。於是我們才能對歷史產生更深刻的理解。因此，揭開歷史中的「日常性」為何，仍是具有重大意義的。

本書就是在這樣的背景下誕生的。本書一旦收筆後，由於筆者已經概括性地將秦漢時代的日常生活討論過一遍了，所以接下來，筆者又開始對群眾的階級差異、地域差異、時代差異等的課題，重新燃起了興趣。這也是筆者從一開始就已經預期到的討論課題，基於此點，可以說本書原本就是一項未竟之業。

實際上，過去許許多多的民眾史學家、民俗學家，每當他們關注某個人類群體時，都會將其對應上「常民*」、「庶民」、「大眾」、「無產者」（proletarier）、「底層」（subaltern）、「下層人民」、「無產階級」（proletariato）等術語，並且一次又一次地為術語的定義而煩惱。雖說不劃定出研究對象，就無法做出確實的研究，但人類本來就是千差萬別，無法清清楚楚地分類也是很自然

*譯注：柳田國男提出的民俗學術語，指繼承了民俗傳承的群眾。意近於「庶民」。

的。中國古代史的研究者也是如此，長期以來在「何謂貴族」、「何謂豪族」的問題上爭論不休，「民眾」一詞也有著相同的困難之處。

但正如本書所述，不知是幸或不幸，中國古代史的相關史料數量有限。只要將重點擺在其中所描寫的日常生活，討論就不會無邊無際地發散。反而是在研究到某個節點時踩住煞車，先對百姓的日常生活做出一個粗略的說明，這樣可能更有利於推動今後的相關探討。而筆者依然會以掌握古代中國的日常為目標，相關的研究今天也仍在持續著。從這個角度來看，中國古代史研究是一場沒有終點的旅程。

後記

這本書是我第五本單著書籍。其中，《中國古代貨幣經濟史研究》（原書名：中国古代貨幣経済史研究，汲古書院，二〇一一年）和《中國古代貨幣經濟的發展與變遷》（原書名：中国古代貨幣経済の持続と転換，汲古書院，二〇一八年）為專門書籍，《中國古代的貨幣——圍繞著金錢的群眾與生活》（吉川弘文館，二〇一五年）和《劉備與諸葛亮——從經濟角度解讀「三國志」》（原書名：劉備と諸葛亮——カネ勘定の『三国志』，文藝春秋，二〇一八年）為一般書籍。

從規格來說，本書為「新書」，應該分類在一般書籍。從敘述方式來看，本書也有別於所謂的專門書籍（也就是學術論文的匯總）。一般來說，學術論文的形式應該是，先綜合概述該領域的前人研究，闡明至今已釐清到什麼樣的程度，接著找出還未討論的問題，在該問題上進行徹底的分析。然而，本書是以虛構的設定為基礎，假設「讀者穿越時空到古代中國（特別是秦漢時代），要設法度過一天二十四小時」，並一邊以角色扮演遊戲的形式描述，一邊對古代中國的日常風貌加以討論，並沒有按照學術性的流程，也就是「逐一列出與前人研究的細微不同之處後，再開始陳述個人意見」。從這一點來看，本書並非狹義的專門書籍。

然而，一天二十四小時史的挑戰，雖然是從安傑拉的古代羅馬史研究得來的靈感，至少這在中國古代史的領域裡，是一項前無古人的嘗試。其中也包含著許多過去學術界從來沒有認真探討過的問題。從這個角度來看，本書並非只是將自己和他人的研究成果加以重新整理歸納而已。因此，本書雖然採取了「新書」的規格，但在書末加上了詳細的書末注記。我之所以堅持要有書末注記，是因為本書中包含了多數人不熟悉的內容，其理論依據是從史料的細枝末節蒐集而來，若沒有書末注記，恐怕很難交給第三者來驗證。讀者若有不同的看法，歡迎透過這些零碎的史料給予我指教。

敘述時，雖然複雜的地方依舊複雜，但我也盡力以淺白的文體，讓國高中生都能讀懂。其中也包含了筆者自己的新發現。而為了貼近日常史的氣息，文字上無可避免地仍有一些粗鄙之處。筆者並未採用深遠典雅的文體，而是著重於減少漢字的使用，縮短每一個句子，調整成說故事的口吻，讓文章讀起來簡明易懂。這種嘗試的成功與否，必須交由讀者們判斷，也希望能收到更多讀者們的回饋。

撰寫本書，對筆者而言是最快樂的工作之一。明明已達不惑之年，卻不禁熱血沸騰，產生了「我來到這世上就是為了寫下這本書」的想法。雖然只是我一廂情願，但能在此將這種喜悅跟各位讀者分享，也讓我由衷開心。期盼能透過本書讓更多學生感覺到「中國古代史真有趣」。

在撰寫本書的過程中，得到了許多人士的幫助。

如前所述，我投入古代中國二十四小時史的研究，已達十年之久，並且也在早稻田大學、慶應義塾大學、東京學藝大學、立教大學、帝京大學教授相關課程。此外，還曾在熊本縣立八代高中進行過針對高中教師的演講，在八王子學園都市大學教授過以市民為對象的課程。二〇一五年出版了《中國古代的貨幣——圍繞著金錢的群眾與生活》，二〇一八年又出版了教科書《中國古代的日常生活》（原名：中国古代の日常生活），尤其後者是在帝京大學八王子校區內的紀伊國屋書店中向學生販賣，而該書中也已有了本書的雛形。其後，在研究人員和學生與我之間的來回問答中，讓我一點一點地對內容進行修正與補充。課程意外獲得好評，立教大學和帝京大學每年修習本課程的學生高達兩百人以上。和這些學生們對話、每次上完課後收到的各種提問，都點點滴滴地淬鍊著我的思考與表達能力。首先，我要感謝這些課程與演講的各位參與者。

再者，因為本書是多方面地向下深掘中國古代史，所以早已遠超出筆者個人的專業領域。為了將敘述上的謬誤降到最低，我也事先邀請了各領域的專家學者過目。其中我要感謝水間大輔（中央學院大學教授）、小林文治（長江流域文化研究所招聘研究員）、長谷川隆一（早稻田大學文學學術院助手）、鮫島玄樹、森田大智（以上兩人皆為早稻田大學文學學術院碩士課程）各位賢達。或許文中仍會出現問題，全部責任在筆者一人身上，還盼各界不吝給予批評指教。假設出現謬誤，正如中國古代諺語所言「智者千慮，必有一失；愚者千慮，必有一得」、「狂夫之言，聖人擇焉」，相信各位賢明的讀者一定能從本書中揀選出有益的見解。

關於書中的圖片，也得到了許多人士的鼎力相助。本書的特色之一，就是刊出了大量的圖片與表格，其中大半是多年來筆者數度造訪中國各地時拍攝留存下來的照片，以及各地博物館珍藏的文物圖像。其中有些圖片是首次在日本公開，因此在交涉上付出了莫大的努力。最後同意公開圖片的湖南省博物館、四川博物院、成都博物館、河北博物院、甘肅省文物考古研究所、敦煌市博物館、荊州市博物館、沂南縣博物館、安吉縣博物館、陝西省文物考古研究所、朱然家族墓地博物館、科學出版社、文物出版社、國立故宮博物院、波士頓美術博物館（Museum of Fine Arts, Boston），在此要對其相關人士致上深深的感謝。與中國方交涉時，除了王震中老師（中國社會科學院院士）等相關人士外，尤其是我尊敬的友人王博先生（中國社會科學院古代史研究所助理研究員）與凡國棟先生（湖南省文物考古研究所研究員）給了我許多協助。若沒有王先生和凡先生的幫助，將難以呈現出這麼多貴重的圖片。由衷感謝各位長期以來的友誼與厚愛。

另外，三楊莊遺跡的3D繪圖與當地照片，是由林源教授（西安建築科技大學建築歷史與遺產研究所）提供。當時素未謀面的筆者冒昧聯絡，但西安建築科技大學的相關人士與林女士仍親切回應，在此要致上感謝。此外，圖片中包含了我過去的學生Upa氏繪製的插圖。在我細緻入微的要求下，Upa氏毫無怨言地給出了完美而專業的成品。

我於二〇二〇年四月，接替工藤元男老師的工作回到母校任教，但正巧碰上新冠疫情，而慌亂地不知所措。十分幸運的是，我收到了工藤老師寄來為我加油打氣的電子郵件，還有與我共事的李成市老師、柳澤明老師、飯山知保老師也十分溫暖地接納了我的加入，讓我在有形和無形之中得到許多支持。因為有飯山老師以課程主任的身分，為我包辦了許多身邊的工作，才能讓我有足夠的時間撰寫本書。在此向各位老師們致上由衷感謝。

最後，我還要感謝中央公論新社的藤吉亮平先生和田中正敏先生，以及我尊敬的友人會田大輔先生。數年前，在會田先生的介紹下，讓我有機會與藤吉先生在一場酒席上相識，並得到「到時候請您把稿子帶來給我」的慨然應允。但當我終於完成書稿時，藤吉先生已經離開該職了。當我為自己的遲來向他致歉時，他將我介紹給了總編輯田中先生。田中先生不僅大力地推動本書企劃，還接受了筆者「想在最後逐一加上書末注記」的任性要求。有幸能遇到這麼一位極其出色的校閱者。身為一名作者，身邊能有這麼多如此接納自己的人，實在無比幸運。容我再次致上深深的感激。此外，本書是JSPS科研費JP21K00913的部分研究成果。

二〇二一年八月

柿沼陽平

注釋

前言——翻開冒險之書

1《漢書》卷四四淮安王劉安傳。

2《漢書》卷二三刑法志。

3永田英正《漢代史研究》（汲古書院，二〇一八年，一一三～一六三頁）、渡邊信一郎《天空的寶座——中國古代帝國的朝政與禮儀》（原書名：天空の玉座——中国古代帝国の朝政と儀礼，柏書房，一九九六年，一八～一〇四頁）。

4《文選》卷二〇應貞〈晉武帝華林園集詩〉。

5《史記》卷九六張丞相列傳。

6《史記》卷一〇七魏其侯列傳。

7《後漢書》卷九孝獻帝紀中平六年九月條，李賢注引《漢官儀》。據《漢書》卷六八今日磾傳所述，侍中會在皇帝起床前和起床後就近服侍（侍中今日磾只有在生病時稍微離開過一段時間）。

8《史記》卷一二〇汲黯列傳〉文中的相關解釋出自閻愛民、趙璐〈「踞廁」視衛青與漢代貴族的「登溷」習慣〉（《南開學報（哲學社會科學版）》二〇一九年第六期，一三九～一四七頁）。

9《世說新語》排調篇注引裴景仁《秦書》、《晉書》卷一一四苻堅載記下苻朗載記、《北史》卷九八徒何段就六眷列傳。

10《南史》卷十九謝裕列傳。

11《太平御覽》卷七〇三服用部五唾壺引〈魏武帝上雜物疏〉。

12《史記》卷一〇七魏其侯列傳。

13《漢官六種》所收，［元］陶宗儀輯《漢官儀》。

14《東觀漢紀校注》卷十四吳良傳。

15《玉臺新詠》卷第一古樂府詩六首〈日出東南隅行〉。

16宮宅潔《中國古代刑制史的研究》（京都大學學術出版會，二〇一一年，一一四～一一六頁）。

17《三國志》卷四二蜀書周羣傳。

18大庭脩《秦漢法制史的研究》（原書名：秦漢法制史の研究，創文社，一九八二年，一〇一～一六四頁）、石岡浩〈三國魏文帝的法制改革與妖言罪的鎮壓——古代中國法的一分歧點〉

（原篇名：三国魏文帝の法制改革と妖言罪の弾圧——古代中国の一分岐点，《法制史研究》〔原期刊名：法制史研究〕第五九卷，二〇〇九年，一～五二頁）。

19水間大輔《秦漢刑法研究》（知泉書館，二〇〇七年，十七～三六頁）。

20金秉駿〈中國古代對外貿易的形式——以敦煌懸泉置漢簡爲線索〉（原篇名：中国古代における対外貿易のかたち——敦煌懸泉置漢簡を手掛かりとして，《東方學報》〔原期刊名：東方学報〕第九一冊，二〇一六年，五三〇～五五〇頁）。

21梁啟超〈中國四十年來大事記（一名李鴻章）〉（《飲冰室合集》專集之三，中華書局，一九三六年，初出一九〇一年）。

22柿沼陽平〈中國古代的人群與其「連結」〉（原篇名：中国古代の人々とその「つながり」，《連結的歷史學》〔原書名：つながりの歴史学〕北樹出版，二〇一五年，二～二九頁）。

23 Michael Loewe, *Everyday Life Early Imperial China* (Batsford: B.T. Batsford Ltd, 1968)、林巳奈夫《中國古代的生活史》（原書名：中国古代の生活史，吉川弘文館，一九九二年）、王力主編《中國古代文化常識》（四川人民出版社，二〇一八年）、Mu-chou Poo, *Daily Life in Ancient China* (Cambridge: Cambridge University Press, 2018)。

24《論衡》卷第二〈率性篇〉。

序章・漫步在古代中國之前

1尾形勇《中國古代的「家」與國家》（原書名：中国古代の「家」と国家，岩波書店，一九七九年，八〇～一一六頁）、侯旭東《近觀中古史》（中西書局，二〇一五年，一～三〇頁）。關於先秦時代的姓氏，參照陳絜《商周姓氏制度研究》（商務印書館，二〇〇七年）。

2《漢書》卷八六王嘉傳。

3《史記》卷四八陳涉世家。

4《三國志》卷十八魏書文聘傳。

5《三國志》卷八魏書張燕傳裴松之注引《典略》。

6《三國志》卷四八吳書三嗣主傳孫休傳永安五年條裴松之注引《吳錄》所載孫休詔。

7《顏氏家訓》卷第二風操篇。

8《漢書》卷五〇鄭當時傳。

9《漢書》卷八宣帝紀元康二年條。

10《漢書》卷五〇鄭當時傳。

11《漢書》卷七五夏侯勝傳。

12《三國志》卷三六蜀書馬超傳裴松之注引《山陽公載記》、同裴松之注。正如裴松之所論，《山陽公載記》的記載有誤，裴松之也認同直呼上司的字是失禮的行爲。

13《顏氏家訓》卷第二風操篇。

14陳夢家《漢簡綴述》（中華書局，一九八〇年，一一九頁）。

15《獨斷》卷上。以下的《獨斷》和《西京雜記》參照福井重雅編《譯注西京雜記・獨斷》（東方書店，二〇〇〇年）。

16《漢書》卷四三酈食其傳。白芳《人際稱謂與秦漢社會變遷》（人民出版社，二〇一〇年，一〇二～一一六頁）。

17《顏氏家訓》卷第二風操篇。

18《樂府詩集》卷第四六清商曲辭、吳聲歌曲、讀曲歌。

19《世說新語》惑溺篇。

20《獨斷》卷上。

21《史記》卷一〇〇季布列傳。

22晏昌貴《秦簡牘地理研究》（武漢大學出版社，二〇一七年，二八六～三二五頁）。

23甘肅省文物考古研究所編《天水放馬灘秦簡》（中華書局，二〇〇九年，七三～七六頁）。

24馬王堆漢墓帛書整理小組編《古地圖馬王堆漢墓帛書》（文物出版社，一九七七年）。

25睡虎地秦簡〈法律答問〉（第一八六簡）。以下的睡虎地秦簡的文本，參照陳偉主編《秦簡牘合集（壹）》（武漢大學出版社，二〇一六年）。

26睡虎地秦簡《秦律十八種》傜律（第一一五～一二四簡）。

27張家山漢簡〈二年律令〉戶律（第三〇八簡）。

28《韓非子》外儲說左下。

29侯旭東《近觀中古史》（中西書局，二〇一五年，一四三～一八一頁），馬增榮〈讀山東青島土山屯一四七號墓出土木牘札記——考古脈絡，「堂邑戶口簿（簿）」、「邑居」和「羣居」〉（《簡帛》第二一輯，二〇二〇年，一九九～二一五頁）。

30林源、崔兆瑞〈河南內黃三楊莊二號漢代庭院建築遺址研究與復原探討〉（《建築史》二〇一四年第二期，一～十一頁）

31孫聞博〈走馬樓吳簡所見『鄉』的再研究〉（《江漢考古》二〇〇九年第二期，一一二～一一八頁）。

32西川利文〈關於漢代郡縣的構造〉（原篇名：漢代における郡県の構造について，《文學部論集（佛教大學）》［原期刊名：文学部論集（仏教大学）」第八一號，一九九七年，一～十七頁）。

33木村正雄《中國古代帝國的形成——特別是其建立的基礎條件（新訂版）》（原書名：中国古代帝国の形成——特にその成

立の基礎条件（新訂版），比較文化研究所，二〇〇三年，二一九～八二七頁）。

34柿沼陽平《中國古代的貨幣——圍繞著金錢的群衆與生活》（原書名：中国古代の貨幣——お金をめぐる人びとと暮らし，吉川弘文館，二〇一五年，一二五～一二八頁）。

35徐龍國《秦漢城邑考古學研究》（中國社會科學出版社，二〇一三年，六〇～一一九頁）

36宮崎市定《宮崎市定全集7六朝》（原書名：宮崎市定全集7六朝，岩波書店，一九九二年，八七～一一五頁）。

37張家山漢簡〈二年律令〉襍律（第一八二簡）。

38《漢書》卷二十八地理志上京兆尹條。

第一章・拂曉的景象——上午四點至五點前後

1鹽澤裕仁《千年帝都洛陽——當地的遺跡、人文與自然環境》（原書名：千年帝都洛陽——その遺跡と人文・自然環境）。

2《論衡》卷第十一談日篇。

3村松弘一《中國古代環境史的研究》（原書名：中国古代環境史の研究，汲古書院，二〇一六年，一六五～一八三頁）。

4《論衡》卷二率性篇。

5原宗子《「農元」主義與「黃土」的發生》（原書名：「農元」主義と「黃土」の発生，研文出版，二〇〇五年）、濱川榮《中國古代的社會與黃河》（原書名：中国古代の社会と黄河，早稻田大學出版部，二〇〇九年，一四四～一七〇頁）。

6關於照葉林與該地產生的文化特徵，有自中尾佐助開始的相關研究。佐佐木高明《何謂照葉林文化》（原書名：照葉樹林文化とは何か，中央公論新社，二〇〇七年）。

7網野善彥、宮崎駿〈「魔法公主」與中世的魅力〉（原篇名：「もののけ姫」と中世の魅力，《網野善彥對談集2多樣的日本列島社會》岩波書店，二〇一五年，二一三～二二六頁）中指出，宮崎駿是受到照葉林文化論的學術方面的影響而製作了《魔法公主》。照葉林文化論原本就是以中國南方為焦點的理論。因此，中國古代的南方的歷史與《魔法公主》類似是理所當然的事。

8 Mark Elvin, *The Retreat of the Elephants: An Environmental History of China*（London: Yale University Press, 2004）, 9-18.

9陳寅恪〈桃花源記旁證〉（《陳寅恪集金明館叢稿初編》生活・讀書・新知三聯書店，二〇〇一年，一八八～二〇〇頁）。

10工藤元男〈載運大禹的道路〉（原篇名：禹を運んだ道《中國古代的法、政、俗》［原書名：中国古代の法、政、俗］汲古書院，二〇一九年，五～三三頁）。

11《論衡》卷第十一談天篇。

12《三朝北盟會編》卷三。

13王震中（柿沼陽平譯）《中國古代國家的起源與王權的形成》（日譯書名：中国古代国家の起源と王権の形成，汲古書院，二〇一八年，四六四～四七三頁）。

14《漢書》卷十一哀帝紀建平二年六月條。

15董濤〈漏刻與漢代時間觀念〉（《史學月刊》二〇二一年第二期，一八～三〇〇頁）。

16《獨斷》卷下、《說文解字》壴部。

17陳侃理〈十二時辰的產生與制度化〉（《中華文史論叢》二〇二〇年第三期，一九～五六頁））。

18《玉臺新詠》序。

19《玉臺新詠》卷二〈棄婦詩一首〉。

20《文選》卷二九傅玄雜詩。

21《淮南子》說山訓。

22《詩經》卷第三國風鄘風蝃蝀、《詩經》卷第十五小雅魚藻之什采綠、《荀子》哀公篇、《新序》卷四雜事、《文選》卷二八詩戊樂府下鮑照〈放歌行〉。

23《漢書》卷四四淮南王劉安傳。

24《漢書》卷八宣帝紀地節二年五月條。

25《魏書》卷二七穆崇列傳付穆亮列傳。

26《文選》卷二四詩丙贈答二陸機〈答張士然〉。

27 Tsuyoshi Shimmaura, Shosei Ohashi, and Takashi Yoshimura, "The Highest-Ranking Rooster has Priority to Announce the Break of Dawn," *Scientific Reports* 5, 11683（July 2015）.

28《入唐求法巡禮行記》開成三年（八三八年）七月十九日條。

29《韓非子》揚權篇、《淮南子》卷二〇泰族訓。

30福井重雅《漢代儒教的歷史性研究》（原書名：漢代儒教の史的研究，汲古書院，二〇〇五年，五～二五八頁）。

31《禮記》卷第三曲禮上。

32睡虎地秦簡〈封診式〉（第五〇～五一簡）。

33淮北市博物館〈安徽淮北相城戰國至漢代大型排水設施發掘簡報〉（《中原文物》二〇一〇年第二期，四～十二頁）。

34《玉臺新詠》卷五范靖婦〈詠燈〉。

35《莊子》外篇天運篇、《論衡》卷第一六講瑞篇、《入唐求法巡禮行記》開成三年（八三八年）七月十三日條。

36 Machiko Nakagawa et al., "Daytime Nap Controls Toddlers, Nighttime Sleep," *Scientific Reports* 6, 27246（June 2016）.

37《列女傳》貞順陳寡孝婦。

38《韓非子》外儲說右上。
39《玉臺新詠》卷一無名人〈古詩爲焦仲卿妻作〉。
40《史記》卷一〇孝文本紀《集解》引文穎曰。
41《漢書》卷六四朱買臣傳上。
42《漢書》卷一高帝紀上。
43宮崎市定《宮崎市定全集7六朝》（原書名：宮崎市定全集7六朝，岩波書店，一九九二年，八七～一一五頁）。
44張家山漢簡〈奏讞書〉案例二二。
45水間大輔〈秦與漢初的縣的「士吏」〉（原篇名：秦・漢初における県の「士吏」，《史學雜誌》〔原期刊名：史学雑誌〕第一二〇卷第二號，二〇一一年，一八〇～二〇二頁）。
46王子今《秦漢名物叢考》（東方出版社，二〇一六年，二一八～二二九頁）。
47《列子》天瑞篇。
48《說文解字》歺部。

第二章・漱口、整理頭髮——上午六點前後

1睡虎地秦簡〈法律答問〉（第三〇～三一簡）。
2《漢書》卷五八公孫弘傳。
3《玉臺新詠》卷第二潘岳悼亡詩。
4《史記》卷七五孟嘗君列傳、《文選》卷二二鮑照行藥至城東橋。
5《文選》卷二〇丘遲。
6富谷至《文書行政的漢帝國》（原書名：文書行政の漢帝国，名古屋大學出版會，二〇一〇年，五〇～一〇三頁）。
7陳偉（柿沼陽平譯）〈秦與漢初的文書傳遞系統〉（原篇名：秦と漢初の文書伝達システム，藤田勝久、松原弘宣編《古代東亞的情報傳遞》〔原書名：古代東アジアの情報伝達〕汲古書院，二〇〇八年，二九～五〇頁）、鷹取祐司《秦漢官方文書的基礎研究》（原書名：秦漢官文書の基礎的研究，汲古書院，二〇一五年，二〇三～四四〇頁）。
8額濟納漢簡（E.P.T.52.83）。
9《後漢書》卷三九劉趙淳于江劉周趙列傳序。以下《後漢書》的卷數是以中華書局的版本爲依據。
10《太平御覽》卷四三一人事部七二勤引《夏仲御別傳》。
11大塚邦明〈老化與高齡者的時間醫學〉（原篇名：老化と高齢者の時間医学，《日老醫誌》〔原期刊名：日老医誌〕第五〇號，二〇一三年，二八八～二九七頁）。
12 Samuel E. Jones et al., “Genome-Wide Association Analyses of

Chornotype in 697, 828 Individuals Provides Insights into Circadian Rhythms," *Nature Communications 10*, Article Number 343（January 2019）.

13《說苑》卷第十六談叢。

14《漢書》卷二惠帝紀二年春正月條。

15《呂氏春秋》卷二二慎行察傳。

16《魯迅《古小說鉤沈》校本》所收《幽明錄》第六十九條。

17黃朴華主編《長沙古城址考古發現與研究》（岳麓書社，二〇一六年，九〇～九二頁）。

18加藤瑛二〈中國黃河流域的古代遺跡的選址環境〉（原篇名：中国黄河流域の古代遺跡の立地環境，《立命館地理學》〔原期刊名：立命館地理学〕第十四號，二〇〇二年，三七～五〇頁）。

19《後漢書》卷一光武帝紀下建武十一年八月癸亥條。

20《禮記》內則、《史記》卷一〇五倉公列傳、張家山漢簡〈引書〉（第一～七簡）。

21《南海寄歸內法傳》卷第一八朝嚼齒木。

22松木明知〈關於華佗的麻醉藥（會長演講）〉（原篇名：華佗の麻酔薬について（会長講演），《日本醫史學雜誌》〔原期刊名：日本医史学雑誌〕第三一卷第二號，一九八五年，一七〇～一七三頁）。

23 Hui-Lin Li, "An Archaeological and Historical Account of Cannabis in China," *Economic Botany 28*, no.4（October-December 1974）: 437-448.

24 Hongen Jiang et al., Ancient Cannabis burial shroud in a Central Eurasian Cemetery. *Economic Botany 70*,（October-December 2016）: 213-221.

25《大正新脩大藏經》卷一六經集部所收東漢安世高譯《佛說溫室洗浴衆僧經》。

26聞一多〈釋齲〉（《聞一多全集》第二卷，大安，一九六七年，五五七～五五八頁）。

27《漢書》卷八〇宣元六王淮陽王欽傳。

28《白氏長慶集》卷十感傷二〈自覺〉、《白氏長慶集》卷二三律詩〈病中贈南鄰覓酒〉、《韓愈全集校注》（四川大學出版社，一九九六年，一二五頁）。

29《史記》卷九六張丞相列傳。

30《後漢書》卷一〇皇后紀上明德馬皇后條、李賢注引《方言》。

31《長沙馬王堆一號漢墓古屍研究》（文物出版社，一九八〇年，二九頁）。

32工藤元男《占卜與中國古代社會——出土的古文獻會說話》

（原書名：占いと中国古代の社会——発掘された古文献が語る，東方書店，二〇二一年，二～六七頁）。

33《韓非子》內儲說下。《太平御覽》卷一八五居處部十三屏條引《漢官典職》。

34《曹操集》文集卷三與諸葛亮書。

35《太平御覽》卷二一九職官部十七侍中條引應劭《漢官儀》。

36以下關於男性的髮型與禿頭的記述，參考柿沼陽平〈中國古代禿頭攷〉（原篇名：中国古代禿頭攷，《中國文化的統一性與多樣性》〔原書名：中国文化の統一性と多様性〕汲古書院，預定二〇二二年出版）。

37原田淑人《增補漢六朝的服飾》（原書名：增補漢六朝の服飾，東洋文庫，一九六七年，六五～九八頁、一〇五～一一六頁）。

38閻步克《服周之冕——「周禮」六冕禮制的興衰變異》（中華書局，二〇〇九年，一五九～二〇二頁）。

39林巳奈夫《漢代的文物》（原書名：漢代の文物，京都大學人文科學研究所，一九七六年，五九～七四頁）。

40《獨斷》卷下。

41福井重雅〈中國古代儒服詮議〉（原篇名：中国古代儒服詮議，《早稻田大學研究所文學研究系紀要》〔原期刊名：早稻田大学大学院文学研究科紀要〕第四分冊，二〇〇五年，六一～七六頁）。

42武田佐知子《古代國家的形成與衣服制度》（原書名：古代国家の形成と衣服制，吉川弘文館，一九八四年，一二九～一八二頁）。

43《韓非子》外儲說左上。

44《史記》卷八高祖本紀。

45《獨斷》卷下。

46《續漢書》輿服志下。

第三章・整理儀容——上午七點前後

1柿沼陽平〈岳麓書院藏秦簡譯注——「爲獄等狀四種」案例七識劫〔女十冤〕案〉（原期刊名：岳麓書院藏秦簡訳注——「爲獄等状四種」案例七識劫〔女十冤〕案，《帝京史學》第三〇號，二〇一五年，一九三～二三八頁）。

2柿沼陽平《中國古代貨幣經濟史研究》（原書名：中国古代貨幣経済史研究，汲古書院，二〇一一年，二八三～三〇七頁）。

3《後漢書》卷六七黨錮檀敷列傳。

4《玉臺新詠》卷第五庾丹〈秋閨有望〉。

5 林巳奈夫《漢代的文物》（京都大學人文科學研究所，一九七六年，一～四五頁）。

6 《太平御覽》卷六九五服章部一二袴條引謝承《後漢書》。

7 「褐」作爲粗劣的衣服布料之意，散見於史料中，關於其原料有毛織品、麻織品、毛氈等說法。但在睡虎地秦簡〈秦律十八種〉金布律（第九〇～九三簡）中，「大褐一」的原料爲「枲十八斤」，可見當時的褐絕對是麻製品。

8 《韓非子》五蠹篇。

9 張家山漢簡〈二年律令〉金布律（第四一八～四二〇簡）。

10 《文選》卷第二四詩丙贈答二曹植〈贈白馬王彪〉。

11 《文選》卷第二三詩丙哀傷潘岳〈悼亡詩〉。

12 黃正建《走進日常》（中西書局，二〇一六年，一九七～二〇一頁）。

13 《續漢書》五行志五注引《風俗通》。

14 《搜神記》卷一四第一五八話。以下《搜神記》（二〇卷版本）的文本與話數是以李劍國輯校《搜神記輯校、搜神後記輯校》（中華書局，二〇一九年）爲依據。

15 《史記》卷一一七司馬相如列傳。

16 睡虎地秦簡〈秦律十八種〉司空律（第一三三～一四〇簡，第一四七～一四九簡）、《漢書》卷五一賈山傳。

17 《禮記》王制。

18 《論衡》卷一二謝短篇。

19 早稻田大學簡帛研究會（谷口健速、柿沼陽平負責）〈尹灣漢墓簡牘譯注（1）譯注〉（原篇名：尹湾漢墓簡牘訳注（1）訳注，《中國出土資料研究》〔原期刊名：中国出土資料研究〕第一三號，二〇〇九年，二六三～三二四頁）。

20 《說苑》卷第七政理篇。

21 《說苑》卷第四立節篇。

22 原田淑人《增補漢六朝的服飾》（東洋文庫，一九六七年，二二一～二三三頁）。

23 《史記》卷七項羽本紀。

24 《韓非子》外儲說左上、《白虎通》卷九衣裳。

25 原田淑人先前列舉之書籍，五七～六三頁。

26 《漢書》卷六五東方朔傳。

27 《文選》卷第二四詩丙贈答二潘岳〈爲賈謐作贈陸機〉。

28 《晉書》卷二五輿服志。

29 《晉書》卷二五輿服志。

30 福井重雅〈中國古代儒服詮議〉（《早稻田大學研究所文學研究系紀要》第四分冊，二〇〇五年，六一～七六頁）。

31 原田淑人先前列舉之書籍，一五五～一五九頁。

32《呂氏春秋》卷二五似順論處方篇。

33《玉臺新詠》卷一古樂府詩〈日出東南隅行〉。

34《說苑》卷第七政理篇。《晏子春秋》雜篇雜下有幾乎一樣的記述，但寫作「靈公」。

35《玉臺新詠》序。《玉臺新詠》卷一枚乘雜詩。

36《玉臺新詠》卷五沈約〈少年新婚爲之詠〉。

37《史記》卷八六刺客列傳。

38《文選》卷二三阮籍詠懷詩。

39《荀子》君道篇、《韓非子》二柄篇。

40《春秋左氏傳》昭公二十八年。

41《世說新語》惑溺篇、劉孝標注引《粲別傳》。

42《呂氏春秋》卷一四孝行覽遇合。

43《淮南子》人間訓、高誘注。關於香味與香料，也可參考狩野雄《香味的詩學——三國西晉詩對芳香的形容》（原書名：香りの詩学——芳香表現，知泉書館，二〇二一年）。

44《列女傳》卷三仁智傳十四魏曲沃負條。

45《後漢書》卷十皇后紀上和熹鄧皇后條。

46《東觀漢紀校注》卷十二馬廖傳、《後漢書》卷二四馬援列傳付馬廖列傳。

47《搜神記》卷十四第一七〇話。

48錢熙祚校訂《漢武帝內傳》（守山閣叢書所收）。

49《東觀漢記校注》卷六明德馬皇后傳。

50《東觀漢記校注》卷十二馬廖傳、《後漢書》卷二四馬援列傳付馬廖列傳。

51湖南醫學院主編《馬沙馬王堆一號漢墓古屍研究》（文物出版社，一九八〇年，五一～六二頁）。

52《漢書》卷八七揚雄傳上。《晉書》卷二七・五行志上。《三國志》卷五三吳書薛綜傳。《太平御覽》卷三七三人事部一四髮條引謝承《後漢書》。

53 Zhang, Bing et al., "Hyperactivation of Sympathetic Nerves Drives Depletion of Melanocyte Stem Cells," *Nature* 577 (January 2020)：676-681.

54《韓非子》顯學篇。

55《後漢書》卷三四梁統列傳付梁冀列傳、李賢注引《風俗通》。

56《莊子》外篇天運篇。

57《詩經》衛風碩人。

58《釋名》卷五釋首飾黛條。漢代貴婦的墳墓（長沙馬王堆一號墓）中除了發現大小的鏡子外，還有五個小的奩、一件鏡擦、兩件木梳子、三件毛刷、一件角製的髮簪、一件鑷子等物，漢代也有鑷子。《事物紀原》卷三畫眉條。

59《玉臺新詠》序。
60《玉臺新詠》卷一漢時童謠歌。《玉臺新詠》卷六費昶〈詠照鏡〉。
61《釋名》卷四釋首飾、《中華古今注》卷中、《事物紀原》卷三妝條、《博物志校証》卷四物類、《太平御覽》卷七一八服用部二十一引《續漢書》。
62村澤博人《長相的文化誌》（原書名：顔の文化誌，講談社，二〇〇七年，三三～三六頁）。
63《淮南子》說林訓。
64《玉臺新詠》卷七皇太子（南朝梁簡文帝）聖製樂府三首〈豔歌篇十八韻〉。
65《玉臺新詠》卷八劉孝威〈郡縣遇見人織率爾寄婦〉、《漢書》卷七六張敞傳。
66《釋名》釋首飾。
67《玉臺新詠》序。
68工藤元男《中國古代文明之謎》（原書名：中国古代文明の謎，光文社，一九八八年，一六〇～一六三頁）。
69《後漢書》卷八六南蠻西南夷列傳。
70《詩經》國風邶風旄丘、《詩經》小雅都人士。
71《莊子》內篇德充符篇。
72黃正建《走進日常》（中西書局，二〇一六年，一～十一頁）。
73小寺智津子《玻璃所訴說的古代東亞》（原書名：ガラスが語る古代東アジア，同成社，二〇一二年）。
74《搜神記》卷一四第一七一話。
75岡村秀典《鏡子所訴說的古代史》（原書名：鏡が語る古代史，岩波書店，二〇一七年）。

第四章・吃早餐——上午八點前後

1《史記》卷九二淮陰侯列傳。
2《文選》卷第五三論三嵇康〈養生論〉。
3《新序》雜事一。
4《史記》卷八九張耳陳餘列傳附張敖列傳。
5《漢書》卷四四淮南王傳。
6《白虎通》卷三禮樂篇。此外，《莊子》內篇逍遙遊篇中有一天三餐的記載，但這應該是在出門至野外旅行兩天一夜時發生的事。
7《文選》卷十九詩甲束皙〈補亡〉。
8《說苑》卷第四立節篇。
9《漢書》卷六六車千秋傳。

10《鹽鐵論》卷第六散不足篇。
11《莊子》內篇人間世篇。
12《莊子》內篇人間世篇。《初學記》卷三歲事部夏第二所引《鄴中記》。
13《呂氏春秋》卷十二季冬紀季冬、《論衡》卷第一七是應篇。
14《玉臺新詠》卷一古樂府詩〈隴西行〉。
15《顏氏家訓》卷第一治家篇。
16《莊子》內篇應帝王篇。
17《論衡》卷第一六商蟲篇。
18篠田統《中國食物史的研究》（原書名：中国食物史の研究，八坂書房，一九七八年，三～三五頁）。也可參考林巳奈夫〈漢代的飲食〉（原篇名：漢代の飲食，《東方學報（京都）》〔原期刊名：東方学報（京都）〕第四八號，一九七五年，一～九八頁）。
19《後漢書》卷八三逸民列傳井丹列傳。
20 Houyuan Lu et al., "Milet Noodles in Late Neolithic China," *Nature 437*（October 2005）: 967-968.
21西嶋定生《中國經濟史研究》（原書名：中国経済史研究，東京大學出版會，一九六六年，二三五～二七八頁）。
22篠田統先前列舉之書籍，三～三五頁。
23《續漢書》五行志一。
24佐藤洋一郎《飲食的人類史》（原書名：食の人類史，筑摩書房，二〇一六年，一二一頁）。
25岡崎敬〈關於中國古代的灶——主要探討釜甑形式到鍋子形式的變遷〉（原篇名：中国古代におけるかまどについて——釜甑形式より鍋形式への変遷を中心として，《東洋史研究》〔原期刊名：東洋史研究〕第十四卷第一、二號，一九五五年，一〇三～一二二頁）。
26《史記》卷七項羽本紀。
27《莊子》雜篇讓王篇。
28《後漢書》卷六一周舉列傳。
29《呂氏春秋》卷二六士容論務大篇。
30淺川滋男《住宅的民族建築學——江南漢族與華南少數民族的住宅論》（原書名：住まいの民族建築学——江南漢族と華南少数民族の住居論，建築資料研究社，一九九四年，一三九～一四五頁）。
31郭文韜（渡部武譯）《中國大豆栽培史》（原書名：中国大豆栽培史，農文協，一九九八年，二三～四一頁）。
32《玉臺新詠》卷二甄皇后（疑爲「武帝」之誤植）〈樂府塘上行〉。

33《史記》卷五三蕭相國世家。
34《大戴禮記》夏少正八月條。
35《淮南子》說林訓。
36柿沼陽平《中國古代貨幣經濟的持續與轉換》（原書名：中国古代貨幣経済の持続と転換，汲古書院，二〇一八年，一二三頁）。
37桂小蘭《古代中國的犬文化》（原書名：古代中国の犬文化，大阪大學出版會，二〇〇五年，六頁）。
38《九家舊晉書輯本》所收臧榮緒《晉書》卷十四顧榮傳。
39《後漢書》卷六七黨錮列傳付羊陟列傳。
40睡虎地秦簡〈秦律十八種〉傳食律（第一七九～一八〇簡）
41《九家舊晉書輯本》所收臧榮緒《晉書》補遺一卷。
42《史記》卷一二九貨殖列傳。
43《後漢書》卷八一獨行陸續列傳。
44篠田統先前列舉之書籍，三六～六八頁。
45《鹽鐵論》卷第六散不足篇。
46《呂氏春秋》卷四孟夏紀用衆篇（《淮南子》說山訓中有相同的故事）、《文選》卷第二七詩戊樂府上曹植〈名都篇〉。
47《世說新語》汰侈篇。
48《韓非子》揚權篇。
49《韓非子》內儲說下。
50青木正兒《中華名物考》（東洋文庫，一九八八年，七九～八六頁）。
51林巳奈夫〈漢代的飲食〉（《東方學報（京都）》第四八號，一九七五年，一～九八頁）。
52中村亞希子、神野惠〈古代的花椒〉（原篇名：古代の山椒，《從香辛料的使用看古代日本的飲食文化之形成的相關研究》〔原書名：香辛料利用からみた古代日本の食文化の生成に関する研究〕奈良文化財研究所，二〇一四年，二三～一九頁）。
53青木正兒《中華名物考》（東洋文庫，一九八八年，一一二～一三二頁）
54《呂氏春秋》卷三季春紀盡數篇。
55《世說新語》捷悟篇。
56《世說新語》排調篇。
57和仁皓明〈古代東亞的乳製品〉（原篇名：古代東アジアの乳製品，《乳類使用的民族誌》〔原書名：乳利用の民族誌〕中央法規出版，一九九二年，二三四～二五一頁）。
58田中克彥〈關於蒙古用來表達的乳製品的語彙〉（原篇名：モンゴルにおける乳製品を表わす語彙について，《一橋論叢》〔原期刊名：一橋論叢〕第七七卷第三號，一九七七年，二七九～三〇〇頁）。
59《韓非子》難四。
60以下關於餐具的記述，參考王仁湘《中國飲食的文化誌》（原書名：中国，食の文化誌，原書房，二〇〇七年，四六～一二七頁）。
61《太平御覽》卷七〇四服用部六囊條引《郭文舉別傳》。
62《韓非子》外儲說左上。
63《玉臺新詠》卷五沈約〈六憶詩〉。
64《韓非子》喻老篇。類似的記載亦可見於《韓非子》說林篇。
65藤野岩友《中國的文學與禮俗》（原書名：中国の文学と礼俗，角川書店，一九七六年，二九五～三〇一頁）。
66《韓非子》外儲說左上。
67《史記》卷八高祖本紀、《史記》卷九一黥布列傳。
68吉川忠夫《六朝精神史研究》（原書名：六朝精神史研究，同朋舍，一九八四年，一四七～一六四頁）。
69《釋名》卷第六釋牀帳。《初學記》卷二五器物部牀第五引服虔〈通俗文〉。《後漢書》卷六六陳蕃列傳。
70《太平御覽》卷七〇九服用部十一薦席引謝承《後漢書》。
71《北堂書鈔》卷三八廉潔篇注引謝承《後漢書》羊茂傳。
72《搜神記》卷八第九一話。

73睡虎地秦簡〈秦律雜抄〉（第四簡）。
74《釋名》卷第六釋牀帳。林巳奈夫《漢代的文物》（二〇〇～二〇二頁）。
75劉德增《秦漢衣食住行》（中華書局，二〇一五年，一七二～一八六頁）。
76岡安勇〈關於中國古代史料中出現的席次與皇帝西面〉（原篇名：中国古代史料に現われた席次と皇帝西面について，《史學雜誌》〔原期刊名：史学雑誌〕第九二編第九號，一九八三年，一～三二頁）。
77［清］趙翼《陔余叢考》卷二一尙左尙右。
78睡虎地秦簡〈秦律十八種〉倉律（第五五～五六簡）。《漢書》卷二四食貨志上。
79《莊子》外篇馬蹄篇。
80《漢書》卷十一哀帝紀。
81《史記》卷九二淮陰侯列傳。
82《史記》卷五〇楚元王世家。
83《搜神記》卷八第八七話。
84《玉臺新詠》卷一枚乘雜詩。
85《莊子》雜篇列禦寇篇。
86《莊子》雜篇寓言篇。與《列子》黃帝篇相關。

87《玉臺新詠》卷一徐幹〈室思〉。

88《玉臺新詠》卷二魏明帝樂府詩、《文選》卷二七〈傷歌行〉收錄同詩。

89《玉臺新詠》卷六徐悱〈贈內〉。

90《新序》卷第五雜事篇。漢代的史料中，記載了春秋時代的宮殿也會脫鞋（《列女傳》卷一母儀傳九魯季敬姜篇）。

91《神仙傳》卷二呂恭條。

92《禮記》曲禮上。

93《韓非子》外儲說左上。

94《韓非子》外儲說左下。

95《藝文類聚》卷九一鳥部中鴨條引《風俗通》。

96《搜神記》卷一四第一七二話。

97《搜神記》卷一四第一五九話。

98睡虎地秦簡〈法律答問〉（第一六二簡）。

99《玉臺新詠》卷八庾肩吾〈詠得有所思〉。

第五章・走在村落或都市裡——上午九點前後

1田中淡《田中淡著作集1中國建築的特質》（原書名：田中淡著作集1中国建築の特質，中央公論美術出版，二〇一八年，五～一四頁）

2睡虎地秦簡〈封診式〉（第八～一二簡）

3林巳奈夫《漢代的文物》（京都大學人文科學研究所，一九七六年，一五六～一七〇頁）。

4 Qinghua Guo, *The Minggi Pottery Buildings of Han Dynasty China 206BC-AD220: Architectural Representations and Represented Architecture,* (Brighton, Portland, Toronto: Sussex Academic Press, 2010), 1-188.

5田中淡《田中淡著作集1中國建築的特質》（中央公論美術出版，二〇一八年，十五～二八頁）。

6孫機《漢代物質文化資料圖說（增訂本）》（上海古籍出版社，二〇一一年，一八九頁）。

7杜石然等人（川原秀城等人譯）〈古代科學技術系統的形成〉（原篇名：古代科学技術体系の形成，《中國科學技術史》上，東京大學出版會，一九九七年）。

8《韓非子》外儲說左上。

9《莊子》外篇達生篇。

10田中淡《田中淡著作集1中國建築的特質》（中央公論美術出版，二〇一八年，九一～一〇三頁）、《諸葛亮集》文集卷一〈南征表〉。

11《列子》卷第六力命篇。
12安志敏〈「干闌」式建築的考古研究〉（《考古學報》一九六三年第二期，六五～八三頁）。
13淺川滋男《住宅的民族建築學——江南漢族與華南少數民族的住宅論》（建築資料研究社，一九九四年，二四八～二七九頁）。
14《禮記》檀弓上。
15《說苑》卷第十六談叢篇。
16《文選》卷三六傳季友〈爲宋公修楚元王墓教〉。
17《禮記》檀弓上。
18《莊子》外篇天地篇。
19 Adam Mikló si et al., "A Simple Reason for a Big Difference: Wolves Do Not Look Back at Humans, but Dogs Do," *Current Biology* 13, 9 (April 2003): 763-766.
20桂小蘭《古代中國的犬文化》（大阪大學出版會，二〇〇五年，三〇頁）。
21《呂氏春秋》卷二六士容論。
22《史記》卷六五東方朔傳，顏師古注。
23睡虎地秦簡〈秦律十八種〉倉律（第六三簡）。
24柿沼陽平〈鳳凰山〉（原篇名：鳳凰山，《來自地下的贈禮——新出土資料所訴說的古中國》〔原書名：地下からの贈り物——新出土資料が語るいにしえの中国〕東方書店，二〇一四年，二四六～二五一頁）。
25《搜神記》卷二四第二九四話。
26《莊子》雜篇徐无鬼篇。
27《韓非子》外儲說右上。
28《搜神記》卷十五第一九三話。
29《韓非子》揚權篇、《呂氏春秋》卷第二四貴當篇、《鹽鐵論》卷第一〇詔聖篇。
30《說苑》卷第十七雜言篇。
31 Jean-Denis Vigne, "Earliest 'Domestic' Cats in China Identified as Leopard Cat (Prionailurus bengalensis)," PLOS ONE 11. 1: e0147295 (January 2016).
32今村與志雄《貓漫談——今與昔》（原書名：猫談義今と昔，東方書店，一九八六年，一一四～一二三頁）。
33《韓非子》外儲說右上。
34佐原康夫《漢代都市機構的研究》（原書名：漢代都市機構の研究，汲古書院，二〇〇二年，五六～八七頁）。
35《玉臺新詠》卷一宋子侯〈董嬌嬈詩〉。
36《韓非子》外儲說左上。

37《玉臺新詠》卷五何遜〈輕薄篇〉。

38位於中亞吉爾吉斯的唐代碎葉鎮遺址內，有道路的遺跡，沿路還有垃圾的痕跡。關於唐代碎葉鎮遺址，可參考柿沼陽平〈唐代碎葉鎮史新探〉（《帝京大學文化財研究所研究報告》第一八集，二〇一九年，四三～五九頁）。

39《莊子》雜篇列禦寇篇。

40佐川英治《中國古代都城的設計與思想——圓丘祭祀的歷史發展》（原書名：中国古代都城の設計と思想——円丘祭祀の歴史展開，勉誠出版，二〇一六年，一～六九頁）。

41菊地章太〈解說〉（E. Chavanne《古代中國的社——土地神信仰成立史》〔日版書名：古代中国の社——土地神信仰成立史〕，平凡社，二〇一八年，二〇一～二八〇頁）。

42《史記》卷二八封禪書。

43《續漢書》祭祀志下。

44《續漢書》祭祀志下、《禮記》郊特牲。

45《周禮》卷第十大司徒、《史記》卷二八封禪書、《漢書》卷二七．五行志中之下、《通典》卷第四五吉禮四，杜佑注。

46高木智見〈關於古代中國的庭院〉（原篇名：古代中国の庭について，《名古屋大學東洋史研究報告》〔原期刊名：名古屋大学東洋史研究報告〕第十六號，一九九二年，三一～六六頁）。

47《莊子》內篇應帝王篇，成玄英疏。

48《韓非子》外儲說右上。

49《史記》卷七項羽本紀《集解》引《皇覽》。

50《漢書》卷七一于定國傳。

51孟浩、陳慧、劉來城〈河北武安午汲古城發掘記〉（《考古通訊》一九五七年第四期，四三～四七頁）。

52東北博物館〈遼陽三道壕西漢村落遺址〉（《考古學報》一九五七年第一期，一一九～一二六頁）。

53《論衡》書虛篇。

54河南省文物考古研究所、內黃縣文物保護管理所〈河南內黃縣三楊莊漢代庭院遺址〉（《考古》二〇〇四年第七期，三四～三七頁），林源、崔兆瑞〈河南內黃三楊莊二號漢代庭院建築遺址研究與復原探討〉（《建築史》二〇一四年第二期，一～十一頁）。

55 Lothar Ledderose, *Ten Thousand Things: Module and Mass Production in Chinese Art*（Princeton: Bollingen Foundation, 2001）, 51-73.

56 Anthony J. Barbieri-Low, *Artisans in Early Imperial China*（Seattle & London: University of Washinton Press, 2007）, 3-30.

57《漢書》卷七一于定國傳、《史記》卷一〇三．萬石列傳。

58《漢書》卷八三薛宣傳。《孟子》離婁章句下。

59甘谷漢簡（第五簡背面）。

60相田洋《橋與異人——境界的中國中世史》（原書名：橋と異人——境界の中国中世史，研文出版，二〇〇九年，一九四～二五〇頁）。

61《玉臺新詠》卷八庾肩吾〈南苑還看人〉。

62《史記》卷八六刺客列傳、《列仙傳》卷下陰生條。

63睡虎地秦簡〈法律答問〉（第一二一～一二三簡）。

64《韓非子》詭使篇。

65《神仙傳》卷七趙瞿條。

66《莊子》達生篇。

67《禮記》曲禮上。

68《文選》卷二一詩乙郭璞〈遊仙詩七首〉。

69關野貞〈關於瓦〉（原篇名：瓦に就いて，《書道全集》〔原書名：書道全集〕第三卷，一九三一年，三～六頁）。

70《太平御覽》卷一八七居處部一五墻壁引《漢官儀》。

71《漢書》卷六六楊敞傳。

72《莊子》外篇田子方篇。

73《玉臺新詠》卷三王微〈雜詩〉。

74《後漢書》卷七八宦者張讓列傳，李賢注。《後漢書》卷八孝靈帝紀，李賢注。

75《初學記》卷二四居處部宅條。

76《後漢書》卷三二樊宏傳。

77睡虎地秦簡〈秦律十八種〉倉律（第一二九簡）。

78陳偉〈關於秦代遷陵縣的「庫」的初步考察〉（原篇名：秦代遷陵県の「庫」に関する初步的考察，《多民族社會的軍事統治：出土史料所訴說的中國古代》〔原書名：多民族社会の軍事統治：出土史料が語る中国古代〕京都大學學術出版會，二〇一八年，八七～一〇九頁）。

79《建康實錄》卷第十八梁下功臣。《南史》卷五五吉士瞻列傳中寫作「仗庫防池」。

80「小府」是郡太守府、都尉府、縣的一般財庫，與「少府」（設置於中央）有所區別。負責類似職務的「少內」則與上述兩者關係不明。直井晶子〈西漢的郡縣財政與少府、小府、少內〉（原篇名：西漢における郡県財政と少府・小府・少内，《中國出土資料研究》〔原期刊名：中国出土資料研究〕第四號，二〇〇〇年，二五～五〇頁）。

81《漢書》卷二三刑法志。

82池田雄一《中國古代的村落與地方行政》（原書名：中国古代

の村落と地方行政，汲古書院，二〇〇二年，一二二～一四九頁）、張信通《秦漢里治研究》（中國社會科學出版社，二〇一九年，一二五～一三五頁）。

83《列子》湯問篇。

84《新序》卷第七節士篇。

85《文選》卷二二沈約〈宿東園〉。

第六章・前進官署——上午十點前後

1《莊子》外篇秋水篇。

2《史記》卷三〇平準書。

3《漢書》卷三八高五王傳論贊。

4林俊雄〈車的起源與發展〉（原篇名：車の起源と発展，《馬所訴說的古代東亞世界史》〔原書名：馬が語る古代東アジア世界史〕汲古書院，二〇一八年，三～三八頁）。關於馬車的記述，也可參照岡村秀典《東亞古代的車的社會史》（原書名：東アジア古代の車社会史，臨川書店，二〇二一年，一三三～二七四頁）。

5《史記》卷三〇平準書、《漢書》卷二四食貨志下。

6張家山漢簡〈二年律令〉襍律（第一八四簡）、堀敏一《中國古代的身分制度》（原書名：中国古代の身分制，汲古書院，一九八七年，一八七～二二三頁）。

7 David Reich, *Who We are and How We Got Here: Ancient DNA and the New Science of the Human Past*（Oxford: Oxford University Press, 2018）, 1-368.

8 Li Wang et al., Genetic Structure of a 2500-Year-Old Human Population in China and Its Spatiotemporal Changes, *Molecular Biology and Evolution 17-9*（September 2000）pp.1396-1400.

9《玉臺新詠》卷一古樂府詩六首〈日出東南隅行〉。

10《世說新語》容止篇。

11《初學記》卷第十九人部下美丈夫引臧容緒《晉書》。

12《後漢書》卷五三周燮列傳、《後漢書》卷三四梁統列傳附梁翼列傳、《呂氏春秋》卷第一四遇合篇。

13張競《何謂美女——日中美人的文化》（原書名：美女とは何か——日中美人の文化史，角川書店，二〇〇七年，九～二八頁）。

14《琱玉集》醜人篇引《晉抄》。

15《莊子》內篇德充符篇。

16《九家晉書輯本》引臧容緒《晉書》卷七王戎傳。

17《琱玉集》肥人篇引王隱《晉書》。《太平御覽》卷三百七十八人事部十九肥引《語林》中有幾乎相同的記載。

18《列子》黃帝篇。

19《三國志》卷四八吳書三嗣主傳孫皓傳注引干寶《晉紀》。

20《後漢書》卷二六馮勤列傳。

21渡邊信一郎《天空的寶座——中國古代帝國的朝政與禮儀》（柏書房，一九九六年，十八～一〇四頁）。

22《三國志》卷十三魏書王肅列傳。

23栗原朋信《秦漢史的研究》（原書名：秦漢史の研究，吉川弘文館，一九六〇年，四五～九一頁）。

24《漢書》卷八三朱博傳。

25《漢書》卷十一哀帝紀元壽元年條。

26工藤元男《占卜與中國古代社會——出土的古文獻會說話》（東方書店，二〇一一年，一〇六～一四七頁）

27礪波護《隋唐都城財政史論考》（法藏館，二〇一六年，五～三二頁）。

28《晉書》卷二七．五行志上火條。

29《史記》卷一一二平津侯列傳、《東觀漢記校注》卷一四吳良傳、《漢官六種》所收衛宏《漢舊儀》。

30《史記》卷五五留侯氏家太史公曰、《史記》卷六七仲尼弟子列傳。

31《莊子》內篇德充符篇、《呂氏春秋》卷一四孝行覽遇合篇。

32《後漢書》卷十皇后紀上。

33《玉臺新詠》卷一古樂府。

34《漢書》卷七〇甘延壽傳，顏師古注引孟康曰。

35渡邊信一郎《中國古代的財政與國家》（原書名：中国古代の財政と国家，汲古書院，二〇一〇年，一三一～一六三頁）。

36楊振紅《出土簡牘與秦漢社會（續編）》（廣西師範大學出版社，二〇一五年，二一〇～二二二頁）。

37大庭脩《秦漢法制史的研究》（創文社，一九八二年，五六七～五九〇頁）。

38嶽麓書院藏秦簡〈秦律令（貳）〉（第一九〇三＋一九〇五簡）、張家山漢簡〈二年律令〉置吏律（第二一七簡）。

39嶽麓書院藏秦簡〈秦律令（貳）〉（第一八八二＋一八八一簡）。

40水間大輔〈秦與漢初的里的編成與里正、里典、父老——岳麓書院藏秦簡——以「秦律令」爲線索〉（原篇名：秦・漢初における里の編成と里正・里典・父老——岳麓書院藏秦簡——「秦律令」をてがかりとして，《中國的法與社會與歷史》〔原書名：中国の法と社会と歴史〕成文堂，二〇一七年，九一～一一八頁）。

41睡虎地秦簡〈法律答問〉（第一三三簡）。

42早稻田大學簡帛研究會（柿沼陽平負責）〈尹灣漢墓簡牘譯注（1）東海郡吏員簿〔第二號木牘〕譯注〉（原篇名：尹湾漢墓簡牘訳注（1）東海郡吏員簿〔第二号木牘〕訳注，《中國出土資料研究》第一三號，二〇〇九年，二九八～三二四頁）。

43張家山漢簡〈二年律令〉置吏律（第二百一十簡）。

44高村武幸《漢代的地方官吏與地域社會》（原書名：漢代の地方官吏と地域社会，汲古書院，二〇〇八年，二二一～五六頁）。

45福井重雅《漢代官吏採用制度的研究》（原書名：漢代官吏登用制度の研究，創文社，一九八八年，三～一二八頁）。

46渡邉義浩《三國政權的結構與「名士」增補版》（原書名：三国政権の構造と「名士」增補版，汲古書院，二〇二〇年，三三～五一頁）。

47《漢書》卷五〇張釋之傳。

48《史記》卷九八蒯成侯周緤列傳。

49《漢書》卷四三酈食其傳。

50池田四郎次郎〈拜、揖、拱的說明（上）（下）〉（原篇名：拜・揖・拱の解（上）（下），《國學院雜誌》〔原期刊名：国学院雑誌〕第二九卷第八號，一九二三年，一七～二二頁，同期刊九號，一七～二〇頁）。

51《孟子》離婁章句下。

52《史記》卷五三蕭相國世家。

53《文選》卷二四張華〈答何劭〉。

第七章・上市場，購物去——上午十一點前後到正午之後

1嶽麓書院藏秦簡〈爲獄等狀似種〉案例十。

2《韓非子》外儲說左上。

3《韓非子》外儲說左上。

4《新序》節士篇。

5《論衡》卷第一三別通篇。

6富谷至《漢唐法制史研究》（原書名：漢唐法制史研究，創文社，二〇一六年，一九六～二七一頁）。

7〔清〕沈家本《歷代刑法考》刑法分考卷二磔條。

8《舊唐書》卷一八五良吏王方翼列傳。

9《漢書》卷七七何並傳。

10《法言》學行卷第一。

11《列女傳》卷一母儀傳一一鄒孟軻母篇。

12《周禮》地官司徒、《淮南子》說林訓。

13《戰國策》齊策、《史記》卷六九蘇秦列傳、《淮南子》卷

一一齊俗訓、《太平御覽》卷七七六車部五轂引桓譚《新論》。

14《莊子》庚桑楚篇。

15柿沼陽平〈戰國秦漢時代的王權與非農民〉（原篇名：国秦漢時代における王権と非農業民，《史觀》〔原期刊名：史観〕第一六三冊，二〇一〇年，十五~三三頁）。

16以下關於市場與物價的描寫，參考柿沼陽平《中國古代的貨幣——圍繞著金錢的群衆與生活》（吉川弘文館，二〇一五年，八六~一七一頁）。以下僅引用追加史料。

17《韓非子》內儲說上。

18睡地虎秦簡〈秦律十八種〉金布律（第六八簡）、張家山漢簡〈二年律令〉□市律（第二六〇~二六二簡）。

19柿沼陽平〈岳麓書院藏秦簡「秦律令（壹）」金布律譯注〉（原篇名：岳麓書院蔵秦簡「秦律令（壹）」金布律訳注，《史滴》〔原期刊名：史滴〕第四二號，二〇二〇年，九二~一二三頁）。

20《三國志》卷五八吳書陸遜傳。

21《列仙傳》卷下昌容條。

22《說苑》卷第一一善說篇。

23《列仙傳》卷上酒客條、《列仙傳》卷下犢子條。

24《神仙傳》卷三王遠傳。

25《呂氏春秋》卷二二愼行論疑似篇、《列仙傳》卷下女丸條。

26《漢書》卷四八賈誼傳。

27《韓非子》外儲說右上。

28《列子》說符篇。

29早稻田大學簡帛研究會編〈銀雀山漢簡《守法守令等十三篇》的研究（三）王兵篇．市法篇．李法篇〉（原篇名：銀雀山漢簡『守法守令等十三篇』の研究（三）王兵篇．市法篇．李法篇，《中國出土資料研究》第八號，二〇〇四年，一六九~二二〇頁）。

30《孟子》滕文公章句上。

31《列仙傳》卷上赤將子輿條、《列仙傳》卷上嘯父條、《列仙傳》卷下文賓條、《列仙傳》卷上介子推條、《列仙傳》卷上葛由條、《列仙傳》卷上任光條、《列仙傳》卷下玄俗條、《列仙傳》卷下負局先生條。

32《列仙傳》卷下陰生條、《神仙傳》卷三李阿條。

33柿沼陽平《中國古代貨幣經濟史研究》（汲古書院，二〇一一年，一三九~一七〇頁）。

34《漢書》卷七六趙廣漢傳。

35《鹽鐵論》卷第一禁耕篇。

36 George, A. Akerlof, "The Market for Lemons: Quality Uncertainty

and the Market Mechanism," *Quarterly Journal of Economics 84-3*（August 1970）: 488-500.

37 Clifford Geertz, "The Bazaar Economy: Information and Searchin Peasant Marketing," *American Economic Review 68*（May 1978）: 28-32.

38《太平御覽》卷六六二道部四天仙條引葛洪《神仙傳》。

39《論衡》卷第十四狀留篇。

40《漢書》卷六六楊敞傳。

41 睡地虎秦簡〈秦律十八種〉金布律（第六六簡）。

42 宇都宮清吉《漢代社會經濟史研究「增訂版」》（原書名：漢代社会経済史研究「補訂版」，弘文堂書房，一九六七年，二五六～三七四頁）。

第八章・務農風情——下午一點前後

1《太平御覽》卷三八二人事部二三醜丈夫所引崔駰《博徒論》。

2《列子》力命篇、《文選》卷二六謝朓〈在郡臥病呈沈尚書〉。

3《搜神記》卷十二第三〇五話。

4《漢書》卷二四食貨志上，顏師古注。食貨志上的後段記載了春季期間的農民會當天來回，一般會對顏注提出懷疑，但這裡可以將範圍縮小至所擁有的田地與住處間的距離可當天來回的農民身上。如果這樣解讀的話，顏注也可以成立。

5《列子》說符篇。

6 張家山漢簡〈奏讞書〉案例二二。

7《詩》周頌閔予小子之什〈鑲〉高享注、《孟子》滕文公章句下。

8《搜神記》卷七第二一二話。

9《文選》卷二四張華〈答何邵二首其一〉。

10 睡地虎秦簡〈秦律十八種〉司空律（第一四四簡）。

11 原宗子《從環境解讀古代中國》（原書名：環境から解く古代中国，大修館書店，二〇〇九年，五七～七三頁）、原宗子《「農元」主義與「黃土」的發生》（研文出版，二〇〇五年，三～五〇頁）、村松弘一《中國古代環境史的研究》（原書名：中国古代環境史の研究，汲古書院，二〇一六年，三五三～三九四頁）。

12《莊子》外篇秋水。

13 李令福《中國北方農業歷史地理專題研究》（中國社會科學出版社，二〇一九年，二三七～二四四頁）。

14 佐藤洋一郎〈總說〉（原篇名：総説，《火耕的環境學》〔原書名：焼畑の環境学〕思文閣出版，二〇一一年，三～二十四頁）。

15佐藤洋一郎《稻子的日本史》（原書名：稲の日本史，株式會社 KADOKAWA，二〇一八年，四二～四四頁）。

16柿沼陽平《中國古代的貨幣——圍繞著金錢的群衆與生活》（吉川弘文館，二〇一五年，一二五～一五一頁）。

17柿沼陽平〈戰國時代楚國的都市與經濟〉（原篇名：戦国時代における楚の都市と経済，《東洋文化研究》［原書名：東洋文化研究］，二〇一五年，一～二九頁）。

18宇都宮清吉《漢代社會經濟史研究「增訂版」》（弘文堂書房，一九六七年，三〇三～三〇八頁）。

19睡地虎秦簡〈秦律十八種〉倉律（第三八～三九簡）。

20睡地虎秦簡〈秦律十八種〉司空律（第四九～五二簡）。

21李令福（張樺譯）〈華北平原的兩年三熟制的成立時期〉（原篇名：華北平原における二年三熟制の成立時期，《日中文化研究》［原期刊名：日中文化研究］第十四號，一九九九年，六二～七五頁）。

22《漢書》卷二四食貨志上所引的戰國魏李悝〈盡地力之教〉。

23柿沼陽平《中國古代貨幣經濟的持續與轉換》（汲古書院，二〇一八年，一〇三～一三六頁）。

24柿沼陽平《中國古代貨幣經濟史研究》（汲古書院，二〇一一年，二八三～三〇七頁）。

25柿沼陽平《中國古代貨幣經濟史研究》，二八三～三〇七頁。

26 Bret Hinsch, "Textiles and Female Virtue in Early Imperial Chinese Historical Writing," *Nan Nü. 5-2*（January 2003）: 170-202, Tamara T. Chin, *Savage Exchange: Han Imperialism, Chinese Literary Style, and the Economic Imagination*（Cambridge: Harvard University Asia Center,2014）: 191-227.

27 Bret Hinsch, *Wealth and Work. Women in Early Imperial China*（Lanham, Boulder, New York, and Oxford: Rowman & Littlefield Publishers, 2002）: 59-78、彭衛〈漢代女性的工作〉（《史學月刊》二〇〇九年第六期，八〇～一〇三頁）。

28《史記》卷一二九貨殖列傳。

29《淮南子》齊俗訓。

30原田淑人《增補漢六朝的服飾》（東洋文庫，一九六七年，一五～一八頁）。

31《韓非子》說林下。

32《玉臺新詠》卷八劉邈詩。

33《漢書》卷五九張安世傳。

34《莊子》讓王篇、《搜神記》卷九第二四二話、《玉臺新詠》卷六姚翻〈同郭侍郎采桑〉。

35《玉臺新詠》卷九〈歌辭〉。
36西山武一、熊代幸雄譯《齊民要術〔第三版〕》（原書名：斉民要術〔第三版〕，亞細亞經濟出版會，一九七六年，八九頁）。《氾濫之書》中，有一段乍看之下矛盾的記載，相關的解釋眾說紛紜。
37《莊子》內篇逍遙遊篇。
38《史記》卷九二淮陰侯列傳。
39侯旭東《近觀中古史》（中西書局，二〇一五年，三一～六三頁）。
40《後漢書》卷三九劉般列傳。
41《莊子》雜篇外物篇。
42《呂氏春秋》卷一孟春紀。《大戴禮記》夏小正。
43《莊子》內篇齊物論篇。
44《莊子》內篇養生主篇。
45《史記》卷一〇四田叔列傳褚少孫補。
46《莊子》外篇天地篇。
47《莊子》內篇人間世篇。
48宮川尚志〈漢代的家畜（下）〉（原篇名：漢代の家畜（下），《東洋史研究》第一〇卷第一號，一九四七年，二三～三五頁）。《史記》卷七項羽本紀。
49《莊子》外篇駢拇篇。
50吉田順一《蒙古的歷史與社會》（原書名：モンゴルの歴史と社会，風間書房，二〇一九年，三四七～四六四頁）、稻村哲也《遊牧、移牧、定牧——蒙古、西藏、喜馬拉雅、安第斯等地說起》（原書名：遊牧・移牧・定牧——モンゴル・チベット・ヒマラヤ・アンデスのフィールドから，中西屋出版，二〇一四年，三〇九～三四三頁）。
51睡地虎秦簡〈秦律十八種〉田律（第四～七簡），中國文物研究所、甘肅省文物考古研究所編《敦煌懸泉月令詔條》（中華書局，二〇〇一年，四～三七頁）。
52《漢書》卷八一匡衡傳。
53《漢書》卷四〇周勃傳。
54《莊子》內篇齊物論篇、《莊子》內篇人間世篇。

第九章・戀愛、結婚以及養兒育女——下午兩點前後至四點前後

1《文選》卷二四陸機〈答張士然〉。
2森和〈秦人之夢——岳麓書院藏秦簡《占夢書》初探〉（原篇名：秦人の夢——岳麓書院蔵秦簡『占夢書』初探，《日本秦漢史研究》第一三號，二〇一三年，一～三〇頁）。

3 張競《戀愛的中國文明史》（原書名：恋の中国文明史，筑摩書房，一九九七年，一一～一二五頁）。
4《玉臺新詠》卷四鮑照〈採桑詩〉。
5《說苑》卷第九正諫篇。
6《玉臺新詠》卷二傅玄〈和班氏詩〉、《玉臺新詠》卷四顏延之〈秋胡詩〉。
7《列子》說符篇、《列女傳》卷五節義傳九魯秋潔婦條。
8《列女傳》卷六辯通傳六阿谷處女條。
9《詩》國風邶風新臺。
10《詩經》國風鄭風。
11《詩經》國風召南、《樂府詩集》卷十六鼓吹曲辭一〈漢鐃歌十八首之十二·有所思〉。
12《史記》卷六九蘇秦列傳。《莊子》雜篇盜跖篇也有相同記載。
13《玉臺新詠》卷一繁欽〈定情詩〉。
14《玉臺新詠》卷七皇太子簡文〈北渚〉。
15《搜神記》卷二〇第二六二話。
16《詩經》齊風甫田。
17《玉臺新詠》卷三楊方〈合歡詩〉。
18《詩經》國風鄭風。
19 劉欣寧〈秦漢律令中的婚姻與奸〉（《中央研究院歷史語言研究所集刊》第九〇本第二分，二〇一九年，一九九～二四九頁）。
20《禮記》內則。
21《孟子》離婁章句上。
22《孟子》滕文公章句下。
23《白虎通》卷十嫁娶篇。
24《春秋穀梁傳》文公十二年、《白虎通》卷十嫁娶篇、《孔叢子》嘉言篇、《列女傳》卷三仁智傳十四魏曲沃負條。
25 彭衛《漢代婚姻形態》（中國人民大學出版社，二〇一〇年，六四～八四頁）。
26《孟子》萬章章句上。
27《周禮》卷二六地官司徒、《管子》入國篇。
28《漢書》卷二惠帝紀惠帝六年條、顏詩古注、《禮記》內則、《國語》越語上。
29 嶽麓書院藏秦簡〈秦律令〉（第一八八簡）。
30《史記》卷五六陳丞相世家。
31《漢書》卷八一張禹傳。
32 工藤元男《占卜與中國古代社會——出土的古文獻會說話》（東方書店，二〇一一年，二一～二八頁）。
33 海老根量介〈秦漢社會與圍繞「日書」生活的群眾〉（原篇名：

秦漢の社会と「日書」をとりまく人々，《東洋史研究》第七六卷第二號，二〇一七年，一九七～二三二頁）。

34《論衡》卷第二〇佚文篇。

35《孟子》滕文公章句下。關於婚姻的過程，可參考楊樹達《漢代婚喪禮俗考》（上海古籍出版社，二〇一三年，一～五八頁）。

36彭衛先前列舉之書籍，一一〇頁。

37《禮記》禮運。

38《玉臺新詠》卷一古詩八首。《文選》卷二九古詩十九首其十七收錄同詩。

39《玉臺新詠》卷一蘇武〈留別妻〉。

40《玉臺新詠》卷一秦嘉〈贈婦詩〉。

41《文選》卷二九詩己雜詩上〈古詩十九首〉。

42大形徹譯注《馬王堆出土文獻譯注叢書：胎產書、雜禁方、天下至道談、合陰陽方、十問》（原書名：馬王堆出土文献訳注叢書胎產書．雜禁方．天下至道談．合陰陽方．十問，東方書店，二〇一五年，八五～一五〇頁）。

43《史記》卷五九．五宗世家長沙定王發條、《史記索穩》所引《釋名》。

44《論衡》卷第二三．四諱篇。

45《列女傳》卷一母儀傳六周室三母。

46《韓非子》六反篇、《漢書》卷七二王吉傳。

47《顏氏家訓》卷第一治家篇。

48《風俗通》卷二正失篇。

49《史記》卷七五孟嘗君列傳。

50睡地虎秦簡〈法律答問〉（第六九～七〇簡）。

51菲利浦．阿利埃斯（Philippe Ariès，杉山光信、杉山惠美子譯）《「孩子」的誕生——舊制度時期的孩童與家庭生活》（原書名：〈子供〉の誕生——アンシァン・レジーム期の子供と家族生活，みすず書房，一九八〇年，一～三八八頁）。

52柏木惠子《孩童的價值》（原書名：子どもという価値，中公新書，二〇〇一年，二～二六頁）。

53《莊子》外篇山木篇。

54《列子》力命篇。

55《史記》卷九三盧綰列傳。

56《顏氏家訓》卷第一兄弟篇。

57《後漢書》卷八二方術列傳下。

58敦煌文書〈不知名類書甲〉。

59《顏氏家訓》卷第一教子篇。

60《韓非子》難四篇。

61《淮南子》脩務訓。
62《莊子》外篇達生篇。《列子》黃帝篇有相同記載。
63瀨川千秋《中國・蟲的奇聞錄》（原書名：中国——虫の奇聞録，大修館書店，二〇一六年，二～四〇頁）。
64《淮南子》說山訓。
65《荀子》致士篇、《呂氏春秋》卷二一開春論期賢篇、《淮南子》說山訓。
66《史記》卷一一八淮南王列傳、《史記》卷一二九貨殖列傳。
67《論衡》卷三〇自紀篇、《呂氏春秋》卷一八審應覽精諭篇。
68《西京雜記》卷上。
69《列子》黃帝篇。
70《韓非子》難勢篇。
71《列女傳》仁智篇、《新序》雜事一。
72《韓非子》難勢篇。
73《呂氏春秋》卷一五愼大覽察今篇。
74《列子》湯問篇。
75《韓非子》外儲說左下。
76《韓非子》外儲說左上。
77《玉臺新詠》卷二左思〈嬌女詩〉。
78貝特霍爾德・勞費爾（Berthold Laufer，杉本剛譯）《飛行的古代史》（日版書名：飛行の古代史，博品社，一九九四年，十三～四二頁）。

第十章・在宴會中喝得爛醉——下午四點前後

1《莊子》內篇逍遙遊篇。但實際上以兩餐爲基本。
2《三國志》卷五五吳書甘寧傳。
3《文選》卷第二〇詩甲公讌・謝瞻〈九日從宋公戲馬台集送孔令詩〉。
4《玉臺新詠》卷五范靖婦〈詠燈〉。
5《玉臺新詠》卷五何遜〈日夕望江贈魚司馬〉。
6《漢書》卷五二灌夫傳、《漢書》卷五七司馬相如傳上、《說苑》卷第十敬愼篇。
7《韓非子》外儲說左上。
8《玉臺新詠》卷一古樂府詩〈隴西行〉、《文選》卷二一詩乙遊仙應璩〈百一詩〉。
9《文選》卷二一詩乙詠史左思〈詠史八首〉。
10《史記》卷五四曹相國世家。
11角谷常子〈漢及魏晉時代的謁與刺〉（原篇名：漢・魏晉時代の謁と刺，《東亞出土資料與資訊傳遞》〔原書名：東アジア

出土資料と情報伝達〕汲古書院，二〇一一年，五三～七六頁）。

12 邢義田《治國安邦》（中華書局，二〇一一年，五九五～六五四頁）、廣瀨薫雄《秦漢律令研究》（原書名：秦漢律令研究，汲古書院，二〇一〇年，二六九～三三一頁）、宮宅潔《某個地方官吏的一生——木簡訴說的中國古代人的日常生活》（原書名：ある地方官吏の生涯——木簡が語る中国古代人の日常生活，臨川書店，二〇二一年，七八～九八頁）。

13 《史記》卷八高祖本紀。

14 《太平御覽》卷六九七服章部一四舃條引《典論》。

15 《漢書》卷一高帝紀。

16 《續漢書》五行志一劉昭注。

17 《續漢書》五行志一。

18 《後漢書》卷八六南蠻西南夷列傳。

19 《太平御覽》卷四九七人事部一三八酣醉引《史典論》。

20 《北堂書鈔》卷第七八縣令條〈陶潛常醉〉本注引《晉陽秋》。

21 《太平御覽》卷八四三飲食部一酒上引《漢書》、《玉臺新詠》卷七皇太子簡文〈執筆戲書〉。

22 《太平御覽》卷七六五器物部十斛引崔鴻《十六國春秋》後涼錄。

23 《太平御覽》卷八四四飲食部二酒中引《晉書》、《琱玉集》卷第一四嗜酒篇引《晉抄》、《三國志》卷四七吳主傳裴松之注引《吳書》、《世說新語》任誕篇。

24 《三國志》卷二九魏書方技傳注引《輅別傳》。

25 《琱玉集》卷第一四嗜酒篇引桓譚《新論》、《世說新語》任誕篇。

26 彭衛〈漢酒事小考二則〉（《宜賓學院學報》，二〇一一年第九期，七～八頁、二一頁）。

27 《漢書》卷九二游俠傳。

28 《太平御覽》卷八四五飲食部三酒下引《典論》。

29 《太平御覽》卷四九七人事部一三八酣醉引《史典論》。

30 《太平御覽》卷四九七人事部一三八酣醉引《諸葛亮集》。

31 《三國志》卷六五吳書王蕃傳、《三國志》卷六五吳書賀邵傳。

32 《韓非子》說疑篇。

33 《漢書》卷五二灌夫傳。

34 《列子》力命篇。

35 《漢書》卷三六楚元王傳。

36 《禮記》曲禮上。

37 《韓非子》外儲說左上。

38 《史記》卷七項羽本紀。

39《史記》卷五二齊悼惠王世家。
40《呂氏春秋》卷二〇恃君覽達鬱篇。
41武威縣博物館〈武威新出土王杖詔令冊〉（《漢簡研究文集》甘肅人民出版社，一九八四年，三四～六一頁）。
42嶽麓書院藏秦簡〈秦律令（壹）〉（第一一五簡）。
43《漢書》卷五四李廣傳。
44《太平御覽》卷四九七人事部一三八酣醉引崔鴻《前秦錄》。
45《玉臺新詠》卷四鮑照〈翫月城西門〉。
46《新序》卷第六刺奢篇。
47《玉臺新詠》卷六張率〈對酒〉。
48《玉臺新詠》卷三陶潛〈擬古詩〉。
49《說苑》卷第六復恩篇。
50《新序》卷第六刺奢篇。
51《韓非子》外儲說左上。
52 Shoji Harada, "Genetic Polymorhism of Alchol Metabolyzing Enzyimes and its Implication to Human Ecology," Journal of the *Anthropological Society of Nippon 99-2*（February 1991）: 123-139.
53《世說新語》任誕篇。
54《玉臺新詠》卷一徐幹〈情詩〉。
55《韓非子》十過篇。《韓非子》飾邪篇有類似記述。
56《太平御覽》卷七四三疾病部六嘔吐引謝承《後漢書》、《太平御覽》卷九三三鱗介部五蚫上引《晉書》、《晉書》卷七六王舒列傳付王允之列傳。關於王允之列傳，獲得了尊敬的友人峰雪幸人先生的賜教。
57《太平御覽》卷七四三疾病部六嘔吐條引謝承《後漢書》。
58《韓非子》內儲說下六微、《漢書》卷五九張湯傳付張安世傳、《漢書》卷六五東方朔傳。
59河南省文物考古研究所《永城西漢梁國王陵與寢園》（中州古籍出版社，一九九六年，一二四～一二九頁）。
60閻愛民、趙璐〈「踞廁」視衛青與漢代貴族的「登溷」習慣〉（《南開學報（哲學社會科學版）》二〇一九年第六期，一三九～一四七頁）。
61龔良〈漢更衣之室形象及建築技術考辨〉（《南京大學學報（哲學、人文、社會科學）》一九九五年第一期，一二九～一三五頁、一四七頁）。
62張建林、范培松〈淺談漢代的廁〉（《文博》一九八七年第四期，五三～五八頁）。
63《史記》卷九呂太后本紀。
64《世說新語》紕漏篇、《世說新語》汰侈篇。
65陝西省考古研究所〈西安南郊繆家寨漢代廁所遺址發掘簡報〉

（《考古與文物》二〇〇七年第二期，一五～二〇頁）。
66徐州博物館、南京大學歷史系考古專業〈徐州北洞山西漢墓發掘簡報〉（《文物》一九八八年第二期，二～一八頁、六八頁）。
67林巳奈夫《漢代的文物》（京都大學人文科學研究所，一九七六年，一六五～一六六頁）。
68《史記》卷九呂太后本紀。
69《三國志》卷一武帝紀注引《世語》。
70趙璐、閻愛民〈「如廁潛遁」與漢代溷廁〉（《天津師範大學學報（社會科學版）》二〇一八年第五期，七七～八〇頁）。
71《後漢書》卷二七張湛列傳。
72《莊子》雜篇列禦寇篇。
73《莊子》內篇人間世篇。
74《史記》卷一〇五太倉公列傳。
75《韓非子》詭使篇。
76《莊子》外篇達生篇。

第十一章・花街柳巷的悲與喜——下午五點前後

1《玉臺新詠》卷五沈約〈擬青青河邊草〉。
2《世說新語》汰侈篇。
3《玉臺新詠》卷十高爽〈詠酌酒人〉。
4《玉臺新詠》卷一辛延年〈羽林郎詩〉。
5《列子》楊朱篇。
6《玉臺新詠》卷六徐悱妻劉令嫺〈答外詩〉。
7《後漢書》卷十皇后紀上和熹鄧皇后條。
8《玉臺新詠》卷四施榮泰〈雜詩〉。
9柿沼陽平〈秦漢時期的贈予與賄賂〉（《簡帛研究二〇二〇（秋冬卷）》廣西師範大學出版社，二〇二一年，三二六～三五〇頁）。
10《太平御覽》卷二一二職官部十總敘尚書引謝承《後漢書》。
11《漢書》卷七二兩龔傳。
12《玉臺新詠》卷八庾信〈仰和何僕射還宅懷故〉、《文選》卷二七詩戊軍戎王粲〈從軍詩〉。
13《文選》卷三〇詩己雜詩下沈約〈和謝宣城〉。
14《文選》卷二四丙贈答二陸機〈贈尚書郎顧彥先〉。
15《漢官六種》所收衛宏《漢舊儀》。
16《詩經》國風鄭風。
17李敖（土屋英明譯）《中國性研究》（日版書名：中国文化とエロス，東方書店，一九九三年，二四～三一頁）。

18 柿沼陽平〈岳麓書院藏秦簡譯注——「爲獄等狀四種」案例七識劫〔女十冤〕案〉（《帝京史學》第三〇號，二〇一五年，一九三～二三八頁）。

19 《後漢書》卷六三李固列傳。

20 《越絕書》外傳記越地傳。

21 《漢書》卷五四李廣傳附李陵傳。

22 《說文》女部。

23 《後漢書》卷四二光武十王列傳濟南安王康條。

24 《漢書》卷二二禮樂志。

25 《玉臺新詠》卷一枚乘〈雜詩〉。

26 《玉臺新詠》卷五何遜〈嘲劉諮議孝綽〉。

27 《玉臺新詠》卷八劉孝綽〈賦詠得照棋燭刻五分成〉。

28 張家山漢簡〈二年律令〉襍律（第一八六簡）

29 高羅佩（Robert Hans van Gulik，松平 iwo 子譯）《中國豔情——中國古代的性與社會》（日版書名：古代中国の性生活先史から明代まで，Serica 書房，二〇一一年，八一～一二五頁）。

30 《玉臺新詠》卷一張衡〈同聲歌〉。

31 《玉臺新詠》卷九皇太子簡文〈烏棲曲〉。

32 馬王堆帛書〈天下至道談〉。

33 《長沙馬王堆一號漢墓古屍研究》（文物出版社，一九八〇年，二七～三四頁）。

34 馬王堆帛書〈十問〉、《醫心方》和志引《玉房秘訣》。大形徹譯注《胎產書、雜禁方、天下至道談、合陰陽方、十問》（東方書店，二〇一五年，二六三～二六四頁）。

35 阿爾貝托．安傑拉（Alberto Angela，關口英子譯）《原來，古羅馬人這樣過日子！》（日版書名：古代ローマ人の24時間，河出書房新社，二〇一二年，五一九頁）。

36 李敖（土屋英明譯）《中國性研究》（日版書名：中国文化とエロス，東方書店，一九九三年，二四～三一頁）。

37 《琱玉集》肥人篇引《魏志（笑林之誤）》。

38 陳海〈G點與西漢女用性玩具考〉（《考古與文物》二〇〇四年三月，六二～六七頁）。

39 《魯迅「古小說鉤沉」校本》所收《幽明錄》第二三〇條。

40 王書奴《中國娼妓史》（上海生活書店，一九三四年）、史楠《中國男娼祕史》（上海華僑出版社，一九九四年）、齊藤茂《妓女與中國文人》（東方書店，二〇〇〇年）。

41 《韓非子》說難篇。

42 《戰國策》魏策四。

43 《玉臺新詠》卷二阮籍〈詠懷詩〉。

44《玉臺新詠》卷七皇太子簡文〈孌童〉。
45《呂氏春秋》卷第一四孝行覽遇合。
46《漢書》卷九七外戚傳下孝成趙皇后條顏師古注引應劭注。
47 Bret Hinsch, *Passions of the Cut Sleeve: The Male Homosexual Tradition in China*（California: University of California Press, 1990）, 1-53.
48《漢書》卷三八高五王傳燕靈王建條。
49 嶽麓書院藏秦簡〈爲獄等狀四種〉案例一二。
50《漢書》卷五三景十三王傳江都易王非條。
51《漢書》卷五三景十三王傳廣川惠王越條。

第十二章・周遭人與人間的連結與摩擦——下午六點前後

1《文選》卷二五詩丁贈答三謝靈運〈登臨海嶠初發彊中作與從弟惠連見羊何共和之〉、《文選》卷二六詩丁贈答四謝朓〈郡內高齋閑坐答呂法曹〉、《文選》卷二六詩丁贈答四任昉〈贈郭桐廬出溪口見候余既未至郭仍進村維舟久之郭生之至〉。
2《史記》卷一〇九李將軍列傳。
3《孟子》盡心上篇。
4《法言》卷第一學行篇。
5《禮記》曲禮上。
6《韓非子》八說篇。
7 睡虎地秦簡〈封診式〉（第九一～九四簡）。
8《漢書》卷八六王嘉傳。
9《漢書》卷五九張湯傳、《漢書》卷六四上吾丘壽王傳。
10《史記》卷一〇八韓長孺列傳。
11《史記》卷九四田儋列傳。
12《舊唐書》卷一八八孝友張公藝列傳。
13《玉臺新詠》卷一〈古詩爲焦仲卿妻作〉。
14《漢書》卷七一于定國傳。
15《列女傳》卷四貞順傳陳寡孝婦條。
16《後漢書》卷八四列女傳樂羊子妻條。
17《列女傳》卷一母儀傳魯之母師篇。
18 張家山漢簡〈二年律令〉賊律（第四〇簡）、張家山漢簡〈二年律令〉告律（第一三三簡）。
19《世說新語》惑溺篇。
20《說苑》卷第十敬愼篇。
21《史記》卷八高祖本紀、《漢書》卷一高帝紀上、《漢書》卷四〇王陵傳。
22《莊子》雜篇讓王篇、《呂氏春秋》卷一六先識覽觀世篇、《列子》說符篇。

23《漢書》卷六四上朱買臣傳。

24《詩》國風鄘風鶉之奔奔、《玉臺新詠》卷二傅玄〈苦相篇·豫章行〉。

25《玉臺新詠》卷七皇太子簡文〈紫騮馬〉。

26《玉臺新詠》卷七湘東王繹〈詠晚棲烏〉。

27《韓非子》內儲說下。

28睡虎地秦簡〈法律答問〉（第一七三簡）。

29《漢書》卷八三朱博傳。

30《魯迅《古小說鉤沉》校本》所收《幽明錄》第一九八條。

31張家山漢簡〈奏讞書〉案例二一、嶽麓書院藏秦簡〈爲獄等狀四種〉、張家山漢簡〈二年律令〉襍律（第一九二簡）。

32中野信子《外遇》（原書名：不倫，文藝春秋，二〇一八年，三～八三頁）。

33《玉臺新詠》卷一古樂府〈豔歌行〉。

34《淮南子》說林訓。

35《韓非子》內儲說下。

36張家山漢簡〈二年律令〉賊律（第三二簡）。

37張家山漢簡〈二年律令〉賊律（第三三簡）。

38睡虎地秦簡〈法律答問〉（第一六九簡）。

39嶽麓書院藏秦簡〈爲獄等狀四種〉案例一一。

40《韓非子》說林上篇。《呂氏春秋》卷一四孝行覽遇合。

41《大戴禮記》本命。

42《列女傳》卷一母儀傳一五魯師春姜條。

43《玉臺新詠》卷一〈古詩〉。

44《玉臺新詠》卷二曹植〈棄婦詩〉。

45《孟子》離婁章句下。

46《後漢書》卷四八應奉傳李賢注引《汝南記》。

47《史記》卷一一八淮南王列傳。

48《玉臺新詠》卷一古樂府詩〈皚如山上雪〉。

49《玉臺新詠》卷一徐淑詩。

50《玉臺新詠》卷一陳琳〈飲馬長城窟行〉。

51《詩經》鄭風。《詩經》國風王風、《禮記》郊特牲、《白虎通》卷十一崩薨篇。

52《史記》卷五六陳丞相世家。

第十三章·睡前準備——下午七點前後

1《搜神記》卷九第九九話。

2 Patricia Hirsch et al., "Putting a Stereotype to the Test: The Case

of Gender Differences in Multitasking Costs in Task-switching and Dual-task Situations, "*PLOS ONE* 14-8（August 2019）：1-16.

3《韓非子》外儲說左上、柿沼陽平《中國古代貨幣經濟史研究》（汲古書院，二〇一一年。

4《玉臺新詠》卷四鮑照〈擬古〉、《玉臺新詠》卷五沈約〈夜夜曲〉。

5 Anthony J. Barbieri-Low, *Artisans in Early Imperial China*（Seattle & London: University of Washington Press, 2007）：3-30.

6《文選》卷二九詩己雜詩上張華〈雜詩〉、《玉臺新詠》卷七梁武帝〈七夕〉。

7《玉臺新詠》序、《顏氏家訓》卷第三勉學篇。孫建君（岡田陽一譯）〈中國傳統的蠟燭文化〉（日譯篇名：中国伝統のろうそく文化，《自然與文化》〔原期刊名：自然と文化〕第七二號，二〇〇三年，一四～二三頁）。其他參考《淮南子》說林訓。

8《玉臺新詠》卷九費昶〈行路難〉。

9《漢書》卷二四食貨志上。

10《列女傳》卷六辯通傳十四齊女徐吾條。

11《玉臺新詠》卷一〈古詩爲焦仲卿妻作〉。

12柿沼陽平〈中國古代鄉里社會的「繫帶」與「羈絆」〉（原篇名：中国古代郷里社会の「きずな」と「しがらみ」，《連結的歴史學》北樹出版，二〇一五年，一〇八～一三二頁）。

13《韓非子》外儲說左上。

14《顏氏家訓》卷第三勉學篇。

15《後漢書》卷十皇后紀上和熹鄧皇后紀條。

16柿沼陽平〈書評高村武幸著《秦漢簡牘史料研究》〉（原篇名：書評高村武幸著『秦漢簡牘史料研究，《東洋史研究》第七五卷第四號，二〇一七年，一四七～一六〇頁）。

17《開元天寶遺事》卷上開元傳書鳩條。

18《文選》卷三一詩庚雜擬下陶潛〈陶徵君〉。

19《文選》卷二八詩戊樂府下鮑照〈東門行〉。

20《史記》卷一〇五太倉公列傳、《列女傳》卷五節義傳一五京師節女條。

21《韓非子》內儲說下。《禮記》玉藻篇、《禮記》內則篇。關於沐浴也可參照彭衛、楊振紅《秦漢風俗》（上海文藝出版社，二〇一八年）。

22大庭脩《秦漢法制史的研究》（創文社，一九八二年，五六七～五九〇頁）。

23嶽麓書院藏秦簡〈秦律令（貳）〉（第一九〇三＋一九〇五簡）、張家山漢簡〈二年律令〉置吏律（第二一七簡）。

24《漢書》卷六六楊敞傳、《漢書》卷七九馮奉世傳付野王傳。

25《淮南子》說山訓。

26《列女傳》卷二賢明傳一周宣姜后條。

27《文選》卷二二詩乙遊覽魏文帝〈芙蓉池作〉。

28《玉臺新詠》卷五何子朗〈學謝體〉。

29《孟子》盡心章句下。

30《玉臺新詠》卷六王僧孺〈月夜詠陳南康新有所納〉。

31《玉臺新詠》卷七皇太子簡文〈賦得當壚〉。

32《玉臺新詠》卷三陸雲〈爲顧彥先贈婦往返〉。

33中野美代子〈青鳥〉（原篇名：青い鳥，《中國的青鳥》平凡社，一九九四年）。

34《論衡》卷第一五順鼓篇。

35《論衡》卷第一一說日篇。

36《搜神記》卷八第二三五話。

37《荀子》解蔽。

38《顏氏家訓》卷第三勉學篇、《入唐求法巡禮行記》開成三年七月一三日條、同年七月二一日條。

39《顏氏家訓》卷第三勉學篇。

40 Francesca Siclari, et al. "The Neural Correlates of Dreaming, "*Nature Neuroscience 20*（April 2017）: 872-878.

41森和〈秦人之夢——岳麓書院藏秦簡《占夢書》初探〉（《日本秦漢史研究》第一三號，二〇一三年，一～三〇頁）。劉園英〈《黃帝內經》的「夢」的診斷〉（原篇名：『黃帝内経』における"夢"診断，《北陸大學紀要》第二一號，一九九七年）。

42工藤元男《中國古代文明之謎》（光文社，一九八八年，一四四～一四七頁）。

終章．踏上「一天二十四小時史」的旅程

1 Michael Loewe, *Everyday Life in Early Imperial China during the Han Period, 202 BC-AD 220*（London: Carousel, 1973〔originally printed in Putnam, 1968〕）: 17-201.

2 Mu-chou Poo, *Daily Life in Ancient China*（Cambridge: Cambridge University Press, 2018）: 1-243.

3林巳奈夫《漢代的文物》（京都大學人文科學研究所，一九七六年，一～五四八頁）、林巳奈夫《中國古代的生活史》（吉川弘文館，一九九二年，一～二〇八頁）。

4孫機《漢代物質文化資料圖說（增訂本）》（上海古籍出版社，二〇一一年，一～六三七頁）。

5彭衛、楊振紅《秦漢風俗》（上海文藝出版社，二〇一七年）。

6王力主編《中國古代文化常識》（四川人民出版社，二〇一八年，一～一四〇頁）。

7渡部武《圖片所訴說的中國古代》（原書名：画像が語る中国の古代，平凡社，一九九一年，八～二八二頁）。

8侯旭東《什麼是日常統治史》（生活．讀書．新知三聯書店，二〇二〇年，一～三五二頁）。

9張不參編著《秦朝穿越指南》（陝西師範大學出版總社，二〇一六年，一～三六一頁）、宮宅潔《某個地方官吏的一生——木簡訴說的中國古代人的日常生活》（臨川書店，二〇二一年，一～二五六頁）。

10閆愛民、梁軒〈秦漢日常生活的研究歷程與展望〉（《中國日常生活史研究的回顧與展望》科學出版社，二〇二〇年，四二～六一頁）。

11阿爾貝托．安傑拉（關口英子譯）《原來，古羅馬人這樣過日子！》（河出書房新社，二〇一二年）。

12柿沼陽平《中國古代貨幣經濟史研究》（汲古書院，二〇一一年）、柿沼陽平《中國古代貨幣經濟的發展與變遷》（汲古書院，二〇一八年）。

13 Yohei Kakinuma, "Monetary System in Ancient China," In. Stefano Battilossi, Youssef Cassis, and Kazuhiko Yago eds, *Handbook of the History of Money and Currency* (Johor Bahru, Springer Singapore, 2020)：525-547.

14王子今《秦漢兒童的世界》（中華書局，二〇一八年，一～六四九頁）。

15王仁湘（鈴木博譯）《圖說中國飲食文化誌》（日版書名：図說中国食の文化誌，原書房，二〇〇七年，六～四一八頁）。

16工藤元男《占卜與中國古代社會——出土的古文獻會說話》（東方書店，二〇一一年）。

17 Bret Hinsch, *Women in Early Imperial China* [2nd Edition] (Lanham: Rowman & Littlefield Publishers, 2010).

18呂西安．費夫賀（Lucien Febvre，長谷川輝夫譯）《為了歷史的戰鬥》（日版書名：歷史のための闘い，平凡社，一九九五年，三七～六六頁）。

19柿沼陽平〈中國古代禿頭攷〉（《中國文化的統一性與多樣性》汲古書院，預定二〇二二年出版）。

20安丸良夫《安丸良夫集5戰後知識與歷史學》（原書名：安丸良夫集5戦後知と歴史学，岩波書店，二〇一三年，七一～一〇六頁）、呂西安．費夫賀的先前列舉書目（九～二〇七頁）、于爾根．科卡（Jürgen Kocka，仲內英三、土井美德譯）

《何謂社會史——其方法與軌跡》（原書名：社会史とは何か——その方法と軌跡，日本經濟評論社，二〇〇〇年，六五～二八五頁）。

21 柿沼陽平〈中國古代的人群與其「連結」〉（《連結的歷史學》北樹出版，二〇一五年，二～二九頁）。

22 費孝通（西澤治彥譯）《鄉土中國》（〔日版書名：鄉土中国〕風響社，二〇一九年，二七～二一七頁）。

23 陶立璠《民俗學概論》（中央民族學院出版社，一九八七年，一～一九頁）。

24 王曉葵〈人類學化與「非物質文化遺產保護」——關於現代中國民俗學研究〉（原篇名：人類学化と『非物質文化遺 保護』——現代中国民俗学研究について，《日本民俗學》〔原期刊名：日本民俗学〕第二五九號，二〇〇九年，一一一～一三七頁）、施愛東〈中國的非物質文化遺產保護運動對民俗學的負面影響〉（原篇名：中国における非物質文化遺 保護運動の民俗学への負の影響，《日本民俗學》第三號，二〇一一年，一五～二七頁）。

25 柿沼陽平〈中國古代史研究的可能性——以歐美的學說史趨勢爲中心〉（原篇名：中国古代史研究の可能性——欧米の学説史動向を中心に，《史滴》第四一號，二〇一九年，九二～一二一頁）

26 柿沼陽平〈日本的中國出土簡帛研究論著目錄（一九一〇—二〇一一年）〉（《簡帛研究二〇一一》廣西師範大學出版社，二〇一三年，二三二～二五七頁）、柿沼陽平〈日本的中國出土簡帛研究論著目錄（二）（一九一〇—二〇一一年）〉（《簡帛研究二〇一二》廣西師範大學出版社，二〇一三年，二二三～三一四頁）。

27 克里弗德．紀爾茲（Clifford Geertz，吉田禎吾等人譯）《文化的詮釋》（日版書名：文化の解釈学〔I〕，岩波書店，一九八七年，三～五六頁）。

28 柳田國男《柳田國男全集》第八卷（原書名：柳田国男全集，筑摩書房，一九九八年，五〇～五二頁）。

古代中國的24小時
——秦漢時代的性愛與食衣住行

古代中国の24時間 - 秦漢時代の衣食住から性愛まで

作者—柿沼陽平（かきぬまようへい）
譯者—李璦祺

主編—洪源鴻
責任編輯—穆通安、涂育誠
行銷企劃總監—蔡慧華
行銷企劃專員—張意婷
封面設計—虎稿・薛偉成
內頁排版—虎稿・薛偉成

社長—郭重興
發行人—曾大福
出版發行—八旗文化／遠足文化事業股份有限公司
地址—新北市新店區民權路108-2號9樓
電話—02-22181417
傳真—02-86671065
客服專線—0800-221029
信箱—gusa0601@gmail.com
Facebook—facebook.com/gusapublishing
Blog—gusapublishing.blogspot.com
法律顧問—華洋法律事務所／蘇文生律師
印刷—成陽彩色印刷有限公司
出版—2023年3月／初版一刷
定價—520元

ISBN｜9786267234273（平裝） 9786267234297（EPUB） 9786267234303（PDF）

國家圖書館出版品預行編目（CIP）資料

古代中國的24小時：秦漢時代的性愛與食衣住行
柿沼陽平著／李璦祺譯／初版／新北市／八旗文化出版／遠足文化事業股份有限公司發行／2023.03
譯自：古代中国の24時間 - 秦漢時代の衣食住から性愛まで

ISBN：978-626-7234-27-3（平裝）
1.CST：社會生活 2.CST：生活史 3.CST：秦漢史
621.9 112001400